lieber Ernst !

...neller, jetzt bist du

...n bin ich sauer, ein

...icht gerne den 70ten feiern

...ich 1924 die ... ...

...? Als ein vierte (verloren ?)

...m 2.18 ein Holzkirchen

...oben im keller, da

...lend lachend, — der klein

...weltberühmte terrenkünst-

...stück vor mich so blendend

Mit glücklichen Augen

Mit glücklichen Augen

Die hundert schönsten Geschichten
aus dem Leben von Walter Pause

ganz**Berg**

Verlag Michael Pause Kleinseeham

Dank an die Mitarbeiter von www.redaktion-pause.de
Dieses Buch wäre nicht erschienen ohne die aufopferungsvolle Mitarbeit
von Rita Knollmann, Silvia Schmid, Axel Klemmer, Tom Dauer, Simon Pause,
Sandra Petrowitz und Betty Mehrer. Ihnen dankt der Herausgeber für ihre
Begeisterung – und Geduld.

Für seinen Einfallsreichtum bei der Gestaltung
des Buchs gilt der Dank Jürgen Schroeder.

Ein weiterer Dank geht an alle, die bereitwillig der Veröffentlichung von
Skizzen, Fotos und Textauszügen aus den Pause-Büchern zustimmten,
teilweise auch aus ihren persönlichen Archiven Material zur Verfügung
stellten; auch jenen sei gedankt, die ihre Erinnerungen an Walter Pause
in kurzen Texten zusammenfassten.

Danke!
Ein besonderer Dank gilt den Firmen **Meindl**
und **Deuter** für Ihre großzügige Unterstützung.

Michael Pause „Mit glücklichen Augen"

Zum 100. Geburtstag von Walter Pause

Erste Auflage

ganzBerg Verlag Michael Pause Kleinseeham

1. Auflage, 2007
Copyright © dieser Ausgabe
ganzBerg Verlag Michael Pause
Gansbergstr. 1
83629 Kleinseeham, Deutschland
www.redaktion-pause.de

Gestaltung, Satz und Herstellung: Flying Pig Design,
München – Graz, Jürgen Schroeder, info@jm-schroeder.de
Lithografie: phg GmbH, 86167 Augsburg, Deutschland
Druck: LONGO SPA AG, 39100 Bozen, Italien

Printed in Italy

ISBN 978-3-00-022833-9

100 Jahre Walter Pause –
„Mit glücklichen Augen"

„Ihr glücklichen Augen, was je ihr gesehn,
es sei wie es wolle, es war doch so schön!"

Lynkeus, der Türmer, in Faust II
Johann Wolfgang von Goethe

Zwei Generationen, zwei Anfänge: Vater Walter
(46) beginnt Bergbücher zu schreiben, Sohn
Michael (1) beginnt zu laufen. Aus beiden wird
mal was werden.

Es hätte eine kleine Festschrift zum 100. Geburtstag meines Vaters werden
sollen, für den Freundeskreis bestimmt. Jetzt ist es ein Buch geworden –
ein Walter-Pause-Erinnerungsband.

In seinem 80 Jahre währenden Leben schrieb Walter Pause eine ganze Menge:
Briefe, Artikel, Werbesprüche, Bücher, Glossen, Kommentare und Kalendergeschichten. Nichts kann wohl einen Schriftsteller besser charakterisieren als
das, was er im Lauf der Jahrzehnte zu Papier brachte. Aber dieses „Lebenswerk"
dokumentiert nicht nur eindrucksvoll die menschliche, alpinistische und
schriftstellerische Vielseitigkeit, genauso kommen darin auch die politischen,
gesellschaftlichen und wirtschaftlichen Strömungen dieser achtzig Jahre zum
Vorschein. Und genau das sollte den besonderen Reiz dieses Buchs ausmachen.

Mit dem Titel „Mit glücklichen Augen" greift dieser Band das erste,
1948 erschienene Buch von Walter Pause auf; die Zahl der Kapitel orientiert
sich am runden Geburtstag und natürlich an den zehn Bänden der Berg-
buchserie, mit denen er seine Leidenschaft für das Bergerlebnis auf eine
ganze Generation von Wanderern, Hochtouristen, Kletterern, Skifahrern und
Skitourengehern übertragen hat. Jedes Pause-Buch, das das Redaktionsteam
ausfindig machen konnte – und es waren ja nicht nur Bergbücher! –, ist
mit einem Originaltext vertreten (alle diese Texte sind in einer eigenen
Schrift gesetzt). Darüber hinaus belegen viele weitere Beispiele (oft auch
den Ski- und Bergkalendern entnommen), welch großes Themenspektrum
und welch stilistische Vielfalt Walter Pause beherrschte: Er war Schwärmer,
Analytiker, Visionär und Chronist, und er fand für jede seiner Aufgaben eine
adäquate Sprache. Viele Leserinnen und Leser, die ihn nur als Bergbuchautor
kannten, werden sich wundern – und ihm zustimmen, wenn er nach der
Verleihung des Bayerischen Verdienstordens feststellte: **„Grad schön war's!"**

Michael Pause

Inhaltsverzeichnis

1 Ein himmelstürmender Vater und sein Sohn

Kurz nach der Wende vom 19. zum 20. Jahrhundert zieht es die Eheleute Max und Linda Pause von Sachsen nach Süden, mit einem mehrjährigen Zwischenstopp im Westen, in Heidelberg. In den Neckarauen versucht sich Max Pause wagemutig und ideenreich – aber leider erfolglos – als Flugzeugkonstrukteur. 1906 kommt als erstes von sechs Kindern Max Reinhard zur Welt, nur zwölf Monate später folgt Rudolf Walter. Und in die Wiege gelegt wurden ihm wohl eine grenzenlose Lebensfreude und Zuversicht.

"Große abstehende Ohren und ein meinem Aussehen abträgliches Spitzenkleidchen": Der dreijährige Walter Pause posiert bei einem seiner ersten Fototermine.

Ein Aviatiker als Entlastungszeuge

(...) Ich bin weder an Inn, Isar oder Etsch, noch an Reuß, Rhone oder Isère geboren. Es geschah in Heidelberg am Neckar. Als Dreijähriger kam ich im Jahre 1910 nach München. Da führte mich meine Mutter zum ersten Male durch Pasings Kolonien, und manchem Eingeborenen mag aufgefallen sein, daß mich große abstehende Ohren schmückten und überdies ein von zärtlicher Liebe genähtes, meinem Aussehen aber höchst abträgliches Spitzenkleidchen … 1910 – wer weiß noch von dieser Zeit? Damals schlingerte Kaiser Wilhelm II. ohne Lotsen einem grauenvollen Ersten Weltkrieg entgegen, ein bayerischer Prinzregent herrschte über Klerikale, Hirsche und Sennerinnen, die junge Käthe Kruse stopfte ihre ersten Puppenhäute zu handfesten Babys, da sprang mit einem Paukenschlag Richard Straussens „Rosenkavalier" auf die Weltbühne, und da steuerten die ersten deutschen Aviatiker ihre zerbrechlichen Flugapparate über Wiesen und Zäune. Keine ganz langweilige Zeit!

Drei jener Flugapparate hatte, vom tollen Beispiel der amerikanischen Brüder Wright aufgewühlt, mein Vater gebaut. Ich habe die alten Fotografien noch zu Hause. Er verwendete dazu vier Jahre Zeit, viel Eschenholz, lackierte Seide, Draht, Leim, Schrauben, ein Benzinmotörchen von Herrn Daimler, Nervenkraft und Vermögen meiner Mutter, und natürlich besonders viel Gottvertrauen. Denn mein Vater besaß wenig technisches Verständnis. Dennoch flog dieser Orginallaie zuletzt nicht nur in Sprüngen, sondern schon kilometerweit über die Rhein- und Neckarwiesen und erreichte dabei Rekordhöhen bis zu 14 Meter. In dieser Zeit haßte er Zäune, Mauern, Bäume, Sträucher, am allermeisten aber Telegrafendrähte. Bis endlich passierte, was lange in der Luft lag: Sein phantastisch komplizierter Dreidecker – in dem fliegend er zwischen hundert Verspannungsdrähten bäuchlings über dem Benzintank liegen mußte – platzte plötzlich, vom Winde verweht, in einen still blühenden Apfelbaum vor Heidelberg. Eine Katastrophe? Nur für die Zuschauer, nicht für meinen Vater. Dem sprangen sofort Freund Lindpaintner und der Münchner Graf Pocci bei, damit er abermals Flugzeuge basteln konnte, diesmal moderne Eindecker mit norwegischen Hickoryskiern als Gleitkufen. Aber auch diese Aeroplane scheiterten an eigensinnigen Feldzäunen, der letzte auf dem ersten Flugfeld Münchens, draußen in Puchheim … 8

Der dreimal geschlagene Aviatiker kam stets mit leichten Verletzungen davon. Dennoch triumphierte er über gewisse Stammtischspießer, die ihm jahrelang versichert hatten, daß „nichts fliegen kann, das schwerer ist als die Luft". Meine Mutter war oft in schlimmen Ängsten verstummt, ich besaß ja bald mehrere Geschwister. Aber über den Resten des dritten Apparates lernte sie wieder fröhlich lachen. Übrigens stand mein Vater aus dem Schrott seiner drei Aeroplane wie ein Vogel Phönix auf, verzichtete auf allen Weltruhm und konstruierte künftighin freifliegende Modelle von Flugzeugen. Das war sicherer. Diese Modelle verschickte er bald in alle Welt und konnte damit seine Familie ernähren... Diesen meinen himmelstürmenden Vater, den miserablen Kaufmann und unbegnadeten Konstrukteur, besitze ich als Entlastungszeugen in meinem tragikomischen Lebensprozeß. Von ihm erbte ich das Talent, heiter durch zehn ungeliebte Berufe zu stolpern, von ihm kam auch meine frevelhafte Naivität, ohne Mittlere Reife, Abitur und Universitätsstudium drei Dutzend Bücher zu schreiben.

Lebenslänglich Alpin, 1974

Als „unbegnadeten Konstrukteur" bezeichnet Walter Pause seinen Vater. Vielleicht zu Recht verlegte sich dieser bald auf den Modellbau.

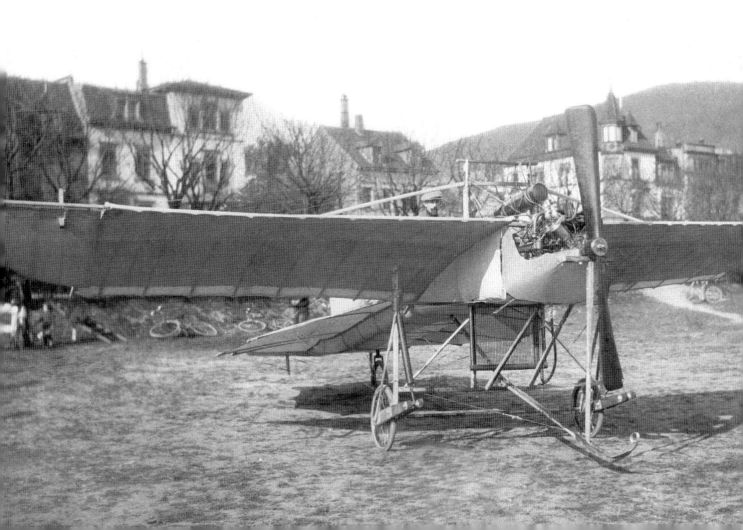

2 Alpine Entdeckungen und hungrige Kriegsjahre

Endlich geht es bergwärts, zumindest schrittweise. Als Walter Pause drei Jahre alt ist, zieht die Familie von Heidelberg nach München um – genauer: nach Pasing. Auf der Suche nach Abenteuern strebt der Vater noch immer in die Höhe, ohne dabei allerdings den festen Boden zu verlassen: Er nimmt seine Söhne erstmals mit in die Berge. Der Erste Weltkrieg bereitet nicht nur diesen sorglosen Ausflügen ein abruptes Ende. 1919 werden dann aus den Sachsen – endlich! – stolze Bayern.

Von Heidelberg nach Pasing: 1910 zog Familie Pause in den Süden. Der heute zu München gehörende Stadtteil war damals noch eine eigenständige Stadt.

Erste Fluchtversuche in die Berge

Im Herbst 1911 machte ich als Vierjähriger meine erste Bergtour. Mein Vater führte mich und Bruder Max auf denselben Jochberg hoch über Walchen- und Kochelsee, auf den ich 40 bis 50 Jahre später hintereinander auch meine eigenen sechs Kinder geführt habe. Es war wohl zu Kaisers Zeiten nicht anders als zu denen Adenauers: Beim Aufbruch am Kesselberg viel Geschrei und Aufregung, zweihundert Meter über dem Joch erstes Verstummen, und abermals zweihundert Meter höher im Bergwald scharfer Unmut, ja heller Zorn – „Nein, und ich gehe nicht mehr weiter!" Aber vor dem Ersten wie nach dem Zweiten Weltkrieg kam eben doch stets die erlösende Waldgrenze, folgten der freie Gipfelgrat, die erste Rast, die erste Umschau in ungemessene Fernen – und schon impfte der zuständige Gott die Kinder mit dem ersten Bergrausch. Der äußerte sich in immer gleicher Weise. Keinem Kind fiel es je ein, die ihm neue Dimension einer Welt ohne Ebenen als Phänomen zu begreifen, nein, – man schrie viel Unartikuliertes in den Gipfelwald, stocherte mit ängstlichen Augen in den Abgründen der Nordflanke herum, stürmte mit blinder Wut jeden erreichbaren Felsblock, mehr nicht. Elterliche Belehrung wurde verschmäht.

Im selben Herbst erreichten wir in ähnlicher Verfassung die Gipfel von Herzogstand und Hirschberg, ja selbst jene stille waldgrüne Neureuth, von der man heute tränenden Auges in ein von Betonmassen überschwappendes Tegernseer Tal hinabblickt. Peißenberg und Taubenberg folgten im nächsten Frühjahr, und in einem neuen Sommer äugte ich von der Schlierseer Rotwand neugierig zu den schlanken Kalktafeln der Ruchenköpfe hinüber. Die Bodenschneid wurde über den Kühzaglweg, das Etalermandl über den Soilasee erobert. Das Abc der Bergsteigerei erlernte sich schon damals mühselig: Die Plage des Anstieges vermochte man erst jenseits des Gipfels zu schätzen. Abermals ein Jahr darauf, man schrieb das Jahr 1913, führten die Eltern uns Brüder Max und Walter über Kreuzeck und Hupfleitenjoch zur Höllentalklamm hinab. Nur wenig später liefen wir Buben mit dem Vater von Egern über Wallberg und Risserkogel bis ins Kreuther Tal. Es gab damals keine Bergbahnen. Diese für Kinder viel zu anstrengende Gewalttour hatten wir einem bösen Verhauer des Vaters zu verdanken, der sich im Latschenwald

1911 | „Der Rosenkavalier" von Richard Strauss uraufgeführt (26. Januar) – Erster Nonstop-Flug London – Paris (12. April) – Pancho Villa, Bürgerkrieg in Mexiko – „Panthersprung" nach Agadir (1. Juli) – Amundsen als Erster am Südpol (14. Dezember) – „Blauer Reiter" stellt in München aus (18. Dezember)

der heißen Risserkogel-Südflanke gegen unseren scharfen Protest durchsetzen wollte: Er entschied laut und falsch, und hatte so auf einem überlangen Irrweg zu lernen, daß man seinen Kindern folgen soll. Aber auch wir Kinder bereicherten uns damals an übler Erfahrung, denn wir lernten den perfekten Knieschnackler kennen und beim ersten Besuch im Tegernseer Bräustüberl auch das Vergnügen, brutalen Heißhunger und Höllendurst in stummer Ausführlichkeit zu töten.

Kaiser, Krieg und Funktionäre

Ein Jahr später schickte Kaiser Wilhelm meinen Vater in den Krieg: Sechs Kinder verabschiedeten ihn auf der Haustreppe, das jüngste im Arm der Mutter. Wir umarmten ihn samt dichtem Bart in geradezu heiterer Gelassenheit, wozu uns die Mutter das Beispiel bot. Zur selben Stunde sang ganz Deutschland in stolzer Erschütterung „Die Wacht am Rhein" und „Ich hatt' einen Kameraden". Marschierten in den kommenden Jahren Soldatenformationen an uns vorbei, gar noch singend und mit Musik, dann war bei mir ein heißes Würgen im Halse nie zu vermeiden. Dieser Gemütsfehler ist mir leider geblieben. Fünf Wochen nach meines Vaters Auszug begleitete mich meine Mutter in die Volksschule. Da war es zu Ende mit den sonntäglichen Ausflügen in die Vorberge, aber deren tintenblaue Kontur hing jeden Morgen wie ein festes Versprechen am südlichen Himmel...

Meinem Vater, der binnen weniger Wochen in den Schützengräben am hart umkämpften Hartmannsweilerkopf der südlichen Vogesen lag, half schon nach drei Monaten ein für seine Art typisches Glücksmanöver: Man holte ihn plötzlich aus der vordersten Linie zurück in die Etappe, damit er in der Offiziersmesse den verletzten Koch ersetze. Dabei erwies sich mein Vater als ein wahres Kochgenie, so daß weder Offiziere noch Kommandeur daran dachten, diesen ausgezeichneten Soldaten wieder „nach vorn" zu schicken. Während vor Verdun und Reims Hunderttausende Deutsche und Franzosen einen grausamen Tod sterben mußten, schoß ich in der Pasinger Gymnasiumskolonie auf kleine Fußballtore oder spielte mit Nachbarkindern „Räuber und Schandi". Vom vaterländischen Krieg zeigte ich mich erst im Jahre 1917 begeistert, als in unserem Hof die Feldküche einer durchreisenden Einheit fränkischer Landsturmmänner einquartiert wurde. Da war der Hunger längst permanent, und ein mit Bohnen und Speck gefüllter Feldkessel markierte sechs Wochen lang zwei Mal am Tage höchste Daseinsfreude.

(...) Das Jahr 1918 zog wie eine Front schwarzer Sturmwolken über uns hinweg. Dann kam der Friede als Niederlage für Millionen verzagter Menschen. Das Wort „umsonst" erstickte allen Lebensmut. Ein glänzend illuminiertes Kaiserreich war vertan, der eitle Herr aller Deutschen war nach Holland geflohen, seine verarmten Untertanen schlichen wie Mumien durch die grauen Städte. Das einst mit Tränen redlicher Vaterlandsliebe gesungene „Lieb Vaterland, magst ruhig sein" vergaß sich als hochgestochene Arroganz. Dann folgten Umsturz und Republik und endloses Debattieren im Schatten vollkommener Ohnmacht.

Lebenslänglich Alpin, 1974

Ab 1911 rückten die Berge ins Blickfeld: Im Alter von vier Jahren machte Walter Pause seine erste Bergtour. Sie führte auf den Jochberg, unter zornigem Verzicht auf „elterliche Belehrung".

3 Ein Liebling der Götter

Wie wenig Verständnis Eltern für ihren Nachwuchs haben! Zornentbrannt verlässt Walter nach einer Meinungsverschiedenheit Haus und Hof und will in die Welt ziehen. Er kommt allerdings nur bis Garmisch. Dort entschließt er sich spontan, sein neues Leben mit der Besteigung der Zugspitze zu beginnen. Im Alleingang. Als Liebling der Götter übersteht er alle Gefahren und landet schließlich doch wieder wohlbehütet zu Hause.

Zugspitze, 2964 m. (Westlicher Gipfel)

Als die Zugspitze noch beinah unberührt und das Münchner Haus noch eine Hütte war, wanderte der 14-jährige Walter Pause durch das Höllental zum Gipfel.

Erster Lebensgipfel

Ich war ein Vierzehnjähriger, von daheim ausgebrochen, wollte in die Welt gehen und auf die Zugspitze steigen. Es waren kalte und feuchte Abenteuer gewesen, die mich beim nächtlichen Aufstieg durch die schwarze Klamm zum Höllentalanger begleitet hatten. Ich hatte genug vom Gebirge... Da kam ich ans berühmte „Leiterl" und ans „Brett", es wurde gefährlich, und eine mächtige Lust glomm auf in mir. Jenseits der senkrechten Wand wartete ein stolzes Bewußtsein und trieb mich wieder schneller den vertrackten Nachtsteig hinauf. Unfern der letzten begrünten Kuppe war mir, als bewegte sich die Nachtschwärze. Wie bange Erwartung schwang es durch den Riesenfriedhof des Felstales. Gleich darauf flog ein erster bleicher Schein durch die Welt, und als ich aufschaute, zog unendlich hoch über mir der junge Tag auf – blank und frisch wie ein Mädchenauge. Um mich her aber begann ein sanftes Erwachen der kleinen Dinge; das Gras putzte sich grün, das Moos rot und modrigbraun, selbst die Steine verloren ihr taubes Wesen. Die ganze Welt war mit einem Male still und schön, nie hatte ich dergleichen empfunden, und ich wünschte mir Vater und Mutter herbei, dass sie an meiner Freude teilhätten.

Die Übernächtigkeit warf sich von selbst ab, und bald stieg ich frohgemut weiter. Vor mir breitete sich der Höllentalferner aus: unwirklich weiß, mit tiefblaubeschlagenen Flanken. Über den hartgefrorenen Firn der ersten Morgenfrühe mit ungenagelten Schuhen aufzusteigen, ist auch eine Art, gefährlich zu leben; und alle meine Freude an der Neuheit des Unternehmens erstickte immer wieder in einer heillosen Angst. Fand sich neben den Trittspuren, die im Sommereis rundgeschliffenen Schüsseln glichen, ein angefrorener Felssplitter, dann ergriff ich ihn so hastig, als wäre er die Hand der Vorsehung selber. Dergestalt überwand ich mählich den Ferner und überschritt die Randkluft als ein Mann, der zum zweiten Male in seinem Leben das Beten lernte.

Lange stand ich stumm unter dem hohen Kreuz. Das Glück schloß mir die Augen. Ich vermochte nichts zu denken, aber ich spürte einen Hauch von jenem Frieden, der den letzten Tag eines Weisen verklären muß. Ich muß gestehen, dass meine erste deutliche Empfindung eine vaterländische war.

12

In stolzer Rührung ward mir bewußt, auf Deutschlands höchstem Gipfel
zu stehen! Ach, und statt nun die Unendlichkeit zu umarmen, kämpfte ich
am Gipfel der Zugspitze mit einem kuriosen Einfall: Von hier aus müßte
ein Parlament von Bergsteigern Deutschland regieren! Ach, man muß mir
verzeihen, es war 1923 und nicht 1953. Als ich dieser lästigen Ideen endlich
ledig geworden, jagten mich zerrende Windstöße auf, und in einem kühlen
Ballen feuchten Nebels stieg ich zum Münchner Haus hinüber.

(…) Ich stieg lange abwärts und landete endlich am oberen Ende riesiger
Sandreißen. Am Beginn dieser Sandreißen, im Schatten eines Felsen versam-
melt, gewahrte ich eine rastende Partie, und wie einem Räuber der Gedanke
an Raub, so geschwind kam mir jener an Bettel: Komme was da wolle, jetzt
mußte ich zu einem Brocken Brot kommen. Ich wankte also auf die Gruppe
zu, es waren zwei junge schöne Damen und ein alter Bergführer, und wollte
das nötigste sagen, doch gleich war ich weder Räuber noch Bettler, nur noch
der durstige, hungrige und erschöpfte Knabe, dem Ströme von Tränen übers
Gesicht rollten und der vor lauter Schlucken kein Wort hervorbrachte. Ach,
schönste Begegnung meines Lebens dort droben auf der Sandreiße überm
Eibsee! Es gab Wurstbrote und Tee und lieblichen Trost für die Seele.
Ich schied als ein Liebling der Götter und fuhr jubelnd die Sandreiße hinab.
Vom Eibsee aus brauchte ich nur noch nach Grainau hinab und auf wohltätig
ebener Straße nach Garmisch hinaus. Wenn aber meine Eltern geglaubt hatten,
bittere Erfahrung habe mich geheilt, so irrten sie darin: denn jene erste
unbeabsichtigte Bergfahrt war nur der unvergessliche Anfang, und ich habe
Lust und Leid des Bergsteigers noch oft erfahren und will's bis zum letzten
Lebenstage nicht missen.

Kalendergeschichten, 1954

Auf Deutschlands höchstem Gipfel hatte der Jüngling
einen kuriosen Einfall: „Von hier aus müsste ein Parlament von Bergsteigern regieren!" Ob's helfen würde?

4 Spielzeug für Münchner Kindl

Der Wechsel von den großen, aber nicht dauerhaft flugtüchtigen Aeroplanen zu den liebevoll gefertigten Modellflugzeugen war für Vater Max Pause ein geschäftlicher Erfolg. Er blieb dem Spielzeug treu und übernahm Herstellung und Verkauf des „Münchner Kindl-Baukastens", eines Holzbaukastens, der einige Jahre ein Verkaufsschlager war. Daheim spielten zusammen mit den drei in Heidelberg geborenen Max, Walter und Reinhard bald auch die Geschwister – und echten Münchner Kindl – Gertrud, Werner und Hermann mit den Bauklötzen.

München in Münchner Kindl-Händen: Mit dem von Max Pause hergestellten Baukasten konnte sich der Nachwuchs seine eigene Spielstadt konstruieren.

Werbetext für den Münchner-Kindl-Baukasten

Endlich einmal ein praktisch anregender und zugleich schöner Baukasten für die Kinderwelt. Dieser von erstklassigen Architekten und Künstlern zusammengesetzte Baukasten bietet für Kinder, ja selbst für Erwachsene eine angenehme, belehrende und anregende Unterhaltung. Die beigegebenen Vorlagen enthalten reizende kleine Häuschen und Bauwerke. Dieselben können mit Hilfe der Grundrisse leicht nachgebaut werden und beleben so den Geschmack des Kindes, das dann spielend leicht selbst jede beliebige Variation in der Bauart mit dem Münchner Kindl-Baukasten vornehmen kann. Von Zeit zu Zeit erscheinen Ergänzungskästen und neue Vorlagen, sodaß das Interesse des Kindes an dieser schönen Bauweise beständig wachgehalten wird. Um die einzelnen Häuser zu beleben, verlange man Münchner Kindl-Nipps; dieselben enthalten Figuren, Bäumchen, Hecken etc. zur Staffage. Unser Münchner-Kindl-Baukasten ist von ersten Pädagogen, sowie von Architekten, Professoren etc. bestens empfohlen und begutachtet, und sind einige Auszüge aus den uns zu Gebote stehenden Attesten beigefügt. Man achte beim Einkauf stets auf die obenstehende Schutzmarke, um sich vor minderwertigen Nachahmungen zu schützen.

14

5 Im Freistaat statt im Königreich

Die Novemberrevolution 1918 bereitet der Monarchie im ganzen Deutschen Reich, also auch im Königreich Bayern, ein Ende. In München geht es beim Versuch, das vormalige Königreich in einen Freistaat zu verwandeln, drunter und drüber. Trotzdem geschehen noch Verwaltungsakte – und einer verwandelt am 2. Januar 1919 die acht aus Sachsen „zuagroasten" Pauses hochoffiziell in Bürger des Freistaats Bayern. Als Urkunde muss noch ein Formular des Königreichs herhalten, mit entsprechenden handschriftlichen Korrekturen.

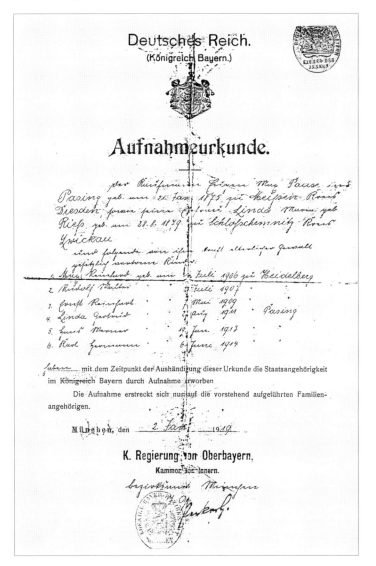

> „Extra Bavariam
> non est vita"

Das „Königreich Bayern" existierte nicht mal mehr in Klammern: In der Aufnahmeurkunde vom 2. Januar 1919 hatte es ein aufmerksamer Beamter schon gestrichen. Seiner Heimatliebe verlieh Walter Pause in seinem Haus Ausdruck: Dort prangt über der Eingangstür in goldenen Lettern ein bekannter Spruch, den der Autor allerdings nie mit engstirnigem Lokalpatriotismus verwechselte.

1919 | Morde an der KPD-Mitbegründerin Rosa Luxemburg (15. Januar) und am bayerischen Ministerpräsidenten Kurt Eisner (21. Februar) – Weimarer Verfassung (11. Februar) – Bauhaus von Walter Gropius in Dessau (21. März) – Vertrag von Versailles (28. Juni) – Zerschlagung der Räterepublik (1. August)

6 Korrespondent statt Kaufmann

Während Vater Max Pause in den 1920er-Jahren als Fabrikant mit dem „Münchner Kindl-Baukasten" die Bauhaus-Idee im Spielwarenbereich erfolgreich umsetzte, stolperte sein Sohn Walter mit einer unendlichen Leichtigkeit ins Berufsleben hinein. Eine Kaufmannslehre blieb eindeutig ohne die erhofften Folgen, aber neben den vielfältigen Entdeckungen, die das Leben abseits der beruflichen Zwänge zum Gelderwerb bereithielt, zeigten sich unübersehbar auch die ersten Ansätze eines Schreibtalents.

Der Zufall als familieneigenes Patent: Statt seine Zukunft am Reißbrett zu planen, ließ sich Walter Pause lieber auf das Abenteuer Leben ein.

Zufälle – Gesammelte Werke

Ich muß es deutlich machen: Natürlich fehlte mir das Glück des perfekten Akademikers, der nach Mittlerer Reife, Abitur, Staatsprüfung und Doktorplage stolz in die Einbahn seines Berufes springt. Dem bleibt Sorge ein Fremdwort, dem rennt der Erfolg entgegen und die solide Altersversorgung dazu. Der darf auch das Unwägbare übersehen. Ich selber habe meine Zukunft nicht am Reißbrett frommen Ehrgeizes entworfen. Ich plante überhaupt nichts im tintenschwarzen Nachkriegsjahr, als ich die Schule verließ; ich blieb beim familieneigenen Patent des Zufalls, den schon Henry Murger, Autor meines ersten Romans „Die Bohème", als Hauptgehilfen des lieben Gottes bezeichnet hat. Der Zufall spült den Menschen einmal dahin, einmal dorthin, von Küste zu Küste, meist in dramatischer Eile – und oft setzt er ihn böser Erfahrung aus, dann aber immer auch der eigenen Bewährung. Ein Fall wie Robinson …

Der Umgang mit dem Zufall brachte mit sich, daß ich mehr aus Fehlern als aus Belehrung lernte. Ich bin Fachmann geworden, was den gefährlichen Umgang mit Zufällen betrifft. Ich weiß, daß dem Zufall etwas Verdächtiges anhaftet, etwas Unseriöses. Weiß, daß es einen stabilen Akademiker schockieren muß, wenn ausgerechnet der Zufall den einen mit schierem Glück salbt, den anderen vom Glück trennt. Aber auch der Schock gehört zum Zufall. Übrigens wächst gar nicht wenigen Menschen im steten Umgang mit dem Zufall eine erstaunliche Allgewalt zu, eine Art Weltläufigkeit im Unwägbaren, die auf einer latent wachsenden, gründlichen Menschenkenntnis beruht – weit abseits von Einbahnen erworben. Menschen, Welten, Schicksale, Kuriositäten, Gemeinheiten und gnadenreiche Hilfen werden dann immer transparenter, sie erkennen alles, verstehen alles, – und eines Tages zwinkern sie dem Zufall fröhlich entgegen. Man kann nicht unterschlagen, daß es auch Knechte des Zufalls gibt, die auf seinem Knüppelweg doch noch so klug und tüchtig werden, daß sie sogar den Anschluß schaffen ans biedere gesellschaftliche Dasein mit viel Geld et cetera… ich meinerseits war lebenslang Herr und Knecht des Zufalls zugleich, ich habe nicht zufällig bis zum fünfzigsten Lebensjahr Schulden gehabt und ein entsprechend durchlöchertes Ansehen. Erfahrung im Schuldenhaben bedeutet Lebenshilfe für freie Schriftsteller.

16

Und ich durfte Schulden riskieren, denn der Zufall meinte es trotz mancher diabolischer Launen gut mit mir. Daß er mir irgendwann einen echten Glückspfennig ins Futter meines Herzens gesteckt hat, ist gewiß. Apropos: Schulden! In meinem Beruf als Kaufmann klappte es zunächst gar nicht. Langeweile fesselte meine Talente. Eine angeborene Heiterkeit, die sich gern zum Übermut steigert, paßte in kein seriöses Büro. Auch daß mir mancher eingebildete Schmieröl-Abteilungsleiter anmerkte, wenn ihn meine Opernfantasie heimlich zur komischen Figur eines gockelhaft stelzenden Einfaltspinsels machte, konnte nicht von Vorteil sein. Aber Lehrjahre vergehen, Operngalerie und Gebirge sorgten für Trost, und daß ich späterhin nicht öfter auf die Straße gesetzt wurde, hatte sogar einen schönen Grund. Es lag daran, daß eines Tages Chefs meine Briefe loben mußten. Sie hatten sich zuweilen mit Sprache und Ausdruck mühseliger auseinanderzusetzen als ich, kurz und gut, mir wuchs ziemlich früh eine nicht mehr zu leugnende Fülle und Leichtigkeit des Stiles zu. Diktierte ich Briefe, um – in zwölf diversen Branchen – für Schmieröl zu werben, für Pflüge, Einkochdosen, Spielwaren, Ia Jamaika-Rum, Haushaltsmaschinen, Säuglingsnahrung, Kondensmilch oder Bücher, dann überfiel mich immer ein gewisser Sportsgeist, dann macht mir der Kampf um den besten Ausdruck keine Qual, sondern Spaß, Superlative vermochte ich früh schon abzuwerfen und gute Pointen zeigten dann mir – und dem Herrn Direktor –, daß man mich nicht abzuschreiben brauchte. Nebenbei wurde ich auch ein kleiner Meister in kühn überredender Liebespost, aber die anmutigen Abnehmerinnen meiner geheimen Briefe blieben kühl. Das Pathos der Opernzeit verpatzte mir die Chancen.

Damals las ich meine ersten Bücher. Keinen Karl May vom Riesenbestand des Bruders Reinhart, keinen Ganghofer vom Nachbarssohn. Der Zufall stellte sich pünktlich ein, um bei den ersten Zügen meines Schachspiels um die Zukunft die Hauptfiguren sofort richtig einzusetzen.

(…) Allabendliches Lesen über Jahre und Jahrzehnte war wohl die sicherste Konstante in der Wirrsal meiner Existenz. Jeder Tag schloß sich lesend wie nach einem Gebet. Ich bin immer als guter Mensch eingeschlafen. Natürlich las ich armer Tropf lange Jahre nur mit dem blanken Herzen, verschlang auch die subtilsten Passagen nicht als abwägender Ästhet, sonder als begieriger Feinschmecker. Gültige Vorurteile über Bücher und Autoren, die dem kontrollierten Geist wie von selbst zufallen, fanden bei mir erst Jahrzehnte später Einlaß in die dünnen Kanäle meiner Intelligenz.

(…) Was aber war die Folge dieses Vorganges! Mein Beruf wurde immer mehr zu einer schrecklichen Nebensache. Ich lebte wie auf einer goldenen Wolke in Glück und Heiterkeit, sah aber die Schatten nicht, die diese Wolke auf den Boden meiner realen Existenz warf. Andererseits sahen mir immer mehr brillante Dichter über die Schultern, ob ich nun Briefe diktierte oder heimlich begann, Worte aneinanderzureihen für ein erstes kleines Feuilleton.

Lebenslänglich Alpin, 1974

Im Patrizierhaus der Eggendorfers in Nürnberg wohnten Walter Pause und sein Bruder Reinhard als „Logis-Herren".

7 Lebenslänglich Skifahrer

Bald nach den ersten Schwüngen kommen die Erfolge: Skifahren liegt Walter Pause einfach im Blut, dieser Virus hat ihn ein für alle Mal gepackt. Egal ob auf der Rennpiste oder im Tiefschnee. Mit seinen ersten eigenen Eschenskiern marschiert er sogar im Frühherbst hinauf auf die Zugspitze, um so schnell wie möglich das neue Fahrgefühl genießen zu können ...

Der weiße Rausch versetzt Walter Pause lebenslang in Verzückung. 1932 wird er Vereinsmeister des Skiclubs Pasing und unterbricht damit die Siegesserie seines Freundes Friedl List.

Die Anfänge

Mitten im Dickicht zwischen Operngalerie und „Gesammelten Werken" traf ich auf das kostspieligste Hobby meines Daseins: Ein vom Vater ererbter Hang zum gefährlichen Leben machte aus mir einen Skifahrer. Das passierte im Winter 1925 in einer Welt ohne Bergbahnen, Pisten und reiche Leute. Man war sofort ein Pionier. Mit überlangen Eschenskiern unter der Huitfeldbindung, einem flatternden Überanzug aus Militärbeständen, mit dicken Bambusstangen und einem kanariengelben bodenlangen Schal – so stieg ich mit Bruder Max auf die Neureuth. Am Vormittag wurde der Kristiania gelernt, am Nachmittag der Telemark. Als wir über die steile Gindelalmschneid nach Tegernsee abfuhren, weiß bestäubt von etlichen krachenden Stürzen, war die Entscheidung gefallen – ich würde ein Leben lang auch noch Skilaufen müssen.

Der Skirennfahrer

Natürlich übertrieb ich auch im Schnee. Sechs Wochen nach den ersten Schwüngen gewann ich mein erstes Rennen, nach einem Jahr siegte ich in Partenkirchen gegen den berühmten Kratzer-Loisl in der Vierer-Kombination der Münchner Skijugend. Vor dem Springen an der Gudibergschanze sott ich in schlimmsten Ängsten. Es war nur gut, daß ich nebenbei meine Wollsocken an Ferse und Zehen zu kappen hatte, weil die ausgeliehenen Skistiefel zu den ausgeliehenen Sprungskiern zu knapp waren. Das lenkte mich ab. Mein Name wurde aufgerufen, ich sprang in die Anlaufspur – und alle Angst war verflogen. Wie einfach! Derlei frühe Erfolge könnte man hochspielen, ich wurde auch sieben Jahre lang Vereinsmeister, lief zwölf Jahre nicht ganz langsam in Skirennen, – aber das war alles nur latenter Zwang. Denn in der Vorahnung, später einmal Vater zahlreicher Skikinder zu werden, blieb mir gar nichts anderes übrig, als aus dem falschen Stil jener Pionierzeiten das Beste zu machen. Naturtalente fahren gegen jeden falschen Stil „richtig", stellte mein Freund Hans Osel dazu fest.

Vierzehn Jahre bei Langläufen, Dauerläufen und bei Münchner Staffelmeisterschaften, ebenso lang bei Abfahrtsläufen im ungewalzten Tiefschnee – es war immer sehr aufregend und oft ein regelrechtes Massaker. Dennoch setzte sich 18 der Ehrgeiz gegen faules Resignieren immer durch. Der Bergkessel um den Spitzingsee wurde mir zur zweiten Heimat. (…) Und nach dem letzten Skirennen kam jedes Jahr mit Frühlingssonne, Firn und Fernweh die große Zeit der Skitouren und Entdeckungsreisen. (…) Noch vor dem Zweiten Weltkrieg, in dem ich als unansehnlicher Obergefreiter sechs Jahre wie ein Fußball durch Europa getreten wurde, kam ich mit Hilfe eines Original-Opelautos auch nach Tirol. Das bedeutete Speck aufs schmale Brot der Münchner Hausberge. Und als ein wahrer Kolumbus entdeckte ich mir zwischen Arlberg und Hochkönig viele abgeschiedene Bergnester. Die Jugendfreundin suchte mit.

Die ersten Eschenskier

Der Künkele-Willi aus der Pasinger Bahnhofstraße blieb ein latenter Dirigent meines Schicksals. Kaum hatten wir beide – das war drei Monate vor dem ersten Schnee in den Bergen – in der Münchner Paradiesstraße die ersten Paar Eschenskier erworben, da ließ ich mich dazu überreden, diese Skier sofort auf dem Zugspitzplatt auszuprobieren. Damals gab es weder Zugspitz- noch Kreuzeckbahnen. Die Eschenskier auf den Schultern, wie wir sie vom Garmischer Bahnhof tapfer durch Partnachklamm und überlanges Reintal trugen, wurden schwer wie Balken. Dabei waren es nur nackte Holzbretter, gemessen nämlich an den halbmotorisierten Aggregaten von heute aus Stahl und Kunststoff, mit allerlei Automatik und Seiten- und Bug- und Heckverkleidung. Wir Münchner nannten sie ganz einfach „Latten" und „Schwartlinge" … Nach sieben Stunden mühseligen Marsches rasteten wir auf dem Steilstück zwischen Partnachquelle und Knorrhütte gut zehn Mal. Und waren völlig erschöpft, als wir der Bierprigl-Marie und der mit einem kräftigen Flaum unter der Nase aufwartenden Hanni „Grüß Gott" sagten. Aber nach der ersten Limonade kamen wir dermaßen in ein übermütiges Witzeerzählen, und von vier lachenden Frauenaugen waren so viele Tränen zu trocknen, daß wir braven Bergsteiger erst gegen zwei Uhr nachts unter die Wolldecken kamen. Am Morgen dann abermals zweieinhalb Stunden Skitransport zum Plattferner. Dort fuhren wir kaum zehn Minuten Bögen auf der ersten bescheidenen Neuschneedecke, als wir inmitten der menschenlee- ren Schutt- und Eiswüste Ernst Udets Flugapparat entdeckten, mit dem er ein Halbjahr vorher zwar zu landen, aber nicht mehr zu starten vermochte. Welch ein Abenteuer! Das intakt wirkende Flugzeug wurde sofort unser beider Riesenspielzeug, kein Teilchen blieb unbetastet – außer dem Motor. Den hatte nämlich irgendein tirolerischer Herkules ausgebaut und aus 2850 Meter Meereshöhe heimlich davongetragen… Ohne Trauer also zurück zur Knorrhütte und wieder neue sechs Stunden hinausgetrabt bis zu den Schwällen der Partnachklamm. Wie gerne hätten wir die Skier hier ins Wasser geworfen, so sehr hatten sie uns in sechzehn Stunden die Schultern malträtiert. Aber jedes Paar hatte seine vollen 19 Mark gekostet …

Kalendergeschichten, 1958

8 Endlich allein

Mit Freunden ist Walter Pause durch die Watzmann-Ostwand geklettert. Zurück in Berchtesgaden verabschiedet er sich von seinen Begleitern. Diese zieht es „heim zu Arbeit und Pflicht", ihn selber zieht es in die Berge. Das Abenteuer der Selbstständigkeit hat begonnen. Jahre später erscheint der Bericht über den Aufbruch am Fuß des Watzmanns in der Zeitschrift „Bergsteiger". Die erste Veröffentlichung des späteren Erfolgsautors – auch das ein großer Anfang.

Nach der Bergfahrt

Abriß aus einer Erzählung

Von Walter Pause

Eine Stunde voll hohen und unbeschreiblichen Glückes war uns beschieden. Wir lagerten erschöpft und geborgen im harten, kurzen Berggras hoch oben über dem Königssee, über steilen Abstürzen und nur wenige Meter vom Rande eines Wasserspiegels entfernt, der weit oben in der Wand als weißes, bewegtes Band aus dem Felsen sprang und nun brausend und sprühend und unbekümmert über unzählige Felsstufen herabfegte. Dort, wo den niederkrachenden Wassermassen breitere Abfälle im steilen Felshang Einhalt zu bieten schienen, hatten sie in das Kalkgestein tiefe Wannen getrieben und im steten Wirbel auszuwaschen. Dann erst strömten sie wieder ein wenig beruhigt dem rundgeschliffenen Rande des Absatzes zu, um aufs neue mit großem Getöse hinabzuspringen und den Fels glatt zu fegen, wo er ihnen hemmend im Wege stand.

Immer wieder trieb uns die brennende Mittagssonne in diese von schäumendem, kreisendem und eiskaltem Wasser gefüllten Steinpfannen, die von mannigfaltiger Form waren, darin man liegen, sitzen und stehen konnte und deren so viele waren, daß jeder von uns drei Freunden ein besonderes Baderevier sein eigen nannte. Es war kein ungewöhnlicher Mut, der uns hieß, unsere Körper auf dem glattgetrommelten, weißen Fels in diese Steintöpfe voll quirlender, fließender Kälte rutschen zu lassen — nein, es war die reine, üppige Freude an dem schnellen Wechsel zwischen lechzender Hitze und klappernder Kälte, dem mit unsere Glieder aufseufzten. Es war wie ein Rausch für unsere Sonne, Anstrengung und herber Lust gebräunte und zermürbte Haut, und wir konnten nicht aufhören, diesen betörenden Reiz des Spieles zwischen wärmenden Sonnenstrahlen und prickelnder Kälte des Quellwassers zu suchen und zu fühlen. Es war ein Rausch, ein Rausch in Urwonnen und Einsamkeit.

Aber dann befiel uns wieder Müdigkeit, und wir gingen uns noch einmal zum kühlen Bad auf die abseitigen, heißen Steinplatten zurück, genußreich und mit geschlossenen Augen verfolgten, wie sich unsere glühende Gänsehaut entspannte und wieder wohlige Wärme mit Schauern letzter Kälte in uns rang.

Eine Felsrippe hielt das äußerste Getöse des Falles ab, und eine gute Weile war nun Frieden um uns. Dann aber hub das Erlebnis des vergangenen Tages so lange in uns rumort, daß wir plötzlich die Köpfe hoben und unsere Blicke vom weißenden Arm eines Freundes folgen ließen. Und wieder schauten wir mit glänzenden Augen und voll erhobenen, geschwellten Bewußtseins hinüber in die Ostwand des Watzmanns, die gestern unser Weg gewesen war und deren Gipfel wir überschritten hatten. Ja, als wir gestern nach einem Tag zähen Ringens die Spitze erreicht hatten, da war nichts anderes gewesen als die Sorge um ein ebenes Plätzchen zwischen den Blöcken, auf das man sich werfen konnte; nichts war gewesen als der Gedanke an Durst und das unmittelbare Glücksgefühl, endlich dieser mühseligen Riesenstaffel entronnen zu sein. Erst jetzt und abseits schwang sich aus unseren vom Krampf der Anstrengung gelösten Körpern die Lust und Freude am Siege auf. Während unsere Augen wieder den Weg durch die Wand suchten, überkam uns das selige und zugleich erschütternde Be-

„... bereit, die kühnsten Abenteuer zu bestehen..." Ein weißes Blatt Papier zu beschreiben, ist ebenso spannend wie eine eigene Route auf einen hohen Berg zu finden.

(...) Es war später Abend geworden, und ich war allein. Vordem waren wir bedächtig die Straße gegen Berchtesgaden hin gelaufen; dort hatten wir den Wagen erwartet, der die Freunde heim zu Arbeit und Pflicht bringen sollte. Der starke Geruch riesiger, nackter Fichtenstämme, die nahe der Straße vor einem Sägewerk gestapelt lagen, hatte uns angezogen; wir waren uns dort noch lange Zeit gegenübergesessen, und es war meinen Freunden schwergefallen, Verständnis für meine Reden vom Segen der Arbeit und von der Köstlichkeit des eigenen, gewohnten und geliebten Bettes zu finden. Nein, nein, sie wären lieber mit mir gezogen, der ich im Begriffe stand, einige freie Wochen durch das Land zu wandern, hier im Osten der Heimat beginnend und mit der Sonne in den Westen ziehend, sonst aber ohne eigentliches Ziel und ohne Hast, angezogen und vorwärts getrieben nur von den Schönheiten der Landschaft, die ich in vieltausendfacher Häufung hinter jedem Hügel verborgen wußte. Es war dann noch manches Wenn und Aber beredet worden, und die Freunde hatten tapfer hinter heiteren Glückwünschen versteckt, was sie an Gedanken über Verzicht und Entsagenmüssen ankam. Dann aber war der Abschied da, und wir waren doch wieder feuchten Augen nahegewesen, denn wir hatten in diesen Tagen unermüdlichen Kämpfens in den Bergen treue und redliche Kameradschaft geführt.

Ich war allein und wagte nicht den ersten Schritt zu tun. Wohl zum ersten Male in meinem Leben, so gestand ich mir ehrlich, sollte ich viele Wochen allein sein und mir selbst genügen müssen, abgeschieden von Eltern und Freunden, von Beruf und Zeitung und Lautsprechern. Es waren allererste Schritte zu tun! Es waren erste Versuche, allein zu wandern und sich der gestellten Aufgabe würdig zu erweisen: Die Heimat, oftmals schon durchreist und durchhastet, zu erwandern; mit den offenen Sinnen und der Beschaulichkeit, die einzig dem Fußwanderer eignet, jene flüchtig berührten Gegenden meinem Herzen zu erschließen, denen mich seit langen Jahren ein immer drängenderes Sehnen und eine immerwährende heimliche Bereitschaft entgegentrieb, kurz – Bürger der heimatlichen Landschaft zu werden! Während ich noch immer auf den Punkt starrte, an dem längst schon der Wagen mit den Freunden verschwunden war, fühlte ich, wie mir Schleier

„Ich war allein und wagte nicht den ersten Schritt zu tun": Am Fuß des Watzmann beginnt für Walter Pause das Abenteuer der Selbstständigkeit.

"

Wer in gottesnahen Bezirken der Bergeinsamkeit ein
gefährliches Dasein wagt, den regiert ein Lebenshochge-
fühl, das seinem Kritiker ewig verwehrt und ewig
unbegreifbar bleiben muss. Dieses Hochgefühl steigert
sich natürlich mit dem Ernst jeder Bergfahrt, so dass,
wer das Schwerste wagt, auch triumphale Gipfel der
Lebensfreude betritt.

"

von den Augen fielen. Eine ohnmächtige Freude kam über mich; meine
Blicke umfaßten dankbar den Kranz der geliebten Berge, mein Herz empfand
die friedsame Stille über den abendlichen Blumenwiesen, das liebkosende
Murmeln des Bergbaches und das kaum hörbare Rauschen des Abendwindes
hoch droben an den bewaldeten Berglehnen. Ich war nicht allein, um mich
war Heimat und der Segen der Erde. Und langsam fühlte ich jene Kraft in
mir wachsen, die genügte, mich gegen jedes leichte Tun und Denken auf
dieser Reise gefeit zu machen. Es war der Hunger nach Erkenntnis, es war
die gläubige Bitte an das Schicksal, teilhaben zu dürfen am innersten Wesen
der Heimat. Für diese Wanderung und damit für alle Zeit. Und nun Gott
befohlen, und guten Gewissens und voller Hunger weitergelaufen!
Da war am nächsten gewesen, mein Berchtesgadener Quartier aufzusuchen,
das Berggewand abzulegen und dann, leicht beschuht, einem Wirtsgarten
zuzueilen, um eine wohlverdiente Mahlzeit einzunehmen und dann, still bei
einem Glase Bier sitzend, einige Zeit mit Träumen und Plänemachen zu vertun.
Um mich saß, an viele runde Tische verstreut, das Volk der Fremden, der
Sommergäste, und über mir wölbte sich das nachtdunkle Dach von Kastanien-
bäumen. Das bewegte Reden der Leute drang von allen Seiten auf mich ein,
es war wie ein gleichmäßiges Murmeln, das meine wachen Sinne beruhigte.
Ich blickte mit dem Vergnügen des einsamen, zufriedenen Zuschauers in das
Antlitz eines jungen Mädchens, das in Begleitung zweier Frauen am Nachbartische saß und ebenso wie ich dem Zauber wachen Träumens verfallen
schien. Leicht zurückgelehnt, nahm es am Gespräch ihrer Begleiterinnen
keinen Anteil, und ich war sicher, sie wollte für diese Stunde nicht mehr und
nicht weniger als Frieden wie ich auch und schloß ein heimliches Bündnis
mit ihr. Wie war sie schön anzuschauen in der bunten Tracht dieser Gegend,
Augen und Mund voll froher Jugend und nicht ahnend, welches Geschenk
ihr Anblick dem Beschauer bot.
Ich blickte voller Dankbarkeit zu ihr, und sie gab mir den Blick unbefangen
zurück; es war wie ein Druck der Hände. Da war Glück und Frieden um
mich, meine Sinne waren aufgebrochen zu einer verwirrenden Freude, und
ein tiefes Behagen erfüllte mich, das mich weich und gut und nachgiebig
machte. Ich sann darauf, irgend jemandem eine unerwartete Freude machen
zu dürfen.
Aber da war nur das Kellnerfräulein, das sorgenvoll von Tisch zu Tisch eilte
und immer, wenn es bei mir vorüberkam, eine kleine Weile rastete.
Vielleicht, weil ich so einsam am Tische saß und sie ein übriges zu tun und
mir beizustehen gedachte; vielleicht auch, weil sie meinem Gesicht die
Bereitschaft zu jeglicher Anteilnahme ablas. So bat ich sie mit raschen, leisen
Worten, mir doch diese Freude zu tun: „Nehmen Sie, nehmen Sie …, ich bin
ja reich … Sie sollen nicht lachen …, ich habe viel Geld …, ich habe es übrig,
wahrhaftig, es ist wahr. Lieber Gott, so lachen Sie doch nicht wieder und
nehmen Sie …, sehe ich nicht aus wie ein reicher Mann …, oh, welche
Freude Sie mir machen!"
Und ich redete wie besessen, um das Glück dieser Stunde vollzumachen und
um dieses lächerliche Geldstück loszuwerden, und als ich wieder aufsah, war

22

mein Nachbartisch leer. Ich suchte verzweifelt, aber das Mädchen war fort, und fort war alle Lauheit dieses Sommerabends, mich fröstelte, und, niedergeschlagen und wieder ganz sehnsüchtiges, hilfloses Menschenkind, lief ich heim. Meine Gedanken galten nichts anderem mehr als dem viele Tage entbehrten weiten, weißen Bett; ich zog mich aus – da klirrte es, und aus der Tasche meiner Jacke fiel jenes Geldstück! Das Kellnerfräulein! Sah ich denn nicht wirklich aus wie …, war ich nicht reich …, so reich, so schrecklich reich … und müde …

Wieder auf der Straße und nochmals die klare Sonne des späten August. Ich vergesse an keinem schönen Morgen, ihn als guten Anfang zu nehmen; für eine kurze Weile bin ich dann in Gedanken im windigen, naßkalten Regenschauer einer nimmer enden wollenden Schlechtwetterzeit, und schon fühle ich mich – jeden schönen Morgen aufs neue – reich beschenkt! Und wie war doch dieser frühe Morgen meines Auszugs aus Berchtesgaden vollendet: Da fielen von Häusern und Bäumen schräge, lange, kühle Schatten auf die Straße, die noch einsam lag und auf der sich nur selten ein werktätiger Mann zeigte, mit Wagen und Pferd, unbekümmert in den Morgen pfeifend. Oder ein junges Mädchen, das fröstelnd über die Straße lief, die Milch zu holen. Jedenfalls war nicht daran zu denken, daß die Straße noch vor wenigen Stunden, in der späten Nacht, von fröhlichen, ausgelassenen Fremden belebt war, daß in diesem Städtchen viele Tausend Erholungssuchender weilten, von denen keiner um den Zauber dieser köstlichen Morgenstunde zu wissen schien. Sonst vom Lärm der Straße in die Ferne gerückt, sahen jetzt Watzmann und Göll unmittelbar über mir in die Gassen herein, nahe und blau und unendlich hoch ragend. Und schlug von den Türmen die Stunde, so drang der Ton rein und hell ins Herz und in die Sinne. Ich fühlte mich wach und aufgeräumt und freute mich über die ersten Zeichen des kommenden Herbstes, den frischen Tau an Geländern, Bänken und Gräsern und über den herben Duft der wie mit Silber angefüllten Luft. Vor dem Dom trat ich vom Schatten in die erste, wärmende Sonne und blieb stehen. Es war wie in alter Zeit. Es war Friede im Lande, nur ein unsichtbares Heer von Vögeln jubilierte um die Türme und holden Statuen des Baues. Über den Platz schritt behutsam ein Kind, ein Mädchen von vielleicht zehn Jahren, das am Arm ein altes Mütterlein führte. Dann war wieder Stille, ich blickte von den Türmen hinüber zu den Bergen und versank wachen Sinnes in eine tiefe Andacht. Aber noch war die Stadt nicht erwacht, da lief ich schon im frischen Schritt der Morgenstunde hinauf gegen Hallthurm, bereit, die kühnsten Abenteuer zu bestehen.

Der Bergsteiger, Jahrgang 1938/39

Also hüte man sich, ausdauernde Bergsteiger kurzerhand als Asketen zu loben. Unter uns: Es sind verruchte Genießer darunter.

9 Aus den Aufzeichnungen eines romantischen Obergefreiten

Am 19. September 1939 meldet sich der zeitlebens durch absolut unmilitärisches Verhalten auffallende Walter Pause freiwillig zum Militär. Nur so kann man der Zwangsverpflichtung samt Zuordnung zur SS entgehen. Sein Militärleben beginnt beim „Heimatkraftfahrpark München", 1940 wird er nach Paris abkommandiert, wo erdem Zeichner Rudolf Jauk begegnet. Dessen Erinnerungen an die Kompaniezeit in Frankreich tippt Pause „à la hopp" in seine Schreibmaschine – und Jauk liefert die Zeichnungen. 1942 fällt der Freund in Russland.

Ein Schöngeist in Uniform: Als Besatzungssoldat in Paris stationiert, fallen Walter Pause die architektonischen Schönheiten der Stadt auf – und die weiblichen auch.

Paris

Die unruhigen Nächte vor unserem Eintreffen in der Weltstadt Paris waren in einer Hinsicht ganz umsonst gewesen. Es fiel uns keine lüsterne Venus um den Hals, es ging in Paris zu wie in anderen großen Städten auch. Und doch nahmen wir dann mit jedem Tage mehr wahr, daß Paris eine Ausnahme ist, daß die Sphäre dieser Stadt etwas durchaus Einmaliges darstellt. Und daran sind zu einem Großteil wirklich die Frauen schuld. Zum anderen Teil ist der eigenartige und überwältigende Eindruck dieser Riesenstadt auf ihr architektonisches Gesicht zurückzuführen.

Die Anlage dieser Stadt war in ihrer Planung immer um 100 Jahre den Verhältnissen, vor allem denen des Verkehrs voraus; so kam es, daß Paris mit der feierlichen Breite seiner großen Straßen und Plätze und den Standorten der repräsentativen Bauten sich nicht aus einem mittelalterlichen Schachtelwerk zu entwickeln hatte, sondern vorbestimmt, großzügig und großartig im allerbesten Sinne des Wortes als eine Hauptstadt heranwuchs. Nicht die – viel zu sehr bewunderten – Schaustücke der letzten 70 Jahre, wie der Eiffelturm, die Kirche Sacre Coeur oder etwa das Palais Chaillot, sind die Glanzpunkte von Paris (…), das wirklich schöne Paris sind die großen Boulevards, die fürstlichen Plätze „de la Concorde", „Vendome" und „de Vosges", die ungeheure Hauptachse Louvre – Tuileriengarten – Concorde – Champs-Elysées – Arc de Triomphe, der schon vor mehr als 80 Jahren großstädtisch angelegte Straßenstern „Etoile", die Straße „de Rivoli" aus der Naopleonzeit, die Steinbrücken und Uferfassungen der Seine, und dazwischen und überall die Zeugen aus der Vorzeit der Gotik, der Renaissance und deren Nachfolgeepochen. Nicht zuletzt auch der Kranz der edlen Königsschlösser um die alte Seinestadt wie Versailles, Trianon, St. Cloud, St. Germain und Fontainebleau. Das ist Paris und seine wahrhaftige Unsterblichkeit!

Wenn man von der schönsten aller französischen Renaissancefassaden, vom „Dome des Invalides", darinnen sich das Grab Napoleons befindet, gegen die Champs-Elysées hinwandert, dann geht einem aber plötzlich und mit jedem Schritte mehr die andere Veranlassung zum Ruhme der Stadt Paris auf – die

24

Pariserin! Es fällt einem furchtbar schwer, wir sind alle Zeugen hierfür, in Paris ein sauberes Mannsbild zu bleiben und das traute deutsche Heim vor Augen zu bewahren, wenn man diesem köstlichen Strom der Pariserinnen entgegenwandert. So unsagbar nett und appetitlich schweben sie daher.

Da ist alles dran, sagen die Landser aus dem Norden, und es ist wirklich alles dran, natürlich auch an Farbe, von den roten und violetten Lippen bis zu den schwarzgezogenen Augenbrauen, den blauen Wimpern, von den rotlackierten Fingernägeln bis zu den blaulackierten der Zehen und dem hellblaugefärbten Haar, das letztere von den Damen über 50 vorzugsweise getragen ...

Es schimmert alles nur so von Farben. Dazu kommt der vielgerühmte „Chic" der Kleidung, da kann man gar nicht bei Einzelheiten beginnen, da kann man nur staunen und mit heißer Mühe seine verbotenen Regungen unterdrücken. Ein Münchner reinen Ursprunges auf den Champs-Elysées (er spricht das „Schass Aelisäää" aus), der ist völlig baff und kann immer nur wieder hervorstammeln, dass es „grad schneidig", „wie hingemalen", „grad dantschig" ausschaut. Weil wir aber tapfere bayerische Soldaten sind, halten wir auch dieser Versuchung stand. Leider!

Walter Pause, 1941

Die Ziele der Eroberungszüge von Hauptmann und Obergefreitem in Paris waren nicht selten blond und gut gebaut.

10 Paris Scandale – Fortissimo ohne Kriegsgetöse

In Paris ist das Grauen des Krieges – bis zur Invasion – weit entfernt. Die Eroberungszüge der deutschen Soldaten gelten unmilitärischen Zielen: Kulturgütern, Delikatessen, Französinnen ... Als Walter Pause auf die Kanalinsel Guernsey geschickt wird – also sogar britischen Boden „besetzt" –, verfasst er dort die Texte für sein erstes Buch (das jedoch erst 1948 erscheinen wird). Das Kriegsende erlebt er als Angehöriger einer Panzerdivision im Erzgebirge. Beim Herannahen der russischen Truppen macht er sich aus dem Staub und radelt nach München.

Ein Obergefreiter jenseits der Front: Während seiner sieben Monate in Paris genießt Walter Pause „eine merkwürdige Epoche wehmütiger Lebensfreude".

Weihnachten im Gefängnis

Als der Gefreite Werner Kratzsch aus Chemnitz nach zwölf Wochen Militärdrill im gefürchteten Kasernenhof von Freiberg (Sachsen) Ende 1940 nach Paris versetzt wird, kommt er aus dem Staunen über das lockere Soldatenleben an der Seine nicht mehr heraus. Hauptmann Max Übeleisen heißt sein Kompaniechef; von den neuen Kameraden fehlt zunächst einer: der Gefreite Walter Pause. Er verbringt die Weihnachtstage im berüchtigten Gefängnis Fresnes. Was war passiert?

Frankreich ist ein geradezu harmloser Kriegsschauplatz – militärisch betrachtet. Die Dienststelle ist keine Kaserne, sondern ein kleines Palais in der Nähe des Arc de Triomphe. Der kleine Obergefreite Pause kann sich voller Begeisterung der Metropole Paris und ihren Kulturschätzen hingeben. Aber beim „Ausspähen" der Stadt unterläuft ihm ein schwerer Fehler: für eine Fahrt über die Champs-Elysées setzt er sich in eine Fahrradrikscha. Diese preisgünstigen Taxis, aus den französischen Kolonien in Indochina an die Seine gekommen, sind für einen deutschen Herrenmenschen, zudem einen Soldaten in Uniform, absolut tabu. Am Exotischen ergötzt sich Walter Pause sowieso und rassistisches Gedankengut ist ihm fremd.

Er genießt die Fahrt über den Prachtboulevard – bis ihn eine Wehrmachtstreife entdeckt und sofort verhaftet. Wegen unmilitärischem Verhalten landet er im Gefängnis. Die opulente Weihnachtsfeier der Kompanie – Kratzsch berichtet verzückt von „weißen Tischtüchern, Kerzen, Kristall, Austern und Sekt" – findet ohne ihn statt.

(nacherzählt von Michael Pause)

Abgesehen von diesem Zwischenfall erlebt Pause das Leben in Paris wie einen Traum. Auch seine Leidenschaft für die klassische Musik kann er dort in vollen Zügen ausleben.

„In knapp sieben Monaten, für die ich simpler Obergefreiter nach Paris abkommandiert war, genoß ich eine merkwürdige Epoche wehmütiger Lebensfreude. Inniger als damals konnte mir kein ewiger Friede das Glück aus der Musik darbieten. Das geschah in der dunklen Musiktonne der Salle Pleyel, im alten Saal des Conservatoire, in dem noch Beethoven gespielt hatte, im Glaspalast des Palais Chaillot, in der graziösen Salle Gaveau und im Théâtre du Châtelet – alle wurde sie für mich zu Musikhimmeln. (…)

Einmal trat ich nachts aus dem Théâtre des Champs-Elysées, in dem man der Fünften Beethovens die kühne Don-Juan-Suite von Richard Strauss angefügt hatte, wie blind hinaus auf die kriegsmäßig verdunkelte Avenue und pfiff laut und scharf das eben gehörte Hornmotiv in die Nachtschwärze, jenes berühmte Motiv, das wie ein Sektpfropfen aus dem Orchester knallt – da umarmte mich plötzlich ein junger Franzose, entzückt wohl vom Hornmotiv wie vom frechen Pfiff: Ah, toi, toi! Rief er leise was wären wir für gute Freunde ohne deinen dreckigen Rock! (…) Dabei schüttelte er mich an den Schultern, riß ungeduldig am „Ehrenkleid" meiner schäbigen Uniform, warf die Arme in die Luft und verschwand …

Wenige Monate später wurde ich auf die Kanalinseln versetzt. Der einzige gemeine deutsche Soldat, der in Paris sechs Monate lang bei den Konzerten des Conservatoire-Orchesters abonniert gewesen war, wurde für zwanzig Monate den endlosen Schreikrämpfen vieler Tausender von Seemöwen ausgesetzt, dicken, schwerfüßigen Tieren, wenn sie auf den zerschlagenen Brandungsfelsen hockten, und himmlisch schwebenden Vögeln, wenn sie unbewegt auf den Seewinden lagen. In ihrer Gegenwart tobte, donnerte und wühlte das Meer, Fluten von erzener Glut füllten den Horizont, und ich sang laut die Schusterlieder des Hans Sachs, während ich im geborstenen Granit aufmerksam nach „Genußkletterreien" forschte … Rechts gegenüber lag England, die Landkarte bewies es, links drüben war Amerika, kein Fleck Land mehr dazwischen. Wer wie ich vergessen konnte, daß die Erde rund ist, der sah glatt bis New York …

Lebenslänglich alpin, 1974

„Rechts lag England, links drüben Amerika, kein Land mehr dazwischen": Auf der Kanalinsel Guernsey wird der Lebemann Walter Pause zum Buchautor.

Die Glücksgöttin kehrt uns den Rücken. wir dürfen nur nach Osten „blicken"!

Seine Kriegserlebnisse will Walter Pause später in einem Buch mit dem Titel „Paris Scandale – Aus den Aufzeichnungen eines romantischen Obergefreiten" festhalten, aber dieser lang gehegte Traum eines Nicht-Bergbuchs wird nicht in Erfüllung gehen.

11 Der Krieg im Himmel

Es ist Krieg, Walter Pause ist Soldat und wird kreuz und quer durch Frankreich geschickt.
Einmal verbringt er zehn Tage auf dem Grenzkamm des Schweizer Jura, wo er „eine Vision
von makellosem Frieden" entwickelt, „die in Sekunden wieder erstickte".
Was am Boden geschieht, davon schreibt er nicht. Er hebt den Blick und stellt atmosphärische
Betrachtungen an. Und wird so am Ende doch zum Kriegsberichterstatter.

Die politisch-satirische Wochenschrift „Simplicissimus"
wurde 1896 in München gegründet. Während der
nationalsozialistischen Herrschaft war sie nach 1933
wiederholt staatlicher Zensur ausgesetzt.

Aufruhr über Genf

Dann zog sich der Vorhang mit schwerer Hand wieder zu. Für eine Weile
schienen nun die Wolken gesiegt zu haben und sie bliesen mit feuchten
Fahnen frech gegen uns her. Aber da stellt sich abermals ein guter Wind ein
und streifte die grauen Horden beiseite, und eine neue Szene des berückenden
Welttheaters hub an: Das weite Land samt der guten Stadt Genf die wir
längst versoffen und verloren geglaubt hatten, lag nun wieder vor uns, frischer
und blanker gespült von den Schauern des ersten Kampfes und mit dem
Lächeln der kräftigsten Strahlen geziert. Während sich ein Haufen der
Wolken in die breiten Täler jenseits des Sees aufgemacht hatte, verharrte
ihrer eine einzige noch über dem Stadtrande, in rosiger Schwellung träu-
mend und Vergessen suchend, vielleicht auch in Trauer wallend, denn nun
begann sie leise zu regnen und ihre zarten Schleier, dem sonnigen Hinter-
grunde wehrend, stellten bleiche feierliche Kulissen …
Während sich dieses kindlich unkriegerische Geschöpf bald genug in Trauer
verzehrte, trieben es verschlagene Banden ihres Herkommens grausamer
denn je. Blasend und qualmend drangen sie durch die weiten Gründe über
dem See, machten sich hinterhältig über die sonnigsten Matten her und
scheuchten auch sonst die Sonne auf, wo sie nur anzutreffen war. Später
mühten sie sich lüstern auf höhere Felsen und Gletscherbecken hinauf,
wohin wir sie ja nun alle für diese Stunde wünschten. Denn es war Sonntag-
morgen und der göttlichen Drohung schien uns genug. Was aber wissen wir
Ameisen von den höheren Mächten! Diese dachten ihrerseits, es sei nun
ganz und gar nicht genug und schickten auf ein Neues ihre schwerlastenden
Verbände um die dunkle Waldkante. In unabsehbarer Menge stießen sie noch
einmal hernieder auf Stadt und Land, daß die Wälder sich zitternd bogen
und die Wasser des Sees in der äußersten Erregung wild und schaumig an die
Ufer schlugen. Aber da verbündete sich der Wind diesmal, leichten Sinnes,
vielleicht ihren nahen Sieg erahnend, kurz und gut, er stand um und blies
nun plötzlich falsch und teuflisch gegen eben dieselben Wolkenbänke an,
die er selber vorhin noch johlend und pfeifend angeführt hatte. Daß diese
sich dadurch teilen und voneinander lösen mußten, sollte zur glänzendsten
Entfaltung unseres Schauspieles führen, denn nun gab ein jeder der Streit-

28

enden seine ganze Macht ohne Zögern her: der hoch am Mittag stehende
Feuerball warf Garbe um Garbe glühender Lichtbahnen zwischen den Feind
und lichtete siegreich dessen Reihen und sog an ihrer feuchten Kraft, daß
man sie verzweifelt sich winden und da und dort schon ohnmächtig verflüch-
tigen sah. Die nachsetzende Hauptmacht des Westens freilich hatte die ent-
scheidende Stunde begriffen und schüttete sich sogleich mit Übermacht aus,
wo sie auch gerade stand. So regnete und goß und sprühte es diesmal an vielen
Orten zugleich auf das in Licht und Schatten zerfetzte Land herab, und da
und dort und einmal unter, ein andermal über uns tobte der Kampf in zahlreichen Gewittern. Freute man sich heimlich eines Einbruches der Sonne,
wenn sie sich zwischen den düstersten Regenwänden auf ein fernes Kirchlein
senkte und es in seinem lieblichen Almgarten sogleich zur heitersten Farben-
tafel verzauberte, heilig friedsamen Scheines der schaurigen Unruhe trotzend,
so mußte man gleich daneben um ein hellblühendes Waldstück sorgen, das
hilflos von der nassen Flut übermannt wurde.

Gegen den frühen Nachmittag hin siegten die Sonne und der Sonntag.
Endlich erlahmten die Kräfte des ungestümen Angreifers aus dem Westen
und bald hingen seine Nachhuten nur noch als dünne verzerrte Regenwände
vor dem überall kräftig durchbrechenden Lichte. Der eben noch wild aufge-
führte Seespiegel verlor seine kalkweißen Wellenkämme über dem schwarzen
Lack und glättete sich in goldenen Flüssen. Über seine Mitte gegen Evian-
les-Bains zu lagerten noch letzte Fetzen Wolken, gleich weißen zerrissenen
Schleiern, oder wie Segel ohne Wind, unfähig mehr sich zu erheben. Auch
das Almenland gegenüber im tieferen Gefälle des Hochgebirges hatte noch
für eine Zeit die Last versprengter Schwaden zu tragen, aber da es des herben
Streites gewöhnter war als das Tiefland, so mochte es sich nicht viel daraus
machen. Aus der immer stilleren Walstatt über dem See hob sich jetzt ein
Schwall des frischesten Atems zu uns herauf, von den ersten beständigen
Strahlen der Sonne süß und wohlig durchglüht.

Am späteren Nachmittag, als die Sonne sich des Kampfes und aller Verschwend-
ung müde hinter das Gebirge begeben wollte, meldeten sich die Wolken
noch einmal an, aber siehe: als fromme friedliebende Schäfchen schwebten
sie hoch über dem verlassenen Palaste des Völkerbundes dahin. Daran mochten
die Eidgenossen ihre besondere Freude gehabt haben.

Simplicissimus, 48. Jahrgang 1943

> Hier kann man beobachten, wie auch der
> Himmel seine Verkehrsnöte hat. Wenn nämlich
> Wolkenbank um Wolkenbank über die blaue
> Bahn braust und in donnernden Gewittern
> undurchsichtige Fehden ausgetragen werden.

Lockung
„Wissen Sie, der Mann, den ich liebe,
muß nicht reich – aber klug sein!"
„Na, und wenn ich sage,
daß ich noch drei Büchsen
Friedens-Sardinen besitze?!"
*(Original-Illustration
von C. Sturtzkopf)*

12 Kurzentschlossen und dauerhaft - Rosemarie

Die erste Ehe in den 1930er-Jahren war nach kurzer Zeit gescheitert, die amourösen Abenteuer in Paris sind Vergangenheit, als Walter Pause 1945 die wohl wichtigste Eroberung seines Lebens macht. Wo? Natürlich in seinen Münchner Hausbergen. In der Hütte des Skiclubs Pasing taucht eines Tages die junge Rosemarie Medicus auf: eine zierliche, liebenswerte, geduldige Kindergärtnerin, aus gutem Hause stammend, voller Begeisterung für die Natur und die Berge. Mit seinem Herzen trifft Walter Pause die Entscheidung seines Lebens.

Der Friede von 1945 hatte Partei- und Funktionärswesen endlich ausgehaucht. Ich feierte permanent, versteckte mich in den Voralpen. Ein Überlebender war dem anderen gut, für kurze Zeit waren die seltsamen Deutschen sogar wie Schwestern und Brüder zueinander. Ebenda passierte etwas Außerordentliches. Der Zufall, auf den nun wirklich Verlaß war in meinem besonderen Falle, schickte mich ahnungslosen Träumer auf die glatten Kalksäulen des Plankenstein überm Valepper Tal, damit ich dort meine Frau kennenlernte. Derselbe Zufall könnte auch an den alsbald eintreffenden sechs Kindern beteiligt gewesen sein, wer außer Gott weiß es! Sie trafen alle als arglos rosige Bündel ein, wuchsen bald um die Wette, wurden unversehens Kinder, Menschen und Respektspersonen.

Lebenslänglich alpin, 1974

In der Verlobungsmitteilung fehlte ihr das „e" (links), kennen lernte er sie in einer Skihütte, nicht am Plankenstein. Aber egal! Rosemarie blieb die Liebe in Walter Pauses Leben.

13 Korrespondent in Sachen Liebe

München liegt in Trümmern, die Menschen leiden Hunger, die Zukunft erscheint ungewiss: Für Walter Pause kein Grund zu verzagen. Irgendwie lässt sich immer etwas finden, um die Lebenssituation zu verbessern. Und Ausflüge aus dem Elend in die Berge schaffen ohnehin neue Zuversicht. Beim Überlebenskampf kann er einmal auch seine französischen Erfahrungen nützen – etwas schamlos vielleicht, aber ohne Schaden anzurichten. Die Episode hat er nur mündlich überliefert.

Sein Aufenthalt in Frankreich, wo er bald französisch zu parlieren lernt, hat in der chaotischen Nachkriegszeit segensreiche Folgen. Als er noch ohne regelmäßige Arbeit und nennenswertes Einkommen bereits die kleine Familie ernähren muss, stellt sich heraus, dass ein französischer Besatzungssoldat ein Techtelmechtel mit der feschen Verkäuferin im Milliladl im Münchner Stadtteil Laim hat. Aber – quel malheur!, der Soldat wird wieder in die Heimat zurückbeordert. Es beginnt ein Liebesbriefwechsel mit Hindernissen: Denn jetzt stellt sich heraus, dass die Liebe, die ja an sich nicht vieler Worte bedarf, bei einer schriftlichen Offenbarung der Gefühle in solch einer Konstellation doch Fremdsprachenkenntnisse erfordert. Die hat nun glücklicherweise Walter Pause, der zudem als ehemaliger Korrespondent ein Experte im Verfassen von Briefen ist – und sich in Liebesangelegenheiten ebenfalls auskennt. Also übersetzt er die aus Frankreich eintreffenden Briefe ins Deutsche, lässt dabei das Feuer der Leidenschaften lodern, und hilft der Dame in gleicher Weise beim Formulieren der Antworten. Lohn ist stets ein Liter Milch. Als sich mit der Zeit den aus Frankreich spärlicher eintreffenden Briefen entnehmen lässt, dass die Intensität der Liebe doch langsam erlischt – und somit die Milchquelle zu versiegen droht! –, lässt sich dies noch eine Zeitlang weder den Übersetzungen noch den Schreiben in Richtung Frankreich entnehmen. Honi soit qui mal y pense!

Michael Pause, 2007

Die Milch macht's: Glückliche Eltern mit ihrer ersten Tochter Agnes, „Butzi" gerufen, im Sommer 1947.

14 Die Keuschheit der Seele

Die bayerischen Voralpen liebt Walter Pause heiß und innig. Immer wieder zieht es ihn auf die Gipfel zwischen Bayrischzell und Füssen, immer wieder sind sie Gegenstand seiner Beschreibungen. Kein Wunder, vermögen ihm die niedrigen Berge doch stets Trost zu spenden und Hoffnung zu geben – wie Walter Pause während seines ersten Ausflugs nach dem Ende des Zweiten Weltkrieges auf Rotwand und Ruchenköpfe erfährt.

Von der Rotwand zu den Ruchenköpfen ...

Wer dächte, die Rotwand, jener sommers und winters so tausendfach bestiegene Hausberg der Münchner über dem Schliersee, sei nur ein unbedeutender Vorbergmugel, unvergleichbar seinen Genossen in den Schweizer und Tiroler Alpen, ihnen unvergleichbar, meine ich, an Größe, Formenschöne und Gewalt des Eindruckes auf das menschliche Gemüt, – wer so dächte, der ginge irre oder aber hätte von dem Begriffe wahrer Größe und Schönheit keine rechte Vorstellung. Dies sei bewiesen an der Schilderung einer Bergfahrt auf jene Rotwand, wie wir sie im späten Herbst des Jahres 1945 unternahmen, wenige Monate nur nach dem Ende des Waffenkrieges.
Wir waren unser drei; zwei Mädchen mit mir von wenig mehr als zwanzig Jahren und als Kinder des Rheingaues so gänzlich unerfahren im Gebirge, daß es leicht war, sie von Wunder zu Wunder zu führen. Was auch wäre mir altem Bergwanderer eine größere Lust gewesen, der ich mit bald vierzig Jahren rittlings auf der Höhe des Lebens saß, und frohen Mutes obendrein als ein abgeschirrter Soldat, der doch noch und mit ganzen Gliedern heimgefunden hatte aus der heilsamheillosen Gefährdung der Kriegsjahre …
Südwärts, da fanden sie nun wieder im monddurchwirkten Samte der Nacht, die vier Brüder Stolzenberg, Rotkopf, Roßkopf und Stümpfling, Günstlinge aller Münchner Skiläufer seit langen Jahren, und ich grüßte sie herzlich wie alte Kameraden, mit denen man auf Du und Du steht, und nickte ihnen zu wie so manchen anderen in diesen Wochen – Habt Ihr's auch überstanden! Das Wetter meinte es gut mit uns und durchsonnte und vertrieb die kühlen Flöre des frühen Tages, da liefen wir an der Wurzhütte vorbei den Rotwandweg hinauf, tauchten noch einmal mit Unbehagen in die Schattengruft des „Saugrabens" ein, dann aber wurde uns bald warm im frischen Schritt der Morgenstunde und an der Winterstube war alle Luft für einen großen Lebenstag beisammen! Wir sahen viel, wen wollte dies wundern! Sahen das Silber glimmen in der stillen Luft des späten Jahres, und das unbewegt hangende Laub der Buchen und Ahorne, mit stumpfen Grün und Lederbraun erst am Beginne seiner feurigen Verwandlung, die trockene Zier der Farnsträuße, die letzten Schwämme im Unterholz, hoch aufgeschossen in ihrer giftigen Pracht oder schon faulend das morsche Gefieder aufrollend,

32

und sahen mit Liebe und tasteten mit zärtlichem Schauer über die ersten warmen Felsplatten hin, die altersbleich mit Narben, Falten und Rissen am Wege harrten seit je und je, von den spröden Schuppen der Flechten durchädert, moosgrün, moosbraun und moosrot… Die Beiden, die all dies auch sahen, weil sie doch Augen im Kopfe trugen, schöne Augen zumal, und die dies dann doch übersahen in ihren Jugendschäumen, denn sie gedachten viel mehr noch und Größeres zu sehen einst, eine ganze Welt noch, – die schritten leicht und anmutig vor mir her: was sich vom Glanze des reichen Tages verstohlen in ihre Gemüter schlich, kam als muntere Rede wieder von ihren Lippen. Ich spürte es und schlug es zur Freude des Tages und übersah nichts für meinen Teil.

Weiß es der Himmel, wie wir dann darauf kamen, plötzlich redeten wir von Liebe und Ehe. Wer hätte es uns auch verdenken wollen, wie wir uns wenig noch kannten und aus recht verschiedenen Welten aufeinandergestoßen waren! Da ergeben derlei Themen stets das spannendste Ballspiel. Es kam hinzu, daß der weibliche Teil vor, der männliche jenseits der ersten bittersüßen Verstrickungen stand, was die Konstellation unserer Standpunkte abermals triftig veränderte. Nun, wir schwätzten mit viel Anstrengung von einer Sache, die allen dreien so wünschenswert wie gefahrenreich erschien und wofür und wogegen sich die überzeugendsten Meinungen vorbringen ließen. Nachdem wir uns geraume Zeit tiefsinnig die Köpfe beschwert hatten, fiel uns eben noch rechtzeitig ein, daß jenes bedeutende Problem doch irgendwie zu lösen war, denn – wurde es nicht vieltausendmal gelöst einen jeden Tag? Und wenn auch mit Schmerzen und fern allen Traumparadiesen, so war es doch ganz gewiß zu meistern. Und so behielt zuletzt Recht, wer die fahlen Bedenken der einen Seite mit den grünen Bändern einer fröhlichen Zuversicht zu binden wußte und wem diese Zuversicht rot auf den Wangen und mit betörendem Glanze in zwei Augenpaaren stand; Recht behielt die Jugend… und die Frauenseite, die ja hier auch Recht zu behalten und Rechte zu sichern ausersehen war von Urzeiten her. Denn schlimm stünde es um alle menschliche Sitte, obläge sie nur männlicher Zuständigkeit… Alle unsere Reden fanden schließlich ein heiteres Ende; die Mädchen hoben wieder die Augen und sahen sich um in der weiteren Welt und sangen sich eins, während in ihren Augen ein erster geheimer Schimmer erglühte. Hat euch der Zauber! dachte ich mir. Dann brachen wir auf.

Vor uns auf einem tieferen Absatze lag das Rotwandhaus; von rechts her aus dem Tale zog der Weg wieder seine helle Spur heran, treu und brav an den Falten des Berges gehend, und, wenn auch gemach und nicht ohne Umstände, so doch sein Ziel nicht verfehlend. Wir umgingen den Höcker des Kirchsteins und querten unter den roten Zinnen der Gipfelburg bis zum Aufschwunge der höchsten Erhebung hinüber; dort stiegen wir steil zum Grat hinauf und auf diesem, immer steiler noch und ohne Anhalten mehr, ja mit Ungeduld endlich und stoßendem Atem auf die Spitze der Rotwand… O diese süße Erwartung der letzten Schritte! Dieser bewegende Augenblick der ersten Umschau! Dieser feurige Knabenstolz auf die spielenden Kräfte!…

Wie rasch war doch alles wieder verweht…

Weiter auf Seite 34

,,
Wir staunen, was unsere Augen
an starken Bildern vertragen.
"

> Man kann es drehen und wenden wie man will, zuletzt sind die Frauen Talgeschöpfe wie die Blumen. Steigen sie aber einmal in große Höhen, dann strahlen sie, wie die Bergblumen, eine umso innigere Macht aus. "

Und wenn alles um uns her seine Farben und Schatten an den Mittagsbrand der Sonne verloren hatte, der weiße Kalk des klassischen Münchner Klettergartens leuchtete nur um so heller herüber, und in seinen Wänden und Kaminen blaute es kräftig und kühl. Hinabgesetzt also in die Scharte und drüben mit umwölkten Stirnen wieder aufwärts gestiegen, in versteckte Sumpfgruben getreten und Undeutliches zur Seite gemurmelt, und dann um die Auerspitze herum über das sanfte Joch, das diese mit dem Fuße der Ruchenköpfe verbindet, so ging es hinüber.

Nach einer kurzen Ruhepause am Frühstücksfelsen legten wir unser Kletterschuhe an und dann wurden die beiden Mädchen ans Seil geknotet, zum ersten Male in ihrem Leben sahen sie sich dergestalt gefesselt, und ich führte sie samt ihrem Unbehagen zum Einstieg hinauf. Nun, fürs erste ging alles viel besser als erwartet und von zehn bereitstehenden Griffen wurde immer noch einer gesichtet am Ende. Bald stand Hedi neben mir, ein wenig pustend und geteilter Meinung über die neue Art des Fortbewegens. Wie erstaunte ich aber gleich darauf über Heidi, unsere Dritte am Seile: Sie verstand sich aufs Klettern vom ersten Griffe an, es war die reine Freude ihr zuzusehen, und sie verspreizte sich vorbildlich und klebte nicht ängstlich am Fels, sondern hob sich ab davon und zog und schob sich spinnengleich herauf. Bravo, sauber, pfundig! rief ich ihr zu in der Sprache der Münchner Vorstadt, deren Sechzehnjährige an den Ruchenköpfen seit eh und je das Wort führen. Und nun folgte der lustige Westgrat, dessen reizvolles Auf und Ab wir zwar nicht schweigend, aber doch verhältnismäßig rasch überwanden. Erst im „Fensterl" über dem großen Kamin, da gab es wieder Aufenthalte und lautes Gestöhne aus dem Munde unserer Zweiten. Heidi und ich, längst einander verbündet gegen die Meuternde, hörten gelassen zu. Dergleichen ist Gabe, dachten wir zuletzt, als unser barockes Engelsgesicht schimpfend und keuchend aus dem Kamin schloß. Jetzt aber kam gar der Sensationen größte, der „Weiberschreck", wie die Münchner sagen, eine schmale, abfallende Leiste über einen mächtigen Abgrund, – aber siehe, er wurde ohne Anstände bezwungen. Das machte, daß Hedis Augen wie fixiert an der griffarmen Wand hingen, so daß sie keine Gelegenheit fand, hinter oder gar unter sich zu sehen.

Noch ein kurzes luftiges Wandstück und dann noch einige harmlose Schritte, und wir standen am Gipfelkreuz der Ruchenköpfe, die Welt war unser! ... Wie nach einer Schlacht verstummte aller Gefechtslärm, und ein doppelter Friede umspannte unsere Sinne und bemächtigte sich unserer Einbildungskraft. Indessen wir uns niederließen und streckten, überkam uns eine heitere Frömmigkeit, die uns weit hinaussehen ließ über das Leben, in dem wir uns sonst blind stießen aneinander und verletzten, und eine Überfülle neuer Hoffnung und Zuversicht wirbelte auf vom Grunde unseres Herzens, das sich stammelnd zum Gebete fand ... Nicht, daß wir derlei gedacht oder gar ausgesprochen hätten mit Worten, gewiß nicht, aber dort, wo sich die Keuschheit unserer Seelen sicher weiß vor eitlen Zeugen, dort, in den tieferen Schichten unseres Bewußtseins, da mag sich wohl ein Fest begeben haben in jener Gipfelstunde.

Bergsteigeralmanach Jos. J. Schätz, 1947

34

„Oh diese süße Erwartung der letzten Schritte! Dieser bewegende Augenblick der ersten Umschau! Dieser feurige Knabenstolz und die spielenden Kräfte!"

15 Mit glücklichen Augen

41 Jahre und endlich eine feste Bindung: Walter Pause ist Buchautor. 1943 hatte er, der Soldat mit der Reiseschreibmaschine, auf der Kanalinsel Guernsey Seite um Seite geklopft. 1944 gingen die Texte zum Satz, wegen Bombenalarm aber nicht mehr in Druck. Nun kommt also sein Erstlingswerk, eine biografische Rückschau, in die Läden. Die Silhouette Münchens hat sich verändert, doch die Spitzen und Buckel am Horizont sind heil geblieben. Gern lesen die Menschen „Aus den Aufzeichnungen eines romantischen Bergsteigers".

Der Originaleinband von 1948 und der Titel einer Neuauflage im Jahr 1966. Walter Pauses Erstling ist zu einem Klassiker der alpinen Literatur geworden.

Abenteuer im Rofan

Wenige Jahre nach dem „kleinen" Weltkriege, wie die Heutigen anmaßend sagen, als es im armen Deutschland wieder einmal Orangen, Schokolade und Bananen zu kaufen gab, da wanderte ich mit dem Ertl Sepp in das Rofangebirge. Wir hatten nichts von jenen Köstlichkeiten bei uns und auch nur geringes Geld, kaum dreiundzwanzig Mark zusammen. Am Spitzingsee, wo die Skihütte unseres Klubs steht, brachen wir auf. Von dort aus hatten wir das Rofan schon oft gesehen, fern im Süden zwischen Guffert und Hinterem Sonnwendjoch, im Frühlicht anzuschauen wie eine Bastion niedergelegter Burgen, gegen den Abend eine zackig ausgeschnittene mattblaue Scheibe ohne plastischen Grund mit dunkleren Scheiben davor und helleren, entfernteren dahinter. Eine lächerliche Auseinandersetzung darüber, welcher Zeit man bedürfe, um hin und wieder zurück an den Spitzing zu kommen, hatte unseren plötzlichen Entschluß gezeugt: also gut, dann gehen wir gleich morgen in der Früh'! Und wir gingen am anderen Morgen, in der heiligen Frühe zwischen Dämmerung und Sonnenaufgang, fort ins Rofan. Das Geld würde wohl reichen! Wir waren ja noch sehr jung damals, noch keine zwanzig Jahre, und waren Lausbuben nach dem Urteil manches Leidtragenden unserer Gesellschaft, was hätten wir also nicht überstanden! Freilich hätte es uns keiner sagen dürfen, denn Sepp besaß Bärenkräfte und ich eine frühzeitig entwickelte Beredsamkeit, um ihn im Kampf um unsere Ehre anzustacheln. Als wir sieben Tage später unter den merkwürdigsten Umständen an den Spitzingsee zurückkehrten, da hatten wir vielerlei Abenteuer bestanden und eine Wanderfahrt hinter uns gebracht, die wie eine Weltreise in unseren Gemütern nachwirkte. Und heute, nach bald zwanzig Jahren, bestehe ich auch darauf: dies war eine Weltreise; und ich wünschte manchem Weltbummler, der auf dem Zuckerhut in Rio, am Goldenen Horn, auf dem Mont St. Michel, am Yellowstone, in den Teehäusern von Yokohama oder vor der Mona Lisa des Louvre das Staunen verlernte, er hätte von seinem Unternehmen ein gleich einiges und gleich heiteres, die Erinnerung eines ganzen Lebens überspannendes Weltgefühl mitgebracht wie wir beide, der Ertl Sepp und ich, von jener Rofanfahrt.

Mit glücklichen Augen, 1948   36

1948 Mahatma Gandhi ermordet (30. Januar) – Karl Valentin stirbt in München (9. Februar) – „KinseyReport" schockt USA (13. März) – Währungsreform: Die D-Mark ist da (19. Juni) – „Rosinenbomber" über West-Berlin (24. Juni) – Staat Israel (14. Mai) – UNO erklärt allgemeine Menschenrechte (9. Dezember)

Wenig Geld, viel Zeit: Nach dem Ersten Weltkrieg wanderte Walter Pause – mit 23 Mark – vom Spitzing ins Rofan (im Bild der Sagzahn) und wieder zurück.

16 Eine heiße Liebe und ihr abruptes Ende

Es ist Liebe auf den ersten Blick, eine grenzenlose Begeisterung nach dem ersten Opernbesuch, die fast zur Sucht wird. Die Welt der Opern prägt Walter Pause, sein Naturempfinden und letztendlich wohl auch seinen späteren Schreibstil. Doch die heiße, uneingeschränkte Liebe soll nur zehn Jahre dauern, dann wendet er sich ab, weniger pompösen Klängen zu. Denn von nun an sind die Konzertsäle sein zweites Zuhause in München.

"

Richard Wagner, das kann nicht unterschlagen werden, hatte mich mit großen Gefühlen wahrhaftig überladen. So steigerte sich auch meine Begeisterung für das Bersteigen von selbst ins Ausschweifende. Jetzt galt nur noch das Riskante, die Riesentour. **"**

Im Gefängnis der Operngalerie

In diesem zauberhaften Herbst 1922 spülten mich die Wogen des Schicksals plötzlich in einen neuen Wahn, weitab von Bergen und Felswänden … Irgendwann aus dem Wilden Kaiser zurückgekehrt, verschleppte mich der um fünf Jahre ältere Nachbarssohn Fritz, ein Gymnasiast vor dem Medizinstudium, auf die Stehgalerie der Münchner Staatsoper. Er spielte vorzüglich Klavier. Dort oben aber, auf der dicht unterm gewaltigen Opernfirst klebenden Stehgalerie, überließ er mich, den kunstfremden, allenfalls Bergkulissen gewohnten Knaben, rücksichtslos der Übermacht Richard Wagners. Gewiß, sage ich heute, das hätte ebenso gut Mozart sein können. Aber Richard Wagner, dürften die Planer der Vorsehung damals schmunzelnd geflüstert haben, der paßt doch ausgezeichnet zu diesem Walter Pause … Sie behielten Recht. Ich junger Bergnarr wurde für zehn Jahre Gefangener der Münchner Operngalerie. Dieses Leben auf der Galerie begann harmlos mit den Opern „Hänsel und Gretel", „Bohème" und „Aida" – das Bühnentreiben faszinierte mich, ich sah alles, hörte viel, verstand wenig. Dennoch genoß ich das absolut Neue, wenn mein Ohr auch nur Fetzen berühmter Melodien behielt. Und selig schritt ich in den Pausen durch das vornehme Foyer der Staatsoper, – einer zweiten Opernbühne sozusagen zwischen der hohen Stehgalerie mit ihrem Schwarm armer idealistischer Jugend und dem tiefen Parkett voller possierlich in Smoking und rauschender Seide auftrumpfender Herrschaften. Sie schienen Kunst und Geld gleichermaßen zu beherrschen … Auf den liebenswürdigen Auftakt folgten unvermittelt die Donnerschläge meiner ersten „Meistersinger", meines ersten „Tristan", das heitere Singspiel aus altdeutscher Bürgermitte und die totale Liebestragödie. Im dichten Strom der Wagnerschen Leitmotive gerieten mir Verstehen und Genießen zur Schwerarbeit. Dennoch sickerte mit weiteren Aufführungen dieser anderen Wagner-Opern immer mehr Ehrfurcht, ja Ergriffenheit in mein fieberndes Gemüt. Ich wurde ein uneingeschränkt begeisterter „Wagnerianer". Den Spott manches Freundes überhörte ich. Den hypnotisierenden Werken Richard Wagners folgten als heitere Erlösung Spielopern wie „Cavaleria rusticana", „Carmen" und „Verkaufte Braut" – das Ohr erholte sich von Wagners Riesengetön, Melodien von süßem Reiz oder volksliedhafter

38

Originalität besänftigten mich. (…) Wobei alle Genüsse immer noch ein kleines wichtiges Stück überragt wurden von einem Heinz Knappertsbusch am Dirigentenpult, dem kühlen Herrn der Staatsoper. Ein Liebling aller Musikfreunde, obschon er für jeden Münchner ein Stockpreuße war und auch ebenso aussah. München brauchte zuweilen so einen „Preußen". Übrigens wurde ich in den ersten Jahren meiner freiwilligen Verbannung auf die Operngalerie auf probate Weise mit den tieferen Wirkungen des Opernwesens vertraut gemacht: Freund Fritz, der Stifter meiner heillosen Verwirrungen, spielte mir an vielen Abenden aus den Klavierauszügen der uns bekannten Opern vor, wobei wir oft mitsangen oder vielmehr schnorchelten. „Wahn, Wahn, überall Wahn!" sang ich mit Hans Sachs, wenn ich heimstrebte ins übernächste Haus. Meine musikalische Götterdämmerung kannte keine Grenzen, noch Tage darauf durchströmten mich geliebte Melodien, und ich sang viel vor mich hin. Tat dies übrigens auch auf der Pasinger Skihütte am Spitzingsee, aber Hans Sachs war dort wenig willkommen, – man nannte meine Gesänge ein Malheur und wurde schnell ordinär. Ich richtete mir diese vielen Abende auf der Staatsoperngalerie als heimliche Zäsuren meines langweiligen Berufslebens ein. Abends um sechs Uhr sprang ich hinüber in eine andere Welt, zumal ich vom Lehrling doch hoch zum Menschen und Korrespondent aufgerückt war, der in einem Büro gegenüber der Oper arbeitete. Zwei Stockwerke tiefer lag die berühmte Bierhalle „Franziskaner", in der Weißwürste mit süßem Senf und frischem Faßbier mit demselben feierlichen Ernst genossen wurden wie drüben überm Max-Josefs-Platz ein „Rosenkavalier". Auf jener Stehgalerie war ich bald richtiggehend zu Hause. Lange Jahre saß Karl Amadeus Hartmann neben mir, der später ein bedeutender Komponist wurde. Auch junge, schöngesichtige Mädchen waren oft zugegen, hold träumende Geschöpfe, manchmal wie frisch von der Bühne geholt. Daß mir die zahllosen Opernabende auf vielerlei Weise die Sinne öffneten, versteht sich. Das hatte auch zur Folge, daß ich Mädchen und Frauen im Theater gerne einen gewissen Operncharakter verlieh, zumeist den höherer und reinerer Wesen.

Flucht aus der Oper

Eines Tages lag das Ende meines Opernfiebers in der Luft. Eine bisher nur schwelende Ablehnung des Opernhaften an sich war mir bewußt geworden. Allzu oft hatten schwerbrüstige Altistinnen als Magdalena oder Dorabella – trotz ihrer herrlichen Stimmen von dunkel glühender Pracht – eine Distanz geschaffen. Der Begriff „Oper" wurde mir suspekt, das Wort allein versprach nur noch Komisches. Und so kam das Finale in der Tat … Irgendwann empfand ich die Arien einer „Bohème" als auffallend süß, und sofort wurden sie für mein Ohr unerträglich. (…) Richard Strauss und Mozart erhoben sich bald gewaltig über alle bisherigen Musikerfahrungen, sie drängten auch den Bayreuther in seine Weltkulissen zurück. Am Ende blieben mir „Figaro" und „Rosenkavalier". Zwischen beiden habe ich dann 30 Jahre lang – zwei Seillängen unter der Stehgalerie sitzend – zu wählen versucht.

Lebenslänglich alpin, 1974

Zehn Jahre lang war Walter Pause Dauergast auf der Stehgalerie der Bayerischen Staatsoper, bis er des Pompösen überdrüssig wurde.

17 Kitsch, Klischee und holde Kurven

Das Erscheinen seines ersten Buches wird durchaus registriert. Selbst der große Luis Trenker erkennt, dass in München ein Bergliebhaber mit Schreibtalent sitzt. Was liegt näher, als diesen Walter Pause als Textautor für eine Filmproduktion zu holen? So entsteht 1952 der Film „Kleine Kletterfahrt". Der zwölfminütige Streifen lässt kaum ein Klischee von Heimat- und Bergfilm aus, ideal ergänzt von Pauses pathetischen sowie erklärenden und pädagogisch-strengen Texten. Auch eine „treue Zeltwirtin" gibt es: Luis Trenkers „Diva" Marianne Hold.

Zwölf Minuten Kitsch, Klischee und alpine Pädagogik: Im Grödner Tal und am Sellajoch produzieren Luis Trenker und Walter Pause die „Kleine Kletterfahrt".

Kleine Kletterfahrt

Mit Marianne Hold und zwei Bergsteigern
Text: Walter Pause
Herstellung: Luis-Trenker-Film in Gemeinschaft
mit Olympia-Film-Produktion Dr. Sandner
Kamera: Florian Trenker
Musik: Dr. G. Becce

Im Jahre 1887 kam Georg Winkler aus München, ein 18-jähriger Gymnasiast, zum ersten Mal in die Rosengartengruppe. Am frühen Morgen stand er unter den unvergleichlichen Gipfeltürmen von Vajolet. Noch keiner hatte den Gipfel betreten. Der geübte und mutige Kletterer überlegte nicht lange und bezwang den nördlichsten und schwersten der drei, den Winklerturm, wie er seitdem heißt. Die Überschreitung der drei Vajolet-Türme gilt auch heute noch als klassische Prüfung des modernen Kletterers.
Wer heute in die Felsenwelt der Dolomiten will, hat es jedenfalls viel bequemer als Georg Winkler, auch wenn er weder über ein Motorrad oder über ein Automobil verfügt. Die kleine Grödner-Bahn, die beim alten Städtchen Klausen vom Brenner abzweigt, bringt ihn durch das malerische Tal in einer fröhlichen Fahrt bis nach Plan, mitten in das Herz der Dolomiten.

Die drei jungen Leute bringen zwar keine dicken Scheckhefte, aber umso mehr Freude und Begeisterung mit. Sie wollen ihren freien Sonntag in Gottes herrlicher Natur, in Sonne und frischer, gesunder Bergluft verbringen. Die Schlankheit ihrer Brieftaschen ist ihr starker Verbündeter gegen die unruhigen Zimmer lauter Gasthäuser. Fern dem Lärmen, wüsten Drängen und Hasten wollen sie einen geruhsamen Tag verleben. Heute haben die Freunde die kleine Schwester des Einen als treue Zeltwirtin mitgenommen.

Die Nacht kommt über die Berge. Bald werden die Sterne auf das kleine Lager niederscheinen.

40

Schon am frühesten Morgen sind unsere zwei Bergfreunde fertig und zum Aufbruch bereit. Sie sind nicht zum ersten Mal da und verfügen über die nötige Erfahrung im Fels, sowie über eine entsprechende Ausrüstung – wie Seil, Haken und moderne Kletterschuhe mit Spezial-Hartgummisohle, wie sie heute allgemein getragen werden. Anfänger sollen nie alleine gehen, sondern in einer Kletterschule unter Anleitung erfahrener Freunde beginnen oder sich der autorisierten Beratung und Betreuung ihrer Alpenvereins-sektion anvertrauen.

Der Einstieg ist vom Vorangehenden bereits überwunden und während der andere Nachkommende das Seil beobachtet und sichert, klettert der Erste den nächsten Absatz hinauf, um dann den Zweiten am Seil nachsteigen zu lassen.

Hoppla, das durfte nicht passieren! Wäre der Freund nicht am Seil gehangen, so wäre ein tödlicher Sturz in die Tiefe unvermeidlich gewesen.
Also Vorsicht! Vorsicht! Und noch einmal Vorsicht! Es muss auch nicht gleich mit schweren Touren begonnen werden. Sinn und Zweck des Kletterns im Fels kann es nicht sein, das Leben aufs Spiel zu setzen, sondern sich für den Alltag zu stärken, Geist und dem Körper die Spannkraft zu erhalten und somit für neue Aufgaben Kraft zu schöpfen – und damit die Freude am Dasein zu erhöhen.

Hier oben genießt man eine schöne und königliche Ruhe. Ach, hier läßt sich wahrlich gut sein. – Kling (im Bild fällt ein Stein auf den Kopf der Schwester!) – Damit haben wir allerdings nicht gerechnet.

Nur Erfahrung und Übung verschaffen Ruhe und Sicherheit, dann aber ist das Klettern eine reine Lust. Höher und höher geht es unter einer strahlenden Bergsonne, und losgelöst vom Treiben der Welt strebt man dem Gipfel zu, dem Gipfel des Berges. Einem Gipfel ihrer Lebensfreude zugleich.

Die Verlockung ist zu groß und wer möchte in dieser Umgebung auf ein frisches Bad verzichten. (Marianne Hold geht in einem See zum Schwimmen)

Groß ist die Freiheit auf den Bergen. Weit über den Niederungen der schattigen Täler stehen die Freunde und krönen ihre kleine Felsfahrt mit dem Gefühl des Gipfelsieges, den sie fröhlich ins Tal hinunter winken.

Ein Tag voll Sonne und unbekümmerter Freude geht dem Ende entgegen. Ein sonniger Tag, ohne geschäftige Hast und Eile. Drei glückliche junge Menschen werden erquickt und um ein schönes Erlebnis reicher in den Alltag zurückkehren.

Sprechertext
zum Film „Kleine Kletterfahrt", 1952

18 Der Kalendermacher

Das ist etwas Neues: ein lesbarer Bergkalender! Vorne wunderbare Bergbilder, auf der Rückseite die passenden Texte. Mal geht es ums Bergsteigen generell, mal gibt es detaillierte Tourenbeschreibungen, dann wieder wettert „der Kalendermacher" gegen die Erschließung der Alpen und die „Sitzbergsteiger". Der Stoff für seine Essays geht ihm nicht aus, wohl aber die guten Bergbilder. Walter Pause beginnt, die Rückseiten der Kalenderblätter als Fotoschule zu nutzen und so der Entwicklung der Bergfotografie seinen Stempel aufzudrücken.

Der Anfang ...

1950 saß ich in meinem Büro des Bruckmann-Verlages in München Aug' in Auge mit einem bildhübschen Mädchen und schrieb in den Mittagspausen heimlich an zwölf ketzerisch zugespitzten Essays für ein neues Vorhaben als Kalendermacher. Da eben hatten Selbstironie und Witz meine Bergbegeisterung plötzlich eingeholt, die Texte wurden lesbar, barocke Romantik war überspielt. Ich schob es auf die guten Augen von gegenüber. Diese kleinen Stücke hießen „Über die Rast", „Glück an Bergwassern", „Das schönste Tal", „Gefährlich leben", „Frauen im Gebirge" – vielleicht ein erster neuer Ton in der alpinen Literatur. Kein Kollege merkte es.

Lebenslänglich alpin, 1974

Fotoschule I

Was für ein „altes" Bild! wird manch einer beim Anblick der Vorderseite sagen und entrüstet sein. Wie schön! werden andere sagen, die das Bild zwar auch schon kennen, aber sich herzlich des Wiedersehens freuen. Der „Bergsteigerkalender", der sonst nur unveröffentlichte Bilder zeigt, bringt dieses „alte" Bild mit Bedacht. Erstens ist es der neueren Generation nicht bekannt, zweitens ist es so über jedes Maß vollkommen, daß man es gut und gerne öfters anschauen und sich darüber freuen kann. Mir, dem Kalendermacher, gibt es seit zwanzig Jahren immer wieder einen angenehmen Schock, wenn ich dem Bild begegne. Es hat einen unerhörten graphischen Reiz und kann in der Aussage obendrein als Sinnbild für das Bergsteigen schlechthin stehen. Es ist faszinierend in den Kontrasten, es hat den eleganten Reiz der geschwungenen Gratlinie, und es ist ruhig in der Bewegung. Trotzdem es keine Wolke zeigt, läßt sich an ihm demonstrieren, was für Bilder der Kalendermacher von seinen mitarbeitenden Amateurfreunden am liebsten sähe. Nämlich Bilder, die erstens gut komponiert sind und die Gewichte gut verteilen, die zweitens starke Kontraste in Licht und Schatten aufweisen, und die drittens faszinierende Stimmung besitzen. Dann ist es gleich, ob sie vom Talbach oder vom Eisgipfel stammen. Bilder für einen an der Wand hängenden Kalender müssen zwangsläufig ‚bildhaft' sein, also wie ein gemaltes Bild komponiert. Das ist mehr als interessant.

Die bildberühmte Eisnase gleich im ersten Aufschwung des Biancogrates müßte eigentlich abgeschmolzen sein von der Hitze der Blitzverschlüsse an Tausenden von Kameras: denn wer konnte sich jemals versagen, diese großartige Diagonale zwischen blinkender Eiskante und tiefer Himmelsbläue auf den Film zu bannen!

42

Fotoschule II

Das abstrakte Bild, ein Bild, in dem die Gegebenheiten der Natur durch das willkürliche Herausreißen aus dem großen Zusammenhang verschärft, verdeutlicht, versinnbildlicht sind. Die scharfweiße, glühende Kälte des Eises erst macht den blauen Himmel nachtschwarz, und daß die Eistürme bis in den Himmel hineinwachsen – weil der Photograph, Dr. Gerhard Pauli die Perspektive so verschob –, verstärkt den ungeheuren Kontrast, der das Wesen dieses in bestem Sinne modernen Fotos ausmacht. (...) Die Welt ist von einer ungeheuren Vielfalt, und diese Vielfalt durch das Prisma des eigenen, geschulten, erfahrenen, empfindsam kritischen Auges wahrzunehmen, macht den großen Reiz aus in der Gesamtsumme des Lebensgenusses.

Kalendergeschichten 1963

Fotoschule III

Heinz Müller-Brunke hat das Romantische, das jeden Bergfreund bestechend ‚Schöne' an der wilden Urwelt wie kein anderer dargestellt. Er hat, allen Kollegen voraus, das Bergfoto unserer Zeit geschaffen. Ob freilich eine kommende Generation sich mit diesem raffiniert und könnerisch ausgeschöpften Abfotografieren einer Landschaft zufrieden geben wird, ist eine Frage ... aber die Frage der Zukunft lautet vielleicht doch: wäre denn keine Abstraktion möglich, die das Besondere, das Eigenartige der Urgebirgslandschaft noch schärfer, dem Auge des ästhetisch gebildeten modernen Betrachters noch interessanter aus dem sichtbaren Bild herausreißt. Die Berge sind ja nicht nur ‚schön'. ‚Schön' ist ein Allerweltswort, gilt ja nur der Gesamteindruck: aber die Berge sind zugleich furchtbar nackt, furchtbar wild, furchtbar öde und in alledem groß, ja unbegreiflich groß.

Kalendergeschichten 1963

Fotoschule IV

Der Kalendermacher meint zu den Bildern von Hans Truöl und zu Skibildern allgemein: Beide Bilder wirken wie ein heilsamer Protest gegen die Millionen von Fotos, die alljährlich nur nach dem einen Schema gemacht werden: man nehme ein hochromantisches Motiv und knipse es so wirklichkeitsgetreu wie möglich ab. Hans Truöls Bilder – ich sage ausdrücklich Bilder nicht Fotos! – haben nicht nur die beinahe schockierende Frische der Originalität, sie sind nicht nur wirklich schwarz-weiß statt grau, sie sind wahrhaft „bildhaft".
Vom „Bilde" aber verlangt man im Bereich der Kunst, daß es ein Motiv mit den einfachsten, aber stärksten Mitteln darstellt.
Das Bild von Truöl erreicht diese Kraft der letzten Vereinfachung.
Weglassen! Herausreißen eines Motivs aus dem Vielzuviel des Sichtbaren!
Wer schickt dem Kalendermacher ähnlich starke – ähnlich vereinfachte – ähnlich im kräftigen Schwarz-Weiß faszinierende Fotos? Ich warte darauf!

Kalendergeschichten Januar 1964

Abstraktion und Vereinfachung: Wer sich wie Andreas Pedrett daran hält, sieht auch am „Biancograt", Piz Bernina, das Einzigartige.

19 Der Lehrmeister

Zwölf Jahre vor dem Erscheinen des alpinen Dauerbrenners „Der Tod als Seilgefährte" gibt Walter Pause 1952 „Die Schule der Gefahr" heraus. Am Konzept des Buches wird sich – bis auf den griffigeren Titel – nicht viel ändern. Kein Wunder, sind die Lehren, die man aus den Fehlern anderer ziehen kann, doch zeitlos. Besonders, wenn sich die Fehler so schön in spannende Geschichten packen lassen.

Darf ich den verletzten Kameraden verlassen?

Es war in den Dolomiten. Ein goldener Sommertag war vorüber, vor den ersten Tropfen des abendlichen Gewitters waren wir auf die entlegene Hütte zurückgekehrt. Nun lagen wir still auf der Bank, genossen einen wohlverdienten Feierabend und träumten den vergangenen Stunden nach, dem kühnen Kletterweg, den letzten Schritten in eine frohe Gipfelstunde, der glücklichen, von mancherlei Übermut bedrängten Heimkehr durch die Schlucht, das weite Kar, über die unendlichen Polsterwiesen. Daß es nun draußen von Gewitterschauern trommelte und rauschte, vermehrte nur unser Behagen, es focht uns nicht an, – noch focht es uns nicht an …

Der Gestürzte, als Erster am Seil gehend, war kurz vor Erreichen der Ausstiegsverschneidung, nachdem ihm ein Griff ausgebrochen, gestürzt, war geflogen – drei Haken waren ausgebrochen, erst der letzte hatte gehalten. Gehalten aber hatte vor allem der Zweite, der, auf gutem Stand, vorbildlich gesichert hatte. Dieser Sichernde stand nach dem Sturz in den Fels gespreizt und hielt den Gestürzten, rief und schrie – und erhielt keine Antwort. Der Freund war an ihm vorbeigeflogen, ein dunkler Schatten, nun war er nicht mehr zu sehen, nur der Zug des Seiles zeugte davon, daß der Sturz abgefangen war und der Gestürzte im Seil hing. Trotz des tödlichen Schreckens war es dem sichernden Zweiten nach unendlicher Mühe möglich gewesen, mit einer Hand den zweiten Standhaken zu schlagen, das Seil des Gestürzten daran zu binden und sich selbst vom Seil zu befreien. Als er dann ungesichert zum Gestürzten hinabgestiegen war, fand er ihn bewußtlos im Seil hängen, aus Kopf- und Fleischwunden stark blutend. Er erschrak ein zweites Mal, wußte sogleich, daß er allein den Kameraden nicht bergen könne, wußte, daß es galt, so schnell wie möglich Hilfe zu holen. Er sicherte den Freund unter größten und gefährlichsten Anstrengungen auf ein winziges, nach außen abfallendes Bändchen, bedeckte den Ohnmächtigen mit seiner Bluse, sicherte ihn nach den gegebenen Möglichkeiten – und verließ ihn dann.

Er war, versteht sich, äußerst verstört, vielleicht setzte ihm auch seine Jugend zu, und daß er um den liebsten Freund bangte, jedenfalls dachte er an nichts als an schleunige Hilfe und stieg ungesichert auf den Gipfel und jenseits auf einer leichteren, wenn auch nicht eben leichten Route talwärts. Noch im Ab- **44**

1952 Jazztrompeter und -sänger Louis „Satchmo" Armstrong spielt bei seiner ersten Deutschlandtournee vor ausverkauften Häusern – Explosion der ersten Wasserstoffbombe auf dem Eniwetok-Atoll im Pazifik – Erstes öffentliches Fernsehprogramm durch den Nordwestdeutschen Rundfunk (25. Dezember)

stiege ereilte ihn das Gewitter, gleich darauf die Nacht. Er gelangte trotzdem an den Einstieg und rannte durchs Kar hinab zur Hütte, zu uns.

Unsere erste Frage an ihn war: Ja, ist er denn tot? – Wir fragten ihn immer wieder, ein Verhängnis ahnend. Gab er ein Lebenszeichen? Meinst du, daß er noch lebt? Hast du ihn nicht untersucht? … Der Freund wußte nichts. Ich glaube, er ist tot … er rührte sich nicht mehr … hing leblos im Seil … ich glaube, er ist tot, aber ich weiß es nicht!

Wir sagten, daß er sich ganz genau hätte davon überzeugen müssen und daß, wenn der Gestürzte noch Lebenszeichen gegeben, er ihn vielleicht doch nicht hätte verlassen dürfen. Mehr sagten wir nicht. Aber was wir dachten, dachte nun auch er, der vielleicht zu früh um Hilfe geeilt war, der, komme was wolle, bei dem Verunglückten hätte aushalten sollen, müssen … Bei dem Gestürzten, der vielleicht jetzt eben, in Sturm und Regen, ins Seil pendle, erwache – sich allein im Berggewitter, schwer verletzt, hilflos an die Wand gebunden begreife …

Das Gewitter rauschte durch die halbe Nacht, die halbe Nacht ging der Freund trotz unseres Drängens nicht zur Ruhe, ging, von furchtbarer innerer Qual wie entstellt, immerzu in der kleinen Hütte auf und ab. Bei jedem Sturmstoß gedachte er, gedachten wir alle des Gestürzten droben in der Wand. Falls er jetzt lebte, falls er … Jeder neue Gedanke erschütterte uns von neuem. Bei Tagesanbruch standen wir bereits am Einstieg zur Wand, in zwei Stunden hatten wir den Gestürzten erreicht. Wir hatten einen Toten zu bergen. Die spätere Untersuchung ergab, daß der Gestürzte schon beim ersten Aufschlag eine tödliche Kopfwunde erhalten haben müsse. Diese Feststellung milderte unser aller Schmerz, milderte auch die bittere Reue und Zerknirschung des geretteten Zweiten.

Lehrsatz: Darf ich den verletzten Kameraden verlassen?

Es ist fast nicht möglich, sich hier ein endgültiges Urteil zu bilden. Sieht man von dem erzählten Fall ab, und versucht man eine allgemeine Regel zu finden, so müßte sie lauten: Einen Leichtverletzten, den man allein nicht in Gehgelände bringen kann, wird man unter Umständen allein lassen können. Es muß aber dann die Gewähr gegeben sein, daß er so schneller geborgen wird. Bei einem Schwerverletzten, gar bei einem Bewußtlosen, sollte man nicht so handeln, außer es zwingen einen dazu besondere Umstände. Meist wird es so sein, daß eine Seilschaft vermißt und spätestens am nächsten Tag gesucht wird, wenn schon Notsignale keine schnellere Hilfeleistung auslösen sollten. – Im übrigen könnte man über dieses Problem einige Seiten mit Betrachtungen füllen – es würde alles bei Theorie bleiben. Versuche jeder, den das Schicksal vor diese Gewissensfrage stellt, sich dann zu nüchternem Denken zu zwingen und vor allem, sich in die Lage des Gefährten hineinzudenken, dann wird er vermutlich richtig handeln. Der Vollständigkeit halber sei noch bemerkt: Bei einwandfrei festgestelltem Tod des Kameraden ist selbstverständlich die eigene Rettung die erste Pflicht! Für den medizinischen Laien ist aber äußerste Vorsicht geboten, damit er nicht voreilig falsch urteile.

Die Schule der Gefahr im Erlebnis des Bergsteigers, 1952

Aus dem Vorwort

Es steht zu befürchten, daß mancher Freund der Berge noch während der Lektüre dieses Bandes in den Irrglauben früherer Jahrhunderte flüchtet, um zu sagen: In der Tat, dieses Hochgebirge ist kein menschlich Gefild, es ist allein dem Frevler, nicht dem Mutigen bestimmt! Damit schiene der Plan des Verlages, durch eine Zusammenfassung der wesentlichen alpinen Gefahren in unmittelbaren Erlebnisberichten ein modernes, mit Spannung lesbares Lehrbuch zu schaffen, gefährdet. Dem steht aber die Einsicht aller derer gegenüber, welche dieses Buch zu Ende lesen; sie werden mir beipflichten, daß es am Ende die Freude am Bergsteigen nicht lähmt, sondern kräftig fördert, indem es die unvermeidlichen Gefahren verdeutlicht. Wer die Gefahr kennt, hat sie zur Hälfte bezwungen! Also wurde ein drastisches Lehrbuch geschaffen, das getrost den und jenen erschrecken, wenn nicht gar abschrecken mag, – allen anderen aber wird es Lehre um Lehre vermitteln, auf daß sie jene höchste Vorsicht des echten Bergsteigers erwerben, die ihm befiehlt, im Bett zu sterben.

20 Exklusiv in der REVUE

Als sich im Frühjahr 1953 die Willy-Merkl-Expedition von München auf den Weg nach Pakistan macht, um dort den Nanga Parbat zu ersteigen, ist Walter Pause Presseleiter und soll das Team als Reporter der Zeitschrift REVUE begleiten. Aber der Verleger entscheidet, der Redakteur habe in München zu bleiben und dort die von den Bergsteigern eintreffenden, mutmaßlich trockenen Berichte journalistisch in Form zu bringen. Nach der Lektüre dieser Artikel verpassen die Expeditionshelden Pause später die Bezeichnung „indischer Märchenerzähler".

Hermann Buhl stand als erster Mensch auf dem Nanga Parbat. Walter Pause schilderte die großartige Leistung exklusiv in der Zeitschrift Revue.

REVUE bringt als einzige Illustrierte der Welt den autorisierten Exklusivbericht über den heldenhaften Kampf um den dritten Achttausender

Der dritte Achttausender der Erde ist bezwungen. Hermann Buhl von der Deutsch-Österreichischen Willy Merkl-Gedächtnisexpedition erreichte am 4. Juli 1953 um 10 Uhr vormittags allein den höchsten Punkt des Nanga Parbat und hißte die Flaggen Deutschlands, Österreichs und Pakistans. Dr. Herrligkoffers Expedition war entgegen der Voraussage fast aller alpinistischen Verbände erfolgreich. Monatelang war ihre Durchführung in Frage gestellt. REVUE hatte stets an den Unternehmungsgeist und das Verantwortungsbewußtsein der deutsch-österreichischen Mannschaft geglaubt. REVUE hatte deshalb mit einem Betrag von DM 20 000,– dazu beigetragen, die Expedition zu ermöglichen. Es erfüllt REVUE mit Genugtuung, die pessimistischen Voraussagen der vielen neiderfüllten Widersacher Dr. Herrligkoffers widerlegt zu sehen. Den in einem dramatischen Kampfe errungenen deutschen Erfolg würdigt die ganze Welt, an der Spitze Oberst Hunt und der Sherpa Tensing, der fünf Wochen vorher mit E.P. Hillary den Mount Everest eroberte und selbst schon Teilnehmer einer Nanga Parbat-Expedition war.

(…) „Ich fürchte den Nanga Parbat nicht!" sagte Hermann Buhl zu seiner jungen Frau Eugenie, bevor er mit Dr. Herrligkoffer in den Himalaya fuhr. Eine ähnlich entwaffnende Zuversicht sprach aus den ersten Worten Frau Buhls, als ihr REVUE die Nachricht von dem siegreichen Alleingang ihres Mannes überbrachte. „Ich habe immer geglaubt, daß Hermann hinaufkommt!" Sie hat mit ihrem Glauben recht behalten.

Hermann Buhl, der eine entbehrungsreiche Jugend hinter sich hat und sich auf Berghütten zur Arbeit verdingte, nur um in seinen geliebten Bergen leben zu können, hat den Gipfel des Nanga Parbat als erster Mensch betreten. Der 28jährige Bergführer mit dem schmalen, fröhlichen Gesicht und den lebhaften Augen gilt schon seit Jahren als eine Ausnahmeerscheinung in der Elite der europäischen Bergsteiger. Auch die französischen Bezwinger des Annapurna, der als erster Achttausender der Erde erstiegen wurde, wissen

46

das, seitdem ihnen Hermann Buhl 1952 in der gefürchteten Eiger-
Nordwand beistand. Buhl war in seinen Lehrjahren leichtsinnig, er
gibt es lachend zu. Die Liebe zum Bergsteigen und ein außergewöhn-
liches Talent hatten ihn dazu geführt, alles für möglich zu halten.
Inzwischen ist er besonnen geworden, ohne an Energie eingebüßt zu
haben. Buhl liebt die Natur über alles. Er kann heute ebenso wie sein
alter Seilgefährte Kuno Rainer einen ganzen Tag hoch oben in den
Bergen liegen und den Gemsen zuschauen und den Wolken. Sein
früherer Ehrgeiz ist einer schönen Leidenschaft gewichen. Auch
der Nanga Parbat wurde Buhl zur Leidenschaft, seitdem er von
Dr. Herrligkoffer zur Teilnahme an der neuen Expedition aufgefordert
wurde.

Keiner macht Hermann Buhl nach, was er sich selbst als Probeaufgabe
stellte, bevor er in den Himalaya fuhr: die winterliche Alleindurch-
steigung der Watzmann-Ostwand in einer einzigen Nacht. Niemand
wußte davon, auch nicht Buhls junge Frau. Mit nachtwandlerischer
Sicherheit durchstieg Buhl die gefürchtete, tiefverschneite Wand.
Seitdem wußte er, daß ihm am Nanga Parbat nichts mißlingen konnte,
wenn er Glück mit dem Wetter hatte. In den Briefen an seine in der
Ramsau bei Berchtesgaden auf ihn wartende Frau gab Hermann Buhl
schöne Zeugnisse seiner leidenschaftlichen Hingabe an das große Ziel.

„Ich war unbändig in Form"

In einem seiner letzten Briefe hieß es: „Blieb vorgestern in Lager II
über Nacht. Am nächsten Tag stiegen wir nach Lager III auf. Ich habe
fast alles gespurt. Dann schlug ich den Trägern ein Schnippchen und
ging über Lager III hinaus bis dorthin, wo sonst Lager IV stand (6200
m). Da ich einen großen Vorsprung hatte, ging ich gleich weiter und
spurte auf den südlichen Chongra-Peak hinauf (6450 m). Es war mein
erster Sechstausender.

Ich war unbändig in Form. Am Gipfel habe ich gejodelt wie selten
zuvor. Trotz des Spurens. Normalerweise genügt beim Aufstieg ein
Atemzug je Schritt, wenn's steil geht oder im tiefen Schnee zwei
Atemzüge ... Wenn ich hinaufschaue zum Silbersattel, ist alles so
selbstverständlich. Ich meine, es muß gehen ..."

Das ist Hermann Buhls Ton, wenn er unbefangen Briefe in die Ramsau
schreibt. Er setzt sich mit dem Berg auseinander, spürt seine Schwächen
auf und packt im rechten Augenblick zu. Sein Gipfelsturm war eine
großartige Einzelleistung – aber auch ein Sieg der ganzen Mannschaft.

REVUE Nr. 29, 1953

**Das Basislager der erfolgreichen deutsch-österreichischen
Herrligkoffer-Expediton am Fuße des Nanga Parbat.**

21 Der mit dem Herzen sieht

Der Bergschriftsteller ist ein Augenmensch. Erst wandelt er Bilder in Worte um, dann sucht er Bilder, um seine Worte zu illustrieren. Walter Pause, selber meistens ohne Kamera unterwegs, begeistert sich für die gute Bergfotografie. Als Autor pflegt er intensiven Kontakt zu den „besten Lichtbildnern" der alpinen Szene. Eine Auswahl eindrucksvoller Motive präsentiert er im Bildband „Schöne Bergwelt".

„Ich fürchte, Stil und Niveau der Bergfotografie werden niemals die Bergsteiger bestimmen, sondern immer nur die Fotografen."

Wer mit dem Herzen wandert, darf von diesem Buche Freude erwarten. Seine Bilder sind mit dem Herzen erschaut, seine Texte mit dem Herzen geschrieben. Das menschliche Herz sieht nun einmal mehr als das Auge. Wer mit dem Herzen wandern will, der muß freilich seine Glieder regen. Das ist ein Naturgesetz. Nur der Fußwanderer erlebt die Landschaft in ihren tausend Gesichtern und Stimmungen; dem Auto- und Bergbahnfahrer bleibt sie in ihren feinsten Reizen verschlossen. Niemand erfährt diese Wahrheit auf überzeugendere Weise als derjenige, der lange Zeit nur mit Auto und Bergbahn „wanderte", und den dann ein tüchtiger Freund zur ersten größeren Bergwanderung bekehrte, abseits von Straßen und Bergstation, fort in die tiefste Stille. Diese Wanderung mag ihn dann nur von Joch zu Joch durch das Karwendelgebirge, durch grünes Allgäuer Almengehügel oder auf zahmen Übergängen durch Zillertaler Urweltlandschaft geführt haben, und der gewesene Autofahrer mag dabei in mancherlei Hitzen geraten sein und sich verschworen haben, „niemals mehr" dergleichen zu unternehmen: er wird's nur um so gewisser wiederholen, je mehr er sich plagen mußte.

Warum diese Philippika gegen das Motorbergsteigen? Ganz einfach: weil die Bilder und Texte dieses Buches nur ganz genießt, wer ihnen mit wachen Sinnen begegnet. Den tauben Sinnen des Motorbergsteigers bleiben sie fremd. Nur wem die Natur die Sinne schärfte, der hat seine Freude daran und wird es dem Herausgeber auch nicht verübeln, daß er einmal keine „Glanzpunkte der Alpen", keine allzu berühmten, allzu bekannten Bellevues, keine gangbaren Gipfel und Wände unter blankem Postkartenhimmel zeigt, sondern mehr von den unbekannten Reizen zwischen Berg und Tal, mehr von den geheimen Stimmungen am Wege. Auch die Bergwanderessays dieses Buches bedeuten den Versuch, von den äußeren zu den inneren Reizen der Berglandschaft und der Bergwanderschaft zu führen und zu verführen. Bilder und Texte folgen dem Jahr des Bergsteigers und Bergwanderers. Vom glanzvollen Bergfrühling bis in den bunten Skiwinter. Die 96 Bilder dieses Buches stammen von der Hand der besten Lichtbildner unserer Zeit. Wer über die dargestellte Landschaft Einzelheiten erfahren will, der blättere in dem ausführlichen Register am Ende des Buches nach.

Schöne Bergwelt, 1954   48

1954 | Elvis Presley und der Rock'n'Roll (8. Januar) – Die „Nautilus", das erste Atom-U-Boot (21. Januar) – „Moses und Aron" von Arnold Schönberg (12. März) – Die französische Festung Dien Bien Phu im Norden Vietnams fällt (7. Mai) – Das „Wunder von Bern", Deutschland wird Fußball-Weltmeister (4. Juli)

Ein Bergwanderer unter der Eiger-Nordwand.
In „5 Geboten" (siehe Kapitel 86) formuliert
Walter Pause die Regeln für Bergfotografen.
Gebot Nummer zwei lautet: „Das Foto muß
bildhaft sein, gut komponiert, mit Diagonalen
im Viereck, mit spannungsreichem Vordergrund
oder faszinierend durch die besondere Struktur
von Fels, Firn, Eis, Schutt und Flora." Voilà!

22 Helen Keller

„Mit glücklichen Augen" ging er ins Gebirge, „mit glücklichen Ohren" saß er in der Oper und im Konzertsaal. Walter Pause, der Augen- und Ohrenmensch. Der Glückliche. Nicht sehen und nicht hören, was wäre das für ein Unglück? Der Schriftsteller versucht es sich vorzustellen. Er schreibt einen Roman über das Leben der Amerikanerin Helen Keller, die als kleines Kind blind und taub wurde. Die Geschichte ist wahr, und natürlich nimmt sie ein gutes Ende: Die Protagonistin lernt sprechen, sie wird klug, berühmt und – glücklich.

Der Biograph jubelt. Hellen Kellers schweres Schicksal hat sich am Ende zum Guten gewendet.

Das erste Wort

(…) Der Unterricht begann am 26. März 1890. Er war sehr kompliziert. Helen mußte ihre Hand über das Gesicht Fräulein Fullers legen, um die Schwingungen ihrer Stimme zu fühlen. Dann mußte sie bei jedem einzelnen Buchstaben mit ihren Fingern die Zungenstellung der Sprachlehrerin feststellen.

Das war unangenehm, aber nur ein bescheidenes Opfer gegenüber aller weiterer Mühe. Anne Sullivan, die Helens freie Hand hielt, buchstabierte ihr das Wort, das Fräulein Fuller aussprach. Das erste Wort hieß „arm". Immer wieder fühlte und tastete Helen die Mundstellung ihrer Lehrerin ab, wenn sie das Wort „arm" aussprach.

Schließlich versuchte es Helen selbst.

Zuerst brachte sie mit ungeheurer Anstrengung einen Schrei heraus, der unverständlich war. Anne Sullivan erschrak. Sie mußte Helen morsen, daß sie mit weniger Kraft sprechen solle.

Nach stundenlangen Versuchen kam in hohen blasenden Tönen in der Tat das Wörtchen „arm" aus Helens Mund, und Fräulein Fuller und Anne Sullivan sahen sich glückstrahlend an.

„Was ist?" fragte Helen buchstabierend.

„Du hast gesprochen, Helen, wir haben es verstanden."

„Habe ich es gesagt? Wie war es? Sagen Sie es mir", buchstabierte Helen aufgeregt.

Helen versuchte ihr erstes Wort noch viele Male in dieser ersten Stunde, aus der ein Nachmittag geworden war, auszusprechen. Zwar klang das Wort gekaut und gequetscht, aber es war einigermaßen verständlich. Helen brauchte jedesmal eine ungewöhnliche Konzentration, um das erste Wort auszusprechen. Sie strengte sich dabei körperlich so an, daß man glaubte, sie habe eine große Rede hinter sich.

Das Leben triumphiert – Ein biographischer Roman
über Helen Keller, 1955

50

1955 | Herbert von Karajan wird Chef der Berliner Philharmoniker (3. März) – Impfstoff gegen Polio (12. April) – Gründung des Warschauer Pakts (14. Mai) – Erste „documenta" in Kassel (16. Juli) – Der einmillionste „Käfer" rollt in Wolfsburg vom Band (5. August) – Romy Schneider ist „Sissi" (23. Dezember)

Vita activa und vita contemplativa: Walter Pause
lebte beides, war Schöngeist und Abenteurer
zugleich. Und mit der Abwechslung glücklich.

23 Eine Traumhochzeit

Das Aufgabenspektrum eines Illustriertenredakteurs reicht in den 1950er-Jahren von der großen Reportage bis zum Verfassen der im wöchentlichen Wechsel unter den Kollegen herumgereichten Horoskoptexte. Walter Pause ist mit seinem Schreibtalent für alles zu gebrauchen. Zum eindeutigen Höhepunkt seiner Jahre bei der REVUE aber gerät die Berichterstattung über die Traumhochzeit von Monaco. Da geht dem Reporter das Herz über – und die Leserinnen und Leser haben nach der Lektüre keinen Zweifel mehr an der wahren, einzigen Liebe.

Die Hochzeit von Monaco

Alle großen Worte können den Eindruck nicht beschreiben, den die Hochzeit von Monaco auf den Zuschauer machte, der das Glück hatte, dabeizusein. Man muß die kleinen Dinge nennen, die nebenbei geschahen: man muß gesehen haben, wie sich die Eltern von Grace Kelly während der Ziviltrauung an den Händen hielten, man muß gesehen haben, wie die „kühle" Braut Grace vor Ergriffenheit weinte, als Bischof Barthe sie vor der Trauung ermahnte, dem Prinzen eine gute Frau zu sein. Man muß gesehen haben, daß nicht Ex-König Faruk und die trotz hochmütiger Absagen in Massen erschienene Prominenz die Hauptrollen in dieser Märchenhochzeit spielten, sondern das in aller Öffentlichkeit einsame Paar Grace-Rainier. Es war rührend zu sehen, wie sie sich gegen die übermächtige „publicity" durchsetzten und dabei alles falsch machten. Richtig war nur, und das merkten alle Menschen, daß hier ein Paar zusammenkam, das sich aus tiefster Neigung fand und nicht, weil die Braut eine vergötterte Filmkönigin und der Bräutigam der letzte absolute Souverän Europas ist.
Mehr als 1000 Reporter aus der ganzen Welt waren gekommen, um den „größten Hochzeitsrummel aller Zeiten" zu sehen: sie sahen alle mehr, sie erlebten die Hochzeit zweier liebender Menschen, wobei der eine zufällig die 26-jährige Filmschauspielerin und Baumeisterstochter Grace Kelly und der andere der aus altem Geschlecht stammende Prinz Rainier III. von Monaco war. Die Braut war unvergleichlich schön, der Bräutigam ernst und würdevoll. Die Hochzeit erfüllte einen Traum, den Millionen lebenslang träumen.

(…) Von Rührung ergriffen war die schöne Braut Grace, als sie zum ersten Male zusammen mit Prinz Rainier ein Fest besuchte. Im selben Augenblick wußte ich, daß alles unfreundliche Gerede um die „kühle" Grace und ihren Märchenprinzen Unfug war. Liebe hatte das Paar zusammengeführt, und die skeptischen Monegassen merkten es zuerst. Sie ließen sich von ihrer künftigen Fürstin widerstandslos bezaubern und feierten sie als charmante Frau. Die vergötterte Filmkönigin und „Oscar"-Gewinnerin war vergessen. Ja plötzlich schien die amerikanische Miss wie von selbst zur europäischen Fürstin geworden.

52

1956 Die 50 ersten „Gastarbeiter" aus Italien treffen in der Bundesrepublik ein (5. Januar) – Eismassen auf der Donau: Kältester Winter seit 200 Jahren (Februar) – Toni Sailer gewinnt bei den Olympischen Winterspielen in Cortina d'Ampezzo alle drei Goldmedaillen im alpinen Skirennlauf (Februar)

(…) Die schönste Geste sah ich auf der großen Garten-Party, die das Braut-paar für die 2455 Monegassen im Schloßpark gab. Als Grace unter den Tausenden von Geschenken, die man ihr überreichte, einen Käfig mit zwei Tauben entdeckte, gab sie den Tieren sofort die Freiheit. Prinz Rainier und die jugendlichen Spender schauten zuerst sehr verblüfft drein, aber als Grace sagte, sie werden den Monegassen auch das Abschießen von lebenden Tauben abgewöhnen, verstand man die Tierfreundin und verzieh ihr sofort.

(…) In tiefer Andacht vernehmen Prinz Rainier und seine Braut die Worte des Bischofs von Monaco, Monsignore Barthe. Mehrmals kann Grace die Tränen nicht unterdrücken. Als der Bischof an Grace die Frage richtet: „Gracia Patricia, willst du den hier anwesenden Rainier Louis Henri Maxence Bertrand zu deinem angetrauten Ehegemahl nehmen?" antwortete Grace auf französisch: „Ja, ich will!" Für einen flüchtigen Augenblick schloß sie dabei die Augen. Wer es sah, wußte, daß hier keine Vernunft- und alles andere als eine „Filmheirat" geschlossen wurde. Alle mißgünstigen Stimmen von diesseits und jenseits des Ozeans mußten vor der erhabenen Weihe dieser wahrhaft ergreifenden Handlung verstummen.

REVUE Nr. 17, 1956

24 Ein Mann mit Macht

Max Farina, ein Psychotherapeut, der junge Frauen hypnotisiert, der schwer klettert, schnell Ski fährt, viel Geld verdient und es auch ausgibt: Das ist ein Mann nach dem Geschmack Walter Pauses, der ihn zum Helden seines zweiten Romans macht. „Nach einer wahren Begebenheit" schreibt er über das Exposé. Dahinter ein Ausrufezeichen! Aber der tolle Typ ist in Wirklichkeit ein übler Bursche, und vielleicht kommt der Autor deshalb nicht über die 28-seitige Kurzfassung seines Krimis „Der Fall Farina" hinaus.

**Es blieb bei einem – sehr ausführlichen – Exposé.
Danach verschwand „Der Fall Farina" in der Schublade.**

Nach einer wahren Begebenheit!

Zeit: in unserer Zeit

Schauplätze: Arztpraxis in München, Landhaus bei Kitzbühel, Hotels in Paris, Malmaison, Monte Carlo und in den Alpen, Berg- und Skihütten im Hochgebirge, Villa in Düsseldorf, das Gebiet des Wilden Kaisers und der Stubaier Alpen. Gegend um das Sellajoch. Venedig.

Personen: Dr. Max Farina: 40, Psychotherapeut, als „Hypnosearzt" in Mode gekommen. Elegant, drahtig, bedeutender Kletterer und Skiläufer. Weltmann, bereist, ungewöhnlich gebildet, von überzeugendem Charme.

Sigrid: 21, seine erste Frau, von ckstatischer Naturliebe, von dem älteren Manne verzaubert.

Lollo Korff: 21, kapriziöse Medizinstudentin, kindlich-naiv und keusch, wilde dunkle Schönheit, verzogen.

Anges v. Kramm: 20, sehr streng erzogene Diplomatentochter von überzeugender Contenance, Musikfreundin, glänzender Geist, der das Herz zu hüten weiß.

Lisa v. Stolz: 26, medizinische Assistentin Farinas, selbstbewußt, distanziert, schwerblütig, viel Verstandeskraft.

Prof. Richard Korff: Düsseldorfer Kunstfreund, Vater Lollos, sehr begütert, 50 Jahre, weltläufig, besonnen.

Die Gräfin Lamdorf: 40, einstige Jugendliebe Farinas, seine zähe Verfolgerin und exaltierte Patientin, frech, witzig, geistreich, leichtsinnig.

Edith Maraun: 40, Patientin Farinas, ihn ständig verfolgend, naiv, vermögende Witwe, unausgeglichen.

Axel Körner: 30, erst Student, dann junger Anwalt, nur 1,60 m groß, daher mit Minderwertigkeitskomplexen beladen, aber von geschärftem Geist, witzig, geistreich.

Agnes: 50, das Faktotum Farinas

Polizei, Bergführer, Hüttenwirte, reiche und exaltierte Patientinnen

Kurzfassung des Inhalts:

Der Psychotherapeut Dr. Farina, ein Weltmann mit faszinierenden Passionen – Bergsteigen, Skispringen, Musik – heilt schwere Nervenschäden und daraus resultierende Lähmungen durch Hypnose-Suggestion. Er wird als Hypnose-

54

1956 Die letzten 450 Kriegsgefangenen aus der UdSSR treffen in der Bundesrepublik ein (14. Februar) – „My Fair Lady" uraufgeführt (15. März) – Tunesien wird unabhängig (20. März) – Real Madrid gewinnt ersten Fußball-Europapokal (12. Juni) – Heirat von Marilyn Monroe und Henry Miller (29. Juni)

Arzt sehr berühmt – aber auch berüchtigt, da ihm seine unheimliche Befähigung in den Kopf steigt. Lebenswütige reiche Frauen auf der Suche nach neuen Perversionen „konsultieren" ihn, Farina nützt seine Macht wider sein ärztliches Gewissen aus. Er wird gleichzeitig zum Menschenverächter. Der meist in Euphorien schwebende idealistische Mensch liebt nacheinander drei junge schöne Mädchen, keusche wohlbehütete Geschöpfe aus guten Familien – aber nach hektischen Liebesjahren schickt er alle diese Geschöpfe (die den Zwiespalt in seinem Wesen erkennen) in den Tod: durch hypnotischen Befehl stürzen sie sich von Berggipfeln in die Tiefe oder in Gletscherspalten. Farina, im Äußeren immer ein durch Geist, Aussehen und menschlich-gewinnendes Auftreten überzeugender Mann, der Don Juan-istisch ewig nach der vollkommenen Gefährtin sucht, hat eine große Gegenspielerin: seine langjährige Assistentin Lisa v. Stolz. Lisa liebt ihn vom ersten Tage an stumm, stolz, beharrlich, mit allen Kehrseiten seiner unheimlichen Macht…

Ihr Verlobter Axel Körner, Rechtsanwalt, nur 1,60 m groß und daher ohne Glück bei Frauen, ist Jurist, als Bergsteiger ein Kamerad von Dr. Farina. Er kann Lisa nach langen Werbejahren zu einer Vernunftehe überreden, nachdem er dem Dr. Farina hinter dessen Verbrechen gekommen ist. Lisa gibt das Eheversprechen, um Farina, den heimlich geliebten Mann ihres Lebens, zu retten… Als sich Farina nach dem dritten „Selbstmord" nach Monte Carlo zurückzieht, lässt er Lisa kommen. Zum ersten Male begehrt er sie, begehrt sie in dem Augenblick, in dem sie ihn zu verurteilen und zu verlassen bereit ist. In einer dramatischen Auseinandersetzung zwingt Lisa ihn, der um ihre Liebe und um ihr Vertrauen bittet, sein ganzes Leben und das Geheimnis um jene drei „Selbstmorde" zu gestehen. Farina gesteht, teils um Lisa in dieser Nacht zu gewinnen, teils um endlich sein Gewissen zu entlasten. Lisa gibt sich dem einzig geliebten Manne hin, dann flieht sie… Zuhause erkennt Farina die Gefahr, sucht Lisa zu hypnotisieren und mittels Gift in den „Selbstmord" zu schicken. Lisa hat die Kraft zu simulieren und geht an den Bäumen, wo sie die Tabletten auftragsgemäss nehmen soll, vorbei – zur Polizei. (Anschliessend ein ausführliches Exposé, dessen Lektüre zur Beurteilung des Stoffes UNENTBEHRLICH ist)

Der Fall Farina, Roman-Exposé, 1956

„Es gibt keine feinere Reisefreude für den menschlichen Geist als den Kunstgenuß."

Anders bei Farina. Der Weltmann
bewußt der alle Hemmungen hinwe
die jede neue Liebe für ihn bed
wöhnlich sensibel, war ein unge
Mann, wenn auch kein sehr ausda
genoß seine Empfindungen durch
Entwicklung, genoß auch Ungedul
kleine Enttäuschungen. Er kannt
Lebens, er liebte es.

Eines Tages bat er Lollo, mit i
zu besuchen. Lollo zögerte: sie
Eltern und den allzu vielen Kol
verstand, er schlug vor, daß si
ihm sitzen solle, ohne Gruß, ob
vielleicht um des besonderen Re
entzückt... In jenem Brahms-Kon
Tat Arm an Arm neben Farina, vo
einer durch die Musik wie durch
Neigung gleichermaßen ausgelöst

Diese Verwirrung wird nahezu un
auch die Seligkeit dieser Stun
fällig ein winziges Billett zu
in ihrer Offenheit entwaffnend
hält, die je ein älterer, wisse
Mädchen machte... Lollo wagt n
ihre Erregung nicht zu verrate
Ton der 1. Symphonie gesenkten
das Herz erfüllt von einem nie.

III.
Vierzehn Tage lang sieht Farin
nicht einmal mehr auf dem Tenn
vorausgesehen. Dann plötzlich
Stadtpraxis, wo sie seine Assi
ebenso energisch wie liebenswü
könne nur nach vorheriger Anme
gelangt dennoch in das berühmt
zimmer des beliebten Hypnose-A
selben Augenblick allen ihren

25 ... von der Frau am Berg

Wir befinden uns in der Mitte der 1950er-Jahre, und die Verhältnisse sind wohlgeordnet: Es gibt ein starkes und ein schwaches Geschlecht und keinen Zweifel daran, auf welcher Seite Mann bzw. Frau steht. Und dann gibt es das Gebirge, in dem der eine natürlich der Führer und die andere selbstverständlich die Geführte ist. Das hält wenigstens der eine für sinnvoll, mehr noch, er hält es für schön.

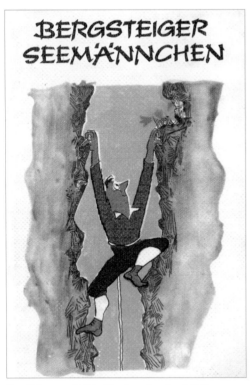

Handlich, vergnüglich: Die „Seemännchen"-Reihe umfasste insgesamt 40 Titel.

Frau im Gebirge

„Auf der Alm, da gibt's keine Sünd'", singen die frischen Preußen und zwinkern vergnügt mit dem rechten Auge, wenn sie sich den Alpen nähern. Und „Auf den Bergen, da wohnt die Frei-ei-heit!", sangen die braven Urbayern, „anno Ludwig II.", und singen es zuweilen heute noch. Gemeint ist immer dasselbe, ob laut, leise, gut oder schlecht gesungen. Das Hochgebirge ist in der Tat eine sündhafte Landschaft, ganz genau gesagt: eine Kuppellandschaft. Das hat selbstverständlich wenig mit dem zu tun, was wir mit dem hübschen Wort „Fremdenverkehr" bezeichnen. Keine Rede davon. Aber welcher passionierte Bergsteiger hätte jene Wahrheit nicht erfahren, als er, blutjung und dem großen Glück auf den Fersen, zum erstenmal sein blutjunges Mädchen in die Berge führte! Dasselbe blutjunge, bildsaubere und wohlerzogene Kind, vor dem er bisher fleißig aber erfolglos seine unsterbliche Liebe beteuerte, und das sich ebenso fleißig, aber erfolgreich zierte, um seine süßen Reize aufzusparen. Im Hochgebirge ist gleich alles anders. Kaum ist dieser Jüngling mit seinem Mädchen in die große Stille einer gewaltigen Berglandschaft eingedrungen, so hebt für ihn eine zauberische Verwandlung an: die Berge werben jetzt an seiner Statt, das Gebirge wird zur unermüdlichen Kupplerin. Und das liegt nicht nur an der guten, reinen kräftigen Höhenluft, die wir so sattsam aus alpinen Fremdenverkehrsprospekten kennen. Zwar lüftet diese bekömmliche Bergluft des Mädchens stadt- und stubenverseuchte Seele durch und macht sie erst einmal fähig, liebliche Gedanken ein- und herzliches Vertrauen auszuatmen. Ist es aber soweit, dann kommt gleich das größte der Wunder: das hübsche Kind wird fortan alles, was es an den Bergen gewaltig findet, und groß, bestürzend, innig, gefährlich sanft und dräuend, auf jenen unschuldig-schuldigen Mann übertragen. Ganz unbewußt, versteht sich. Jetzt brauchen sich die beiden reifen Liebesopfer nur noch gemeinsam an ein Seil zu binden, dergestalt, daß der unvergleichlich kühne Führer und Seil-Erster mit dem lieblichen Körper auch dessen winzigkleines Erdenschicksal am Zügel führt, und schon strömt ihm in mächtigen Wellen der Dank der erhobenen und erretteten Kreatur zu: als reine, opferlustige Liebe. Es bedarf keiner sündhaften Alm mehr. Aber welcher Jüngling nun nicht baldigst über den felsigen Gipfel hinaus zu seinem Ziele gelangt, der ist ein miserabler

56

Bergsteiger. Unter uns gesagt: das Hochgebirge tut es den Frauen in allen Lebensaltern an und je später, desto ärger. Es ist der guten Weiber ewige Trostlandschaft. Ob sie sich ihm und ihrem feurigen Anbeter in ihrer ersten Jugend hingeben, ob sie es später mit ihren Kindern selig preisend durchwandern, oder ob sie es zuletzt als fromme, gefühlsschwangere Damen besuchen, um eine letzte stille Zuflucht zu haben: immer spricht das Gebirge eine gewaltige Sprache in Frauenherzen.

Man denke auch einmal an jene verehrungs-würdigen Bergfreundinnen, deren ewigjunges, ewigüberschwappendes Mädchenherz niemals oder doch nur ungenügende Gelegenheit zum Kompensieren fand, weil sie keine oder nur schlechte Männer trafen auf ihrem Lebenswege. Wenn diese guten Frauen später Sonntag um Sonntag all ihre herbe Lebensfreude in die Berge tragen und gar nicht einmal immer auf den leichtesten und kürzesten Wegen, so hat dies seine allerweisesten Gründe: der gesuchte Trost ist tief, ist um so tiefer, je steiler der Weg ist. Und was ihnen der Mann einst versagte, das schenkt ihnen jetzt der Berg: er tut ihnen noch einmal sanfte Gewalt an, läßt sie noch einmal in heißen Träumen erschauern, bevor sie Tanten werden müssen und Liebhaberinnen von Stöcken, Schaukelstühlen, Stopfgarn und schlechtgeschriebenen Bergbüchern.

Bergsteiger Seemännchen, 1956

Die Titel der „Seemännchen"-Reihe erschienen im Südwestverlag, München, und besaßen das wahrhaft „männchenhafte" Format von 7 x 10,7 Zentimetern. Walter Pauses Band über das Bergsteigen trug die laufende Nummer 18. Die humor-vollen Zeichnungen fertigte Claus Arnold an.

26 Fischraub!

Der Bergsteiger begeht eine Straftat. Im heiligen Grund des Pfanngrabens hinterm Spitzingsee wildert er eine Forelle. Das Vergnügen kommt ihn teuer zu stehen, aber nicht zu teuer – denn es ist unbezahlbar. Älter und weiser geworden, kehrt er zurück in den Pfanngraben. Der Spaß ist derselbe geblieben, nur die Werkzeuge haben sich geändert: Statt Skistecken mit aufgebundenen Essgabeln besorgen allein die Augen das Jagdgeschäft, ganz legal.

An einem heißen Sommertag kann den späteren Kalendermacher nichts aufhalten – Abkühlen, auch wenn es sichtlich arg frisch ist.

„
Forellenfang ist nur dem erlaubt, der viel Zeit für eine lange Haftstrafe hat. "

Im Pfanngraben

(…) Der schmale, alte, grünbeschlagene Pfad führt ein Stück oberhalb der Klamm dahin und steigt dann wieder hinab, indes die Wasser heraufkommen. Eine Strecke ebenen Geschiebes schließt sich an, ein randloses Gries kleinen Ausmaßes, darin die Wasser durch mehrere Betten züngeln, zusammenlaufen und wieder auseinanderstreben, und wo sie spritzend und springend gegen eine Welt von runden Kieseln prallen. Auch hier gibt es etliche flache Kalkpfannen, Gumpen genannt, die vereinzelte Klippen umspülen oder kleine Wasserfälle auffangen. Da stehen sie meistens…

Keine armsdicken und prügellangen Kerle und auch nicht so schwarz wie drunten im tiefgrünen Valepper Bach, das nicht, es sind nur kleinere Fische; über den weiß und grünlich flimmernden Kieselbänken erscheinen sie als hellfarbene Schatten mit leise schwänzelndem Ende. Nur ein geübtes Auge sieht sie. Man kann sie gut stechen, oder auch greifen. Das ist leider verboten. Aber es ist nicht verboten, sich das alles vorzustellen… Man schleicht sich also, eine spitze Eßgabel an den Skistecken gebunden, vorsichtig an und zielt bedächtig, ohne Atem und ohne einen Muckser zu tun, versteht sich, und dann sticht man – wumm! – blitzschnell zu und hat sie. Oder auch nicht! Im letzteren Falle hat man sich gerührt, und die Forelle ist mit drei Schlägen ins unsichtige Strudelwasser oder unter einen Stein geschossen.

Noch ist nichts verloren, wenn sie unter dem Stein steht. Hier läßt sie sich greifen, wenn man es vermag, längere Zeit im eiskalten Wasser stehend langsame Bewegungen auszuführen. Die Jagdleidenschaft begünstigt zuweilen solches Vermögen. Hat man ihn dann endlich, den glitschenden, schnalzenden Silberfisch mit dem rot und blau gesprenkelten Fettrücken, und hat man ihm auch kalten Jägerherzens das liebliche Fischleben ausgeblasen, dann steckt man ihn in die Hosentasche. Natürlich tun wir es in Wahrheit nicht, drei Finger aufs Herz! Denn schon den des Weges kommenden Forstgehilfen ärgerten unsere bewaffneten Skistecken, und bei den Ämtern, wo er uns nach erfolgter Visitation anzeigte, da nennen sie dieses uralte Menschengewerbe Fischraub und bestrafen es mit Gefängnis. Früher war derlei mit Geldstrafen abzumachen – köstliche Zeit! – mit Geldstrafen, die gar nicht hoch genug sein konnten, weil doch das solchermaßen bezahlte Vergnügen in Wahrheit

1956 | Petra Schürmann wird „Miss World" (15. Oktober) – Das erste zivil genutzte Kernkraftwerk der Welt geht in England ans Netz (17. Oktober) – Ungarischer Volksaufstand von sowjetischen Truppen niedergeschlagen (4. November) – Erster Auftritt der „Münchner Lach- und Schießgesellschaft" (12. Dezember)

ein unbezahlbares ist. So also verfolgen und zielen und stechen und greifen
wir heutigentags die Forellen im Pfanngraben nur noch mit den Augen.
Wenn wir etwa von den Ruchenköpfen herabkommen, von der Rotwand, und
hinaus müssen zum Spitzingsee und nach München. Es ist auch das ein
Vergnügen ohnegleichen. Und keine einzige entgeht uns!

Bergsteiger Seemännchen, 1956

**Wasser verliehrt seine Anziehungskraft nie.
Walter Pauses Enkelkinder Lisa und Simon
genießen die Wasserfälle und Gumpen im
Pfanngraben genauso wie der Großvater.**

27 Gratulation zum 50.!

Nur zehn Jahre nach dem Zusammenbruch Deutschlands entwickelt der freie Westen mit umfassender amerikanischer Unterstützung ungeahnte ökonomische Kräfte: Das Wirtschaftswunder entfaltet sich zu voller Blüte, die Menschen lernen allgemeinen Wohlstand, manche auch Reichtum kennen. Walter Pause allerdings kann nur auf seinen Kinderreichtum verweisen, als er seinen 50. Geburtstag feiert. Für Lobpreisungen und Spott sorgen zuverlässig seine Künstlerfreunde Hans Osel und Friedl List mit Hilfe ihrer Ehefrauen Ruth und Friederl.

Nie wollte Vater Walter Pause Autor werden. Nie wollte Sohn Michael Fernsehmoderator sein. Geworden sind sie es trotzdem. Mit Erfolg.

Ein Paukenschlag

Damit war mein Leben zu Ende, ich feierte den 50. Geburtstag – und genau an diesem 23. Juli 1957 passierte es ... Da warf ich meinen guten Redaktionsposten hin, ließ mir von einem berühmten Verleger sagen, daß „der Alpinismus und damit auch die Alpine Literatur am Ende" wären, platzte laut mit meiner Entrüstung heraus – und erfand dabei Titel um Titel jener „Hunderter-Serie", die der Bergliteratur fehlte. Ein Paukenschlag! Der Verleger war entzückt, aber präzise schaltete sich Freund Zufall ein, und meine Buchserie erschien beim falschen Verlag. Dann aber kam der Riesenerfolg, machte aus meinem falschen Verlag einen „richtigen" und gar noch einen großen.

(...)

Ich selber verschwand zeitweilig ganz von der alpinen Bühne, hockte an der Schreibmaschine, schloß die Sinne vor schrecklichen Terminen, verlor mich als das, was ich nie werden wollte: Autor von Berg-, Ski- und Wanderbüchern. Daß ich sie mit Passion geschrieben habe, ist eine Entschuldigung. Daß sie Modelle geworden sind, ebenfalls. Daß sie über die Maßen erfolgreich wurden, hätte verhindert werden müssen. Ich habe das nie vermocht ...

Lebenslänglich Alpin, 1974

60

JUBI
DEM 50 LAR

Was tuts – die Schar der lieben Kinder
beweist's – Du krähst auch heut nicht minder
betörend als Du einst getan
Und wagt an Dir auch schon der Zahn
der Zeit – Du bist noch jung
und frisch und kregel und voll Schwung,
gehst literarisch schwellend schwanger
und bringst's zur Welt mit Deinem
Schwanger.

Was sollen wir Dir also, alter
geliebter, hoch betagter Walter
Fürs nächste Halbjahrhundert wünschen?
Dass Du bei Weinen, Bowlen, Pünschen,
bei kulinarischen Hochgenüssen
und scharfgewürzter Leckerbissen
Die Deinen noch recht lang erfreust
und nichts von Dem was war, bereust
Dass Dir noch manche Schwarte glückt
bis Dir der Kranz die Stirne schmückt.
Und – bleib uns auch in Zukunft gut!

Friedel,
Friedl,
Hans
und Ruth

† Heil Dir, du 50 Jahre alter
Fürzquicklebendiger Pause Walter
nun ist's vorbei und aus und 'rum
das erste halbe Säculum
Wenn Du zurückschaust wie es war
wirst Du erkennen: Wunderbar!
Weil Dich die Muse täglich küsst
Obwohl Du kein Adonis bist.
Heut schwelge in Erinnerungen
und denke an die blonden, jungen
die manchmal später rötlich wären
– und an die schwarzen, reif an Jahren,
die einst für Dich geschwärmt, gelitten
und die Du dann trotz Flehn und Bitten
mit keinem zarten Kuss erwärmtest
weil Du für Richard Wagner schwärmtest

Dann fand'st Du barfuss, in der Wildnis
Blockflöte blasend – welch ein Bildnis –
das zarte Maidlein Rosmarie:
Weithin erscholl Dein KIKERIKI

wie's einem jungen Hahn gebührt
der heuer leider 50 wird

Buchtitel in den Zeichnungen:
Mit Glücklichen Hosen
HELEN IM KELLER
LOB DER ZWIEBEL
DIE GEFAHR DER SCHULE
Zwerggeist Rund reiten schreiben
VOM WICK ZUR QUICK
DER WEG ZUM ERFOLG
PFEFFER
CURRY

28 Freud und Leid, ein Berggeist zu sein

1950 wird Walter Pause Mitglied im Alpenklub Berggeist. Er kann dort nicht einfach beitreten, denn der 1900 in München gegründete Verein nimmt nicht jeden auf. Und Frauen – gemäß Satzung – überhaupt nicht. Ein Anwärter hat entweder einen Nachweis über seine bergsteigerischen Aktivitäten vorzulegen oder über eine „dem ‚Berggeist' gewidmete Betätigung". Angesichts einer Beschränkung der Mitgliederzahl auf hundert Personen ist fast jeder einmal für den Vorsitz fällig – Walter Pause im Jahr 1957.

Der Geist lebt noch

Pünktlich zur Jahrhundertmitte brachte Hans Hintermeier (…) die große gedruckte Rückschau heraus auf das 50jährige Wirken unseres Freundschaftskreises. Dort ist auf erschöpfende Weise zusammengetragen, wie sich eine immerzu erneuernde Handvoll Bergsteiger gegen die heilsam-heillosen Zeitläufte vor, in und zwischen den beiden Weltkriegen durchsetzte, und was sie als Erbe hinterließ. Dieses Erbe war keine Hütte und keine Rekordmitgliederzahl, sondern die Dokumentation, dass unser alter „Berggeist" noch lebt – und wenn er je einmal einschläft, immer wieder frisch auflebt. Inzwischen sind weitere fünf, genau genommen, sechseinhalb Jahre vergangen und ich, ein neuer Vorstand, versuche, das von meinem Vorgänger Paul Bernett hinterlassene Rückschau-Manuskript unter die Leute zu bringen. Das fällt mir nicht ganz leicht, weil ich 1951-1956 den „Berggeist" nur genießend erlebte, nämlich als ganz gewöhnliches, im alpinistischen Sinne sogar als sehr gewöhnliches Mitglied. Nichtsdestoweniger versuche ich nun, die sechsjährige Fünfjahresgeschichte unseres Klubs aus der Distanz, sozusagen von außen, darzustellen.

Die Existenz unserer alpinen Freundesgemeinschaft verlief seit eh und je in Wellenbewegungen. Die erste große Welle der begeisterten Aktivität nach dem Zweiten Weltkrieg wurde 1948 ausgelöst (…) dies alles wich sehr unvermittelt einer bestürzenden Passivität. Ein neues Wellental war erreicht.

In eben dieser Zeit, versteht sich, begannen sowohl die Klub-Väter als auch ich, der neue Vorstand, was wohl jeder Vereins- und Klub-Mann in so einer unerfreulichen Situation tut: wir begannen zu philosophieren. Natürlich erfolglos. Wir hätten uns, die wir alt genug sind, um nicht völlig des Witzes und der Weisheit zu entbehren, sagen können, daß keine Aktivität ewig währt und dass unser alpines Klubleben wie Ebbe und Flut seine Gezeiten braucht. Wir sagten uns dies nicht. Wir blieben auch blind für den selbstverständlichen Vorgang, daß die meisten unserer Nachkriegs-Aktiven vom Ernst ihres Lebensberufes beansprucht, wenn nicht gar verschlungen wurden. Wir sahen nur noch eine allgemeine Abkehrbewegung der Jugend von der Bergmühe, sahen eine tiefbedauerliche Verflachung, sahen den materialistischen Zeitgeist wüten. Ich kann nicht verschweigen, daß ich von den Pessimisten der

Schlimmste war, auch wenn ich es mir in den Berggeist-Rundbriefen nicht anmerken ließ. Einen Klub zu verwalten, der nur noch von zwar ruhmbeladenen, aber müden Klub-Vätern erhalten wird, das dünkte mich einen Unsinn. Und so gedachte ich, den geliebten, weil einst von so viel liebenswerten Geistern belebten „Berggeist" zu verlassen und mich ganz und gar meiner Vorstands-tätigkeit als Großfamilienvater zu widmen. Sechs Kinder und eine alpinistisch immer noch anspruchsvolle Frau, damit und mit einer etwas autoritären Hand kann man die alten Ideale immer noch am besten durchsetzen.

Ich hatte etwas Falsches gedacht. Der 80jährige Emanuel Scherer und der bald 70jährige Karl Brass waren es, die ich an dieser Stelle beschuldigen muß, meinen bequemen Pessimismus durch eine für ihresgleichen bewundernswerte, für mich fatale Aktivität zerstört zu haben. Nicht, daß ich geglaubt hätte, durch den zähen Elan unserer beiden „Aktivisten" eine allgemeine Re-Aktivität unserer Siebzig- und Achtzigjährigen hervorgerufen zu sehen, aber ich sah den „Berggeist" wieder lebendig. Zur gleichen Zeit war auf beinahe unmerk-liche Weise eine neue Welle der Aktivität ins Anrollen gekommen.

Diese Welle kam dieses Mal aus dem Norden und die Wellenreiter sprachen sächsisch. Sie hießen Harry Schöne, Herbert Wünsche, Wolfgang Gerschel, Werner Goltzsche, Harry Rost, hatten ausnahmslos die Hohe Schule ihres heimatlichen Elbsandstein-Gebirges absolviert und begannen unversehens, und doch zäh, unentwegt und in einer ganz unsächsischen Stille und Unauf-fälligkeit, die schwersten Bergtouren zu machen, die es in unseren Ostalpen gibt. Und nicht nur die. Das Fahrten-Verzeichnis gibt hinreichend Aufschluß. Jedenfalls besteht heute die Hoffnung, daß der Vorstand von 1960 und Autor der dann fälligen „60-Jahres-Rückschau" vom Wellengang der neuen jungen Berggeister in die Höhe getragen, wenn nicht sogar überspült wird. Hoffen wir, daß er in seiner Position nicht wankt. Oder daß er sächsisch spricht.

Walter Pause, 1. Vorstand im Jahre 1957

29 Die Kunst, die richtigen Worte zu finden

Eine Wahrsagerin in Paris hatte es zu Beginn des Krieges prophezeit: Walter Pause würde einmal mit „Buchstaben" sein Geld verdienen. Den Umgang mit Worten lernte er nicht in der Schule, sondern beim Lesen ganzer Bücherberge. Bis er zufällig dem „eigentlichen Deus ex machina allen Schreibens" auf die Spur kam: Eine Bilderflut begann aus seiner Feder zu fließen, die alle mitriss, die später eines seiner Bücher in der Hand halten sollten.

„Nur nicht langweilig schreiben!" Ein ganzes Schriftstellerleben lang befolgte Walter Pause seinen eigenen kategorischen Imperativ.

Wie lernt man schreiben?

Nur nicht langweilig schreiben! So könnte meine erste dürftige Maxime gelautet haben. Aber wie kam es zum ersten Anstoß? Weit hinter Hamsun, Flaubert und Tolstoi, ich schwelgte gerade auf den üppigen Polstern Gottfried Kellerscher Prosakunst, da entdeckte ich unversehens eine Gruppe von Dichtern meiner näheren deutschen Umwelt, deren einfacher Tonfall mich überwältigte. Vielleicht war Geographie im Spiel, denn die meisten dieser „Neuen" schrieben als weltläufige Abendländer unter heiterer süddeutscher Sonne. Keiner schnitt mit messerscharfem Intellekt in des Lesers Haut, alle gönnten sich den gelassenen Atem ländlichen Seins, und sie erzählten aus allen Quellen von Gut und Böse, ergötzten, bewegten und verzauberten. Ihre Namen waren Paul Alverdes, Hans Carossa und Georg Britting, um nur einige zu nennen. In dieser kleinen Gesellschaft beschied ich mich lange Zeit aufs glücklichste, im Bescheiden umkreiste mich ein neuer Geist, fing mich ein, – und dann war es sicher nur simpler Nachahmungstrieb, der mich um 1937 herum Buchstaben und Wörter nebeneinander setzen ließ. (…) So oder so: Erst 1937 begannen die schweren zwanzig Lehrjahre. Ich hatte lange schon mit der deutschen Sprache gefochten, ohne sie umzubringen. Aber jetzt trat ein Ereignis ein, das mich – völlig unbewußt! – dem eigentlichen Deus ex machina allen Schreibens auf die Spur kommen ließ: Ich schrieb plötzlich in Bildern. Und ich blieb dabei, ohne zu erahnen, was mir damit zugeströmt war. Als ich 1938 versuchte, nebenbei dies und jenes aufzuschreiben, was nicht Schmieröl und Ia Babynahrung galt, da tippte ich nicht einfach –
„… nach dem Gewitter schien hinter den Wolken die Sonne" in die Maschine, nein, da floß mir in glücklichen Tasten ein Bilderstrom aus der Feder.
„Ein Gewitter war eben vorübergedonnert und nun prahlt westwärts die siegreiche Sonne, floh ostwärts ein hoffnungslos geschlagenes Wolkenheer…" Gut oder miserabel, ein verhülltes Bewußtsein ließ mich in diesem Stil froh weiterstreben. Im selben Jahr schrieb ich ein erstes kleines Prosastück „Bunt, am Ammersee". Das druckte die „Frankfurter Zeitung", und der Redakteur Wilhelm Hausenstein forderte mich mit einer Karte auf, ihm weitere Manuskripte zu senden. Diese Karte las ich viele Male: mein Schicksal, schwarz auf weiß. Am 30. August desselben Jahres kletterte ich am Seil von

64

Richard Hechtel auf den Grubenkarpfeiler im Karwendel, da stürzten neben uns mein Freund Hermann Franke und seine junge Seilgefährtin ab. Ein Block war ausgebrochen. Das Seil fing sich bald an scharfen Felskanten, aber da war das Mädchen schon tot. Den bewußtlosen Freund hielt ich sieben Stunden am fixierten Seil, bis der um Hilfe abgestiegene Richard mit den Bergwachthelfern kam. Da war es schon zu spät… Nach Wochen schrieb ich für Hermann Franke einen Nachruf. (…) Der „Bergsteiger" brachte diesen Text, der Redakteur J.J. Schätz forderte mich zur Mitarbeit auf… Ich hielt unbewußt zurück. Als Bergsteiger bin ich der Berglandschaft lebenslänglich ausgeliefert, aber ich wollte in keiner Sektenliteratur verkümmern.

Und schon kam der Krieg der tollen Blitzsiege und der langsamen Zusammenbrüche in Strömen von Blut. Ich wurde sofort Soldat. Einiger Sprachfetzen wegen kam ich bald von München nach Vincennes bei Paris, doch neun Monate später schon in kriegsferne Nester der Cote d'Or, dann nach Nevers und Dijon, schließlich über Rennes und St. Malo nach Guernsey. Auf dieser Kanalinsel blieb ich eineinhalb Jahre, unflätige Feldwebel und ein strafversetzter Leutnant schikanierten mich. Das war aber gar nicht schlimm, denn überall führte ich neben Gasmaske, Gewehr und Stahlhelm einen schweren Seifenkarton mit mir: eine kleine Schreibmaschine … Kein Friede, das merkte ich bald, spendet soviel Zeit zum geduldigen Nachdenken als ein langer Krieg. (…) In den tausend Pausen dieses heillosen Krieges schrieb ich heimlich an den Abenden, nachts, an freien Tagen, schrieb versteckt in Kellern, Quartieren, Schreibstuben, schrieb in der Normandie unterm Bus des Kommandeurs, bei Reims zwischen Panzermotoren auf dem Lastwagen, in den Vogesen in einer Ruine, schrieb noch drei Stunden vor dem brennenden Dresden …

1940: Wilhelm Hausensteins regelmäßige kurze Hinweise machten mir Mut. Kaum in Vincennes, schrieb ich Manuskripte, als hätte ich es immerfort getan, schrieb zwischen Cartoucherie und Rue Royale, schrieb, von einer Flut neuer Eindrücke gejagt, verfaßte Artikel und kleine Essays für die „Pariser Zeitung" und die „Frankfurter Zeitung". Ich schrieb „Über den Frauenrock", der auf den Champs-Elysées die Temperatur bestimmt; ich schrieb ein Stück „Gewitter über Genf", das der „Simplicissimus" sogleich druckte, vielleicht aus Verlegenheit. Denn Satire kostete damals Köpfe. Ich schrieb als nachdenklicher Bergsteiger nächtliche Träume ab, schrieb Erzählungen und Impressionen (…) Daraus entstand später mein von Wilhelm Hausenstein angeregtes erstes Buch „Mit glücklichen Augen". Da erfuhr auch meine Mutter, daß einer ihrer Söhne schrieb und weshalb er auf Lebenszeit ein miserabler Kaufmann bleiben mußte.

Der unter gespenstischen Bombenschlägen verlöschende Krieg hinterließ einen bangen Unfrieden. Ich hatte dank meines seriösen Horoskops von der Pariser Porte Maillot überlebt, hatte nun nach der selben Voraussage „une femme admirable" und viele Kinder zu erwarten. Ich verzagte nicht, feierte stumm meine Wiedergeburt (…) Dann versuchte ich es wieder mit Buchstaben, und siehe da – auch derlei war ausgesprochen im Pariser Horoskop – mir misslang prompt eine prächtige Komödie und ein fesselnder Roman mit dem schönen Titel „Die Purpurleiter". Dann kam über Nacht die prophezeite junge Frau zu mir, und sofort arrangierte der Zufall weitere Sackgassen, um mich wieder auf einen guten Weg zu bringen. Zuerst kamen viele Kinder, dann holte ich mit Büchern auf …

Lebenslänglich Alpin, 1974

30 100, zum Ersten

Als schämte er sich des Superlativs, hat der Autor „100 schöne Bergtouren in den Alpen" zusammengestellt. Seine Auswahl empfiehlt er interessierten Lesern ausdrücklich für eigene Unternehmungen. Auf einer Doppelseite findet der Interessierte alles, was er wissen muss: Links ein anregender Text, ein knapper Tourensteckbrief und eine modern gezeichnete Kartenskizze, rechts ein Sehnsucht weckendes Foto – fertig ist das erste alpine Rezeptbuch.

„Niemand muß klettern": Die grüne Wiese ist dem romantischen Bergsteiger Walter Pause näher als der graue Fels. Darin liegt das Erfolgsrezept.

Hundert von tausend

Dieses Buch präsentiert hundert Bergwanderungen und Bergtouren in den Alpen. Man könnte weitere neunhundert und auch noch mehr präsentieren. Eine Auswahl war vonnöten, und ich habe sie gewagt: vielleicht habe ich die „schönsten" Bergtouren ausgewählt. Ich weiß es nicht, ich bilde es mir nur ein. Feststellen, welches die „schönsten" Bergwanderungen in den Alpen sind, wäre ja keineswegs Sache des Verstandes. Wie oft sagen wir, wenn wir am Sonntagabend erschöpft und glücklich aus den Bergen heimkehrten: Dies war die schönste Tour, die wir je gemacht haben! (…) Frommen Herzens fügten wir Superlativ an Superlativ und begingen damit in den Augen der Verstandesleute schwere Verbrechen. Eben dies aber macht es mir leichter, meine Auswahl zu rechtfertigen. Ich denke und wähle mit dem Herzen. In Herzensdingen gibt es keine Rivalitäten, und wer liebt, hat immer recht. Die hundert Bergtouren dieses Buches führen in alle Regionen des Bergglückes, durch alle Schauer, zu allen Wonnen. Sie sind dennoch alle leicht, niemand muß klettern. Und jeder kann diese hundert Bergtouren durchführen, der an Leib und Seele gesund, der richtig ausgerüstet und mit den alpinen Gefahren vertraut ist. Wer diese nicht kennt, der studiere sie in den diesem Buche angefügten Merksätzen über richtiges Verhalten im sommerlichen Hochgebirge. Wer nach den Freuden der höchsten Region trachtet und sich mangels Erfahrungen oder auch mangels Mut unsicher fühlt, der nehme einen Führer. Es gibt keinen gültigen Beweis dafür, daß sich das Bergglück verringert, wenn man am Seil eines Führers geht. Daß die größte Höhe nicht das höchste Glück verbürgt, versteht sich für den Bergwanderer von selbst. Er weiß, daß einer auf dem Gipfel des Loser über Bad Aussee, auf der Benediktenwand über der Isar oder auf der Tournette über dem Lac d'Annecy mehr von der Schönheit dieser Welt erfahren kann als ein anderer auf einem eisüberwallten Viertausender. Es kommt auf die blanken Sinne an und auf die Fähigkeit, erleben zu können Deshalb gibt es in diesem Buche eine Unmenge an „Damentouren". Aber auch zwei leichte Viertausender. Und sogar eine reine Talwanderung, bei der es nur bergab geht. Ich glaube aber, daß auch dieser Talgang auf einen allerschönsten Gipfel führt.

Berg Heil, 1958 66

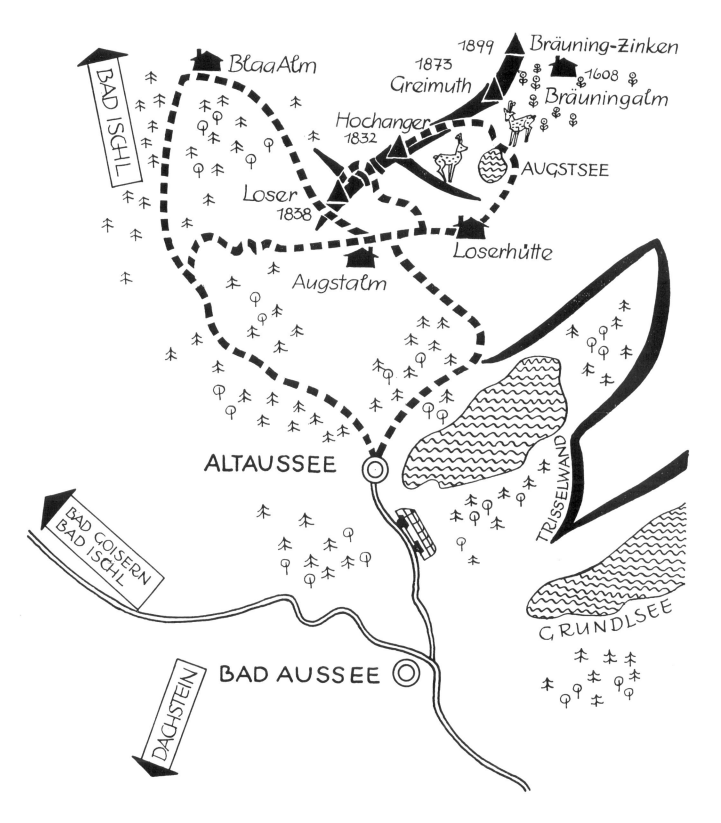

Gipfelhöhe 1838 Meter. Die Routenskizzen von Gabriele Neumann werden zum Schnittmuster für alpine Konfektionsware mit Herz und Seele.

31 Meister der Ablenkung und stets ein treuer Freund

In Pullach in der Wolfratshauser Straße 89 wuselt es: Sechs Kinder hat Walter seiner Rosmarie binnen zehn Jahren „geschenkt" – oder umgekehrt. Trotzdem sind Gäste stets willkommen, weil Walter Pause dann die Arbeit schnell einmal liegen lassen und statt an der Schreibmaschine in der Küche zu Hochform auflaufen kann. Seine Vorliebe für Olivenöl ist so ausgeprägt wie seine Schwäche für die Delikatessen vom Dallmayr. Und so gelingt es ihm auch einmal ganz schnell und nebenbei, die richtigen Menschen zusammenzubringen.

Gäste, Kinder, Einkauf: Um jede Ablenkung sei der bergbegeisterte Autor Walter Pause froh gewesen, erinnert sich Traudl Schöne. Sohn Michael setzt die Tradition fort.

Anfang 1959, ich war damals 21 Jahre alt und mit dem sächsischen Bergsteiger und „Berggeist" Harry Schöne verlobt, waren wir mal wieder bei Pauses in Pullach zu Besuch. Wie immer hatte Walter selbst eine Riesenschüssel mit frischem, grünen Salat zubereitet. Er verwendete dazu den besten Essig vom Dallmayr, viel Olivenöl, Dill aus eigenem Anbau und sonstige Ingredienzien, die normale bayerische oder gar sächsische Salatesser damals noch nicht kannten. Auch der unvermeidliche Ochsenmaulsalat und ein paar Flaschen Rotwein fehlten nicht.

Die vielen Kinder waren bereits in ihren Betten und die Erwachsenen unterhielten sich über ihre Erlebnisse in den Bergen, Walter brachte Fotos zur Begutachtung und Auswahl, weil er bereits eifrig an seinen „100 schönsten..." arbeitete. Dann kam die Frage, die über mein künftiges Leben in Pullach entscheiden sollte: „Wann heiratet ihr denn eigentlich?" „Ja mei, da bräuchten wir erst eine Wohnung", war unsere Antwort. Walter sah darin kein Problem, im ersten Stock des Hauses, wo sich auch die Kinderzimmer befanden, zog in Kürze eine „Tante Inge" aus. Kurz und gut, im August 1959 heirateten wir und zogen bei Pauses ein. Ein Jahr später kam dann noch unser Michael dazu. Als Pauses dann ihr schönes Haus in Irschenhausen bauten, trennten sich unsere Wege.

Dank Walters Spontanität und Großzügigkeit, uns jungen Leuten damals einen „Unterschlupf" zu geben, blicke ich nun auf 50 Jahre Leben im schönen Isartal zurück, und es ist mir bewusst, dass Walter und Rosemarie eine ganz wichtige Rolle in meinem Leben spielen. Ich kann mich noch an vieles erinnern, nicht nur an die wunderbaren Berggeist-Familien-Ausflüge in die Berge. Zum Beispiel, wenn Walter – was scheinbar öfters vorkam – in Terminschwierigkeiten war und der Verlag ihn bedrängte. Dann klapperte nächtelang die Schreibmaschine in seinem Arbeitszimmer. Manchmal klopfte es dann an unsere Tür und Walter fragte: „Seid's noch auf?" Und er freute sich über einen kleinen Ratsch, bei dem er eine kurze Ablenkung fand. Von der täglichen Schreibarbeit ließ er sich nur zu gerne abhalten. Fußballspielen im Garten mit einem Haufen Kinder, wichtige Treffen mit

Freunden in der Stadt, schönes Wetter und guter Schnee in den Bergen waren oft der Grund, warum er dann das Versäumte in der Nacht nachholen musste. Des öfteren zog er mit einer großen Kinderschar zum nahe gelegenen Standl von der Frau Walter, wo er der ganzen Mannschaft ein Eis spendierte. Mit seiner Großzügigkeit und Einkaufslust schlug er allerdings manches Mal ganz schön über die Stränge. So passierte es, dass er mit dem Scheck vom Verlag gleich freudig zu seinem Lieblingsladen, dem Dallmayr, marschierte und dort nicht eine, sondern gleich sechs ungarische Salamis kaufte oder eine ganze Kiste voller Spargelbüchsen. Die Rosemarie hätte lieber das Geld für den Haushalt gehabt und ich glaube, dass er dann manchmal ganz schön zerknirscht war über seinen spontanen Einkauf. Dann kam es vor, dass es wieder mal bei uns klopfte: „Könnt ihr vielleicht eine Salami brauchen, ich geb's euch billiger!"

An manchen Tagen, als Walter bereits im Garten ein Bürohäusl bezogen hatte, half ich ihm beim Wegschicken und Sortieren von Fotos. Damit ihn niemand beim Arbeiten störte, hatte ich den Auftrag, Anrufern zu sagen, Herr Pause sei nicht da. Läutete dann das Telefon, meldete ich mich und sagte, was mir befohlen war. Aber im Hintergrund zischelte Walter so laut, dass es der Anrufende bestimmt gehört hat: „Wer ist's, wer ist's?" Wenn es jemand war, der Walter vom Schreibtisch weglocken wollte, dann hatte er meist Erfolg und bald darauf verließ der orangefarbene DKW das Grundstück.

Großes Verkehrschaos am Sonntagabend. Die Skifahrer, die einen herrlichen Tag im Zillertal verbracht hatten, wollten jetzt so schnell wie möglich nach Hause. Bei Strass, an der Einmündung der Zillertalstraße, ging nichts mehr weiter. Auch wir saßen in der Warteschlange, aber plötzlich setzte sich diese unerwartet ganz zügig in Bewegung. An der Kreuzung erwartete uns dann die Überraschung! Walter Pause, der bestimmt aus Königsleiten vom Skifahren kam, war offensichtlich der Geduldsfaden gerissen. Er parkte kurz entschlossen sein Auto mitsamt der Familie am Straßenrand, stellte sich in den brausenden Verkehr und spielte ganz souverän den Verkehrspolizisten. Vielleicht fühlte er sich auch ein bisschen schuld an dem Verkehrschaos, weil doch viele Skifahrer bereits im Besitz seiner Bücher waren und somit auch die angepriesenen Pisten und Skiberge mit bevölkerten? Wir winkten und riefen Walter kurz einen Dank und unsere Hochachtung zu, aber ich glaube, er hat uns in seinem Eifer gar nicht bemerkt…

32 100, zum Zweiten

Wer Sommer sagt, muss auch Winter sagen. Bergsteigen ist eine Leidenschaft fürs ganze Jahr, und Walter Pause fährt so gerne Ski, dass er keine halben Sachen macht. Nicht weniger als „100 schöne Skiabfahrten in den Alpen" verspricht er auf dem Titel seines zweiten Bildband-Touren-Auswahlführers. Und weil er das Gebiet so gerne mag, darf die Abfahrt von der Königsleiten am Gerlospass im neuen Buch nicht fehlen.

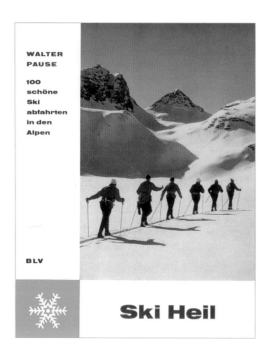

Königsleiten und Gerlos

Man weiß gar nicht, wohin diese Königsleiten eigentlich gehört, obwohl sie neben dem Roten Kogel im Sellrain ein Jahrzehnt als „schönste Skiabfahrt Tirols" gepriesen wurde. Gerlos und Gerlosplatte, von wo aus man zur Königsleiten knappe vier Stunden aufsteigt, liegen genau am Schnittpunkt zwischen Zillertal und Pinzgau; auch die Kitzbüheler Alpen könnten die Königsleiten zu ihrer Gipfelprominenz zählen (…) Man kommt jedenfalls durchs Zillertal schnell und leicht nach Gerlos, wo man in den Gasthäusern und Hotels oder auch bei den Bauern sehr gut aufgehoben ist. Eine Stunde oberhalb Gerlos, am Gerlospaß, 1486 m, hinüber nach Krimml, ist die Gerlosplatte, ein schräggestelltes Almwiesenbrett, idealer Übungshang und natürlich mit einem Lift bestückt und einem guten Paßhotel. Von hier geht man auf die Königsleiten drei Stunden und sieht dabei schon im Anstiege, woher ihr Ruhm kommt: da sind die Bäume rar, auch die Zirben lassen sich nur in einzelnen Exemplaren sehen, und alles andere ist volle 1200 Höhenmeter hinauf eine einzige, großzügig gefaltete Skiwiese. Kedalm, 1600 m, und Lermachalm, 1850 m, sind nur Sonnenstationen, sind sonnengeröstete schwarzbraune Holzstadel, an deren Wänden man verbrennt und die Stille einer weltfernen weißen Wüste genießt. Oben am Gipfel der Königsleiten, 2316 m, oder auf dem Nachbargipfel des Falschriedls, 2434 m, steht man wie auf einer weißumbrandeten Tribüne dem Zentralalpenkamm unmittelbar gegenüber und muß sich entscheiden, ob man das von Granitgraten zerstükkelte Urwelteis an der Reichenspitze, am Großvenediger, am Großen Löffler oder an der näheren Wildgerlosspitze als heroisch, als majestätisch, als großartig bezeichnen will – oder als schrecklich (…) Man tut sich nicht leicht bei dieser Entscheidung. Andererseits bleibt man dabei ungestört, und wenn man wochen- und monatelang an dieser Sonnenröst- und -raststätte liegenbliebe. Denn das gehört zum Genuß der großen, wunderbaren Königsleitenabfahrt, daß man ihre stille Entlegenheit genießt. Ansonsten ist zu sagen, daß man auf weißem Schnee hinabschwingt, wedelt, kurvt, stemmt oder fällt – je nach Skikönnen. Schön und endlos ist's in jedem Fall und noch keiner, der dort oben war, hat unten verlauten lassen, er bereue die dreistündige Mühe.

Ski Heil, 1958   70

1958 | 7 Spieler des englischen Fußballclubs Manchester United sterben bei Flugzeugabsturz in München-Riem (6. Februar) – Erste Folge der Fernsehserie „Stahlnetz" (14. März) – 7 Oscars für „Die Brücke am Kwai" in Hollywood (26. März) – Erster Ostermarsch gegen nukleare Rüstung in England (7. April)

Schwärmerisch beschreibt Skifan Walter Pause
die „stille Entlegenheit" der Königsleiten. 1958
hatte man dort auch noch keinen Lift gebaut.

33 Die neue Leichtigkeit des Wohnens

Walter Pause begibt sich in die heimischen Wohnzimmer und findet dort alles andere als „Wohnbehagen" vor. Mit spitzer Feder entrümpelt er Räume, entleert sie von massigen Buffets und Einbauschränken. Nebenbei klärt er den Leser auf: über guten Geschmack (und wie schwer es ist, ihn sich anzueignen), über das Wesen modebewusster Damen und über die Freude, mit Büchern zu leben. Kein Leser seines Einrichtungsratgebers sei übrigens je wieder beim Kauf einer wuchtigen Möbelgarnitur ertappt worden, heißt es ...

> Farbe ist Musik, sie kann aber auch Schießpulver sein, sie explodiert, wenn sie nicht mit sicherem Geschmack entschärft und gebändigt wird.

Worum es geht

Beim alten repräsentativen Wohnstil richtete man sich EINMAL fürs ganze Leben ein, und jede künftige Umstellung bedeutete eine Zumutung und viel, viel Migräne. Heute ist unser Heim zum Spielraum unseres Geistes geworden, unseres Witzes, unserer Phantasie, und beinahe, ohne daß wir es bemerken, schaffen wir dabei spielend und tändelnd Atmosphäre, Stimmung und heiteres Wohnbehagen. Repräsentiert wird außer Haus! Zu Hause wirft man die Zwangsjacke der Konventionen in die Ecke und ist, was man ist. Wichtig bleibt, daß man in seinem eigenen Zuhause wahr ist und aufrichtig, daß man seine Neigungen und Liebhabereien im Stil seines Heimes ausspricht und nicht verleugnet, daß man sein innerstes Wesen bekennt. Nur so führen wir die zauberische Wandlung herbei, die alles Wohnbehagen ausmacht, nur so wird unser Raum zum echten Heim, zum Heim nach Maß – zum Heim nach Maßen unseres eigensten Wesens.

Guter Geschmack – Haben oder Nichthaben

Geschmack hat jeder. Guten Geschmack haben nur sehr wenige Leute. Je sicherer es ist, daß einer keinen guten, ausgeformten und an reicher Anschauung gereiften Geschmack besitzt, desto gewisser wird er sich guten Geschmack zuschreiben. Vor allem hierzulande, wo es merkwürdigerweise Ehrensache ist, guten Geschmack zu haben. Es ist nicht Ehrensache in Deutschland, die moderne Philosophie zu beherrschen, oder Fachmann für den Lokomotivbau zu sein, aber es ist Ehrensache, guten Geschmack zu besitzen. Spricht man bei uns jemand diesen guten Geschmack ab, dann fühlt er sich sofort tief beleidigt und wird ausfallend. Hat man Glück, dann zitiert er empört das Sprichwort: „Über Geschmack läßt sich streiten". Beweist man ihm, dass er etwas Falsches zitiert und dass das Sprichwort „Über Geschmack läßt sich NICHT streiten" lautet – dann ist man eine Freundschaft los. Alle meinen, guter Geschmack sei angeboren wie ein gutes Gehör, ein scharfes Auge. Das ist nur sehr bedingt richtig. Denn eine gute geschmackliche Veranlagung ohne Formung und geduldige Ausbildung der Sinne ist weniger als eine taube Nuß. Daß guter Geschmack wie Kunstverstand stets nur das Ergebnis einer langen und gründlichen Ausbildung ist, wird nicht zur

72

Kenntnis genommen. Dabei gibt es doch nur eine absolute Wahrheit in Geschmacksdingen. Und es herrscht nicht der geringste Zweifel, daß alle Menschen den gleichen Geschmack besitzen würden, könnte man ihre Sinne alle gleich gründlich und lange schulen. Es ist überaus merkwürdig, daß man auf jedwedem Gebiet den Fachmann ehrt und hört – doch keinesfalls auf dem ästhetischen Gebiet des guten Geschmacks. Hier allein hält sich jedermann selbst für einen Fachmann und ist doch nur ein … nun, was kann der denn schon sein?

Guter Geschmack ist teuer. Er kostet ein anhaltend lebendiges Interesse für seinen Gegenstand, er kostet große Geduld und die völlige Aufgabe angeflogener Vorurteile, und er kostet wirklich einiges an Intelligenzkraft, um die Fähigkeit der Überschau zu gewinnen.

Mit einem Wort: GUTEN Geschmack bekommt man vor den Schaufenstern unserer Konfektionsmöbelfirmen so wenig wie Bildung beim Lesen von Illustrierten. Wer sich anmaßt, angeboren guten Geschmack zu besitzen, so wie man es sich hierzulande anmaßt, angeborenen politischen Verstand zu haben, der endet in allen Fragen des Geschmacks und der Politik unweigerlich beim Möbelkitsch und am Stammtisch.

Lichter, Lampen und späte Erleuchtung

Der moderne Wohngeist, von Schweden, Dänemark, der Schweiz und Italien ausgesandt, hat es schwer, bei den Deutschen eine Heimat zu finden. Wo sie nur können, hemmen sie ihn mit groben Mißverständnissen. Da hat man endlich das Signal gegeben zur Austreibung des Tisches aus der Zimmermitte. Der Tisch floh in die Nischen, Ecken und andere Zimmerbereiche – aber Kronleuchter und Deckenleuchten blieben, wo sie waren. Es hätte sich von selbst verstanden, daß die Lichtquelle dem Tisch folgt. Keine Rede davon. Noch heute hängen die Leuchten und Lampen in der Deckenmitte und fragen dumm: Wen sollen wir nun eigentlich erleuchten! Der sie dort hängen läßt, hat nichts verstanden vom Geist der neuen Lichtregie, er weiß nicht, daß man die zentrale Lichtquelle aufgegeben hat und das Licht in einem Raum in einzelnen Lichtquellen dezentralisiert: Das Licht folgt dem Lichtbedürfnis, es scheint genau dort, wo man seiner bedarf. Das klingt schrecklich vernünftig. Angenehmer ist es, von den Vorzügen dieser neuen Lichtregie zu sprechen. Sie kommen nämlich unmittelbar unserem Gemüt, unserem Geist und unserem Wohlbehagen zugute. Das Fleckenlicht schafft Wärme und verbreitet Gemütlichkeit, der Raum wirkt größer. Doch der Deutsche ist treu, und noch viele Jahre werden repräsentative Kronleuchter sein Wohnzimmer beherrschen, und die wahre Erleuchtung wird ausbleiben.

Heim nach Maß – Heitere Lektionen über modernes Wohnbehagen, 1958

RICHTIG
Betonung der Form.

FALSCH
Form wird aufgelöst.

SCHLECHT
Falsches Stoffmuster löst die Form des Möbels auf.

34 Die Kunst des Autoreisens

Ein Reiseratgeber, als „höflicher Begleiter" gedacht, entstand Ende der 1950er-Jahre im Auftrag der Deutschen Gasolin-Nitag AG. Der vormals Handlungsreisende gibt Ratschläge, wie das rechte Reiseglück zu finden ist: „Gasolin schenkt dem Wagen Wohlbehagen". Und Walter Pause dem Reisenden richtigen Durchblick.

„

Die Kunst des genußvollen Autoreisens beginnt mit der Frage, wann man verreisen soll. Die Antwort kann heutzutage nur lauten: Man reise nicht dann, wenn alle Welt verreist.

"

Beim Kauf eines neuen Autos wird ein Ersatzreifen mitgeliefert, nicht aber die Fähigkeit, mit Genuß zu reisen. Das ist ein großer Mangel. Dieser Mangel verschlimmert sich durch die Tatsache, daß man jene Fähigkeit nicht gegen bar erwerben kann. Man muß sie durch fortgesetzte Erfahrung mühselig abbezahlen. Wieso, werden 99 von 100 Autobesitzern erstaunt sagen, Reisen ist doch keine Kunst! ... Reisen ist natürlich eine Kunst, und diese Kunst ist fast so schwer zu erlernen wie die Kunst des Rastens. Millionen deutscher Autobesitzer fahren jedes Jahr erwartungsfroh in die Ferien und kommen doch enttäuscht zurück, enttäuscht und gerädert, oft genug reif für eine „Erholung vom Urlaub".

Lerne zuerst die Heimat kennen!

Die zweite Frage, die der Anfänger in der Kunst des Autoreisens an den erfahrenen Mann richtet, heißt: Wohin reist man? Man sollte es zum stillen Gesetz erheben, daß niemand über die Grenzen reist, der nicht seine eigene Heimat kennt. Denn erst die gründliche Kenntnis unserer an Kulturschätzen wahrlich überreichen deutschen Landschaften verschafft uns die Legitimation zur Fahrt über die Grenzen und den Schlüssel zu allem Reiseglück. Italienfahrt muß sein. Sie ist seit Goethe ein klassisches deutsches Anliegen.

Wer viel geht, fährt gut!

Die dritte Frage auf dem Wege zum Reisekünstler lautet: Wie reist man genußvoll? Was dieses Problem betrifft, so verübt hier das frisch motorisierte Deutschland seine schlimmsten Sünden. Oder ist es nicht so, daß die meisten Autofahrer gar nicht mehr wissen, zu welchem Zweck sie Füße und Beine besitzen! Man könnte oft denken, fast alle Autopolster seien mit Klebstoff imprägniert.

Auf den Gefährten kommt es an!

Mit wem aber soll man nun verreisen?
Zu den wichtigen Voraussetzungen für ein ungetrübtes Reiseglück gehören drei Dinge. Ein Auto, dem es an nichts fehlt. Zweitens ein guter Kraftstoff. Drittens ein Reisegefährte, der zu uns paßt.

74

1958| Deutsche 4 x 100-m-Staffel läuft mit 39,5 Sekunden Weltrekord (29. August) – Parteiführer Mao Tse-tung verkündet den „Großen Sprung", die radikale Industrialisierung Chinas (29. August) – Elvis Presley kommt als Soldat nach Deutschland (1. Oktober)

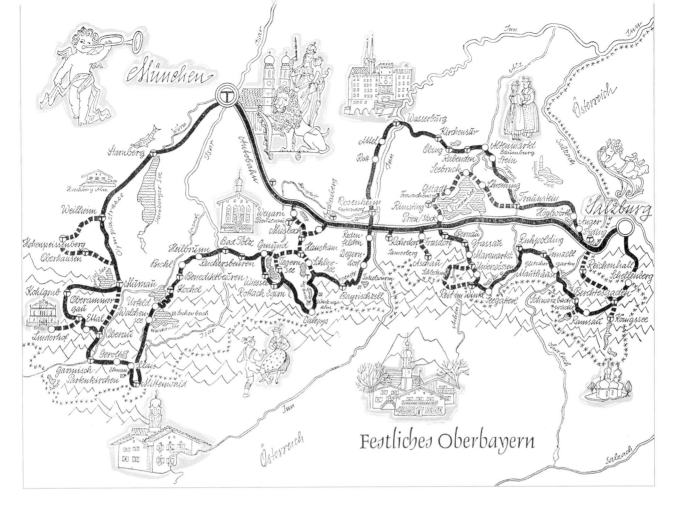

(…) Ein Fehler ist es, in frischverliebtem Zustande ins Blaue zu fahren. Diese Konstellation ergibt sich nur allzuoft, und kaum ein Autobesitzer entkommt ihr. Natürlich geht es immer schief. Weil hier aber nur schlimme Erfahrung heilt, halten wir weitere Mahnungen für vergeblich.

Die Hochzeitsreise als Konstellation unterschlagen wir ebenfalls als aussichtsreiche Möglichkeit. Wer wirklich glücklich ist, reist als ein Blinder. Das ist noch die beste Lösung. Wer als Hochzeitsreisender alles sieht, steuert geradewegs in eine unglückliche Ehe.

(…) Die liebenswertesten, aufmerksamsten, heitersten und dankbarsten Reisegefährten aber sind unsere Kinder zwischen vier und vierzehn Jahren. Nichts ist schöner, als mit Kindern zu verreisen, gar wenn man das Zelt im Gepäck führt. Da erheischen tausend Fragen tausend Antworten. Da kann man an nichts vorüberfahren. Da muß man Landschaftsbilder, Berge, Kirchen, Blumen, Gesichter, Tiere und dies und das, was einen früher stumm beglückte, mit bedächtigen Worten erklären. Das unartikulierte Glück der eigenen Jugend wird jetzt zu Wort und Lehre.

Kunstverständnis ist kein Ballast

Nur der vernünftige Wechsel von Landschaft, Menschen und Kunst macht eine Reise angenehm. Man kann nicht nur von Kirche zu Kirche laufen, und umgekehrt: Man kann nicht an allen Kirchen und schönen Brunnen und Fassaden vorbeifahren.

Kunstwerke sind die einzigen bleibenden, die einzigen ehrlichen Zeugnisse der Vergangenheit. Vor jedem Kunstwerk kann man, indem man als Ästhet genießt, tief in die Geschichte des Menschengeschlechtes hinabschauen. Nur eines ist dazu vonnöten: etwas Kunstverständnis. Kunstverständnis ist kein Ballast.

Mit Gasolin durch Deutschland, 1958

35 Traum in Weiß

Berge im Winter, für Skifahrer das Schönste schlechthin. Es gab sie damals noch, die richtigen Winter. Dick verschneite Landschaften über den ganzen Alpenraum verteilt. 129 – nein, nicht 100 – Winteraufnahmen enthält ein Bildband von Heinz Müller-Brunke, einem Kameramann Luis Trenkers und erfolgreichen Bergfotografen. Als Betrachter dürfen wir in zuckerweißen, daunengleichen Landschaften schwelgen – gedankenverloren, die Stille fühlend – und als Leser Walter Pauses Texte genießen.

Schnee und Eis

Seit Jahrtausenden wohnen die Menschen in den Ebenen rings um die Alpen, Jahrtausende haben sie diese Alpen gefürchtet und gemieden, die in Schnee und Eis erstarrten winterlichen Alpen zumal. Vor hundert Jahren etwa entdeckten sie die Schönheit der sommerlichen Hochgebirgslandschaft, erst seit dreißig Jahren reisen sie auch mitten im kalten Winter in die Berge. Und heute ist es so, daß mehr Winter- als Sommergäste die Alpentäler besuchen. Wer könnte dieses Phänomen erklären! Versucht man ihm auf den Grund zu kommen, so geht man schnell irre. Man wird dazu verleitet, den Skilauf allein als Ursache der großen Wandlung zu rühmen. Aber der Ski war nur Mittel zum Zweck. Zu einem merkwürdigen, ja zu einem geheimnisvollen Zweck, möchte man sagen. Denn was ist es, was Millionen Menschen aus den warmen Winterstuben treibt, damit sie im eisigen Hochgebirge nach einem neuen Glück suchen? … Daß sich heutigentags ein gewandter Skiläufer auf den sportlichen Genuß der sausenden Abfahrt freut, läßt sich verstehen. Aber es bleibt unerfindlich, warum auch den schlechten Skiläufer eine merkwürdig heitere Unruhe überfällt, wenn die ersten Schneeflocken vom Himmel wirbeln. Was erwartet ihn denn an jenem ersten heißersehnten Skisonntag, wenn er, anscheinend bar jeglichen Talentes, immer wieder die tragikomische Mühe des Anfängers absolviert! Wenn er lachend in den kalten Pulverschnee fällt und, kaum der eisigen Grube entkommen, immer neue Abfahrten wagt und dabei keineswegs der lachenden Zuschauer achtet und hinterher keineswegs als geschlagener Held traurig ins Quartier zieht, vielmehr lachend und fröhlich, überwallt von jener unbeschreiblichen Heiterkeit, die alle Skiläufer so liebenswert verwandelt … Wer kann dieses Phänomen erklären?

Man weiß, daß alle Skiläufer zusammengehören, daß sie auch ohne Vereine und Verbände eine große, einige Familie bilden. Ihr alter Gruß „Ski Heil" überbrückt alle Standesunterschiede, er gilt dem guten wie dem schlechten, dem jungen wie dem alten Skikameraden. Kommt ein schneidiger Schlosserlehrling auf der Kitzbüheler „Streif", auf der Arlberger „Kandahar" oder auf der Grindelwalder „Männlichen"-Strecke elegant die Steilhänge herabgeschossen, so fragen weder die sündhaft reichen Ladys aus Amerika noch die

76

1958 Verteidigungsminister Strauß beschließt den Kauf von Kampfflugzeugen des Typs „Starfighter" (24. Oktober) – Charles de Gaulle wird französischer Ministerpräsident (21. Dezember) – Zwölf Währungen in Europa, darunter die D-Mark, sind frei konvertierbar (27. Dezember)

eleganten Skiflaneure aus Paris oder Wien nach Nam'
und Art des Skihelden – sie bewundern ihn, sie lachen
ihm herzlich zu, sie drängen in seine Nähe. Die große,
kühle Passion vereinigt ihre Jünger zur heiter übermüti-
gen Skifamilie.

Und der Gedanke kommt, die Skiläufer saugen diese
ihre zukünftige Fröhlichkeit ganz einfach aus der Luft –
aus der Luft der Berghöhen, der man mancherorts
die Wirkung des Sektes zuschreibt. Eben hier liegt die
Wahrheit. Wer einmal den Dunstglocken, den Gaswolken
und Lärmhöllen der modernen Großstädte entkommen
ist und oben im Hochgebirge unvermittelt auf jenen
vollen, starken Lüftestrom trifft und jene süße Stille,
die allen unseren Voreltern einmal selbstverständliche
Lebensumstände bedeuteten, den überwallt ein wunder-
bares, neues Lebensgefühl, eine heitere Hochgestimmtheit,
er saugt ein neues Glück aus der Luft. Ihm ist zumute,
als ströme reine Freude in alle Poren seines Wesens.
Und dies ist natürlich und überzeugend. Körper, Geist
und Sinne des Menschen wurden von der Schöpfung
nicht für Gasgewölke und Lärmhöllen ausgebildet, sondern für die Stille, für das Atmen in reiner Luft und für
die tägliche rhythmische Bewegung aller Glieder. Dies
allein sind die Umstände, die dem menschlichen Wesen
bekommen. In reiner Luft reagiert der Mensch lebhafter,
in großer Stille lockert sich sein Geist, da blühen seine
Sinne auf. Kommt er deshalb in unserer Zeit getrübter
Sinne und verdüsterten Geistes aus der Großstadt in das
Hochgebirge, so muß ihm wohl zumute sein wie bei
einer Rückkehr ins Paradies. Und es ist auch eine Rückkehr, eine Rückkehr ins verlorene Paradies.

Daß die große Wandlung im Verhältnis der Menschen
zum stillen und freien winterlichen Hochgebirge unmittelbar mit der rapiden und fatalen Verschlechterung
der Lebensbedingungen zusammenhängt, ist kaum zu
bezweifeln. Daß der Skilauf ausgerechnet in den Jahrzehnten in die Alpen kam, als die Städter zur ersten
Flucht aus den Stadthöllen ansetzten, wird von den
Skeptikern als Zufall bezeichnet. In Wahrheit ist es der
Arm der Vorsehung, der dies bewirkt hat. Daß es so ist,
fühlt jeder, der ein lebendiges Verhältnis zur Natur ge-
wonnen hat und der in Tieren und Pflanzen verwandte
Geschöpfe, Gottesgeschöpfe wie seinesgleichen, Gefährten
unseres Erdenschicksals, zu begreifen fähig ist.

Die Alpen in Schnee und Eis, 1958

**Traum in Weiß – im Gletscherbruch der Silvretta
wurde er wahr. Von der technischen Erschließung
blieb die „blaue Silvretta" nicht verschont.**

36 Glücksfall für fortgeschrittene Lacher

Für manch einen ist die schönste Nebensache der Welt, das Skifahren, zugleich die ernsteste. Ein Phänomen, dem Walter Pause schon in den 1950er-Jahren entgegensteuert. So sind die „Skispuren" vor allem ein „Lachlehrbuch", in dem der Autor „mit Witz, Ironie und Spott seine Attacken gegen die komischen oder auch tragikomischen Ski-Sünder unserer Zeit führt", wie es in einer Buchrezension des Bayerischen Rundfunks heißt. Übrigens: „Fortgeschrittene Lacher dürfen", so Pause, „als Skiläufer getrost Anfänger bleiben!"

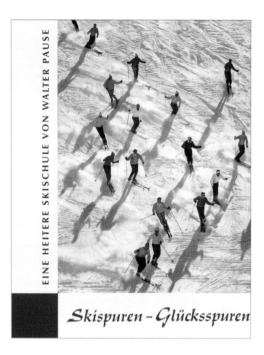

EINE HEITERE SKISCHULE VON WALTER PAUSE

Skispuren – Glücksspuren

Denn nur wer mit völlig blinden Sinnen durch das Skileben geht, übersieht jene scheinbar zufällige, in Wahrheit stets schicksalsträchtige Paarung zweier einander völlig unbekannter Menschen auf einem Doppelsessel.

Rendezvous am Übungshang

Fortgeschrittene als Anfänger: Ich weiß ganz genau, wie unerträglich es für steinreiche Kinder steinreicher Leute ist, so wie jeder x-beliebige arme Teufel als Anfänger beginnen zu müssen, wenn es sie nach den Hochgenüssen des Skilaufens drängt. Ich weiß aber ebenso gut, wie unerträglich es für alle x-beliebigen armen Teufel wäre, müßten sie steinreichen Leuten zusehen, die für lumpige dreitausend Mark das Geheimrezept erfahren haben, um als Fortgeschrittene anzufangen. Ich bin selbst armer Teufel aus Überzeugung und reich nur, was soziale Ressentiments betrifft; klar, daß ich mich dagegen auflehne, wenn man meinen armen Mitteufeln die einzigartige Genugtuung nehmen will, steinreiche Leute hilflos und verlegen am Skiübungshang zu sehen. Welch eine Augenweide für verhinderte Millionäre! Ihr stummer Kommentar: „Die Ärmsten, was nützt ihnen jetzt ihr Reichtum!"

Seien wir ehrlich: die Chance, eines Tages für – sagen wir – dreitausend Mark den Geheimtip zu bekommen, um als Fortgeschrittener anzufangen, besteht durchaus. Ich beobachte die pädagogischen Fortschritte unserer ostalpinen Skilehrerzunft schon lange mit höchstem Argwohn. Schon verfügt diese Zunft über einen Skiprofessor als Zunftmeister. Schon hat sie erreicht, daß jedermann nach nur acht Kurstagen tourenreif skilaufen kann. Skilehrer sind auch nur Menschen, somit ist es nur eine Frage der Zeit, ob sie ihren pädagogischen Ehrgeiz irgendwann bremsen können! Wer ist je mit dem Erreichten zufrieden? Atomwissenschaftler und Seilbahnindustrielle zum Beispiel nicht. Also darf ich den berechtigten Verdacht hegen, daß man eines nahen Tages die skipädagogische Zauberformel finden wird, um Leuten, die es bezahlen können, das Anfangen zu ersparen.

Doch der Anfänger darf nicht aussterben! Ich habe eine Schwäche für ihn. Ich kenne seine heimlichsten Regungen. Vor allem aber kenne ich seine unsinnige Überzeugung, er würde von den fortgeschrittenen Skiläufern verachtet und belächelt werden. Niemand lacht ein Kind aus, das seine ersten Gehversuche macht, jeder, der es sieht, ist gerührt! Und sehen Sie, genauso ist es zwischen Anfänger und Meister auf Skiern: niemand verachtet sie, niemand belächelt sie. Man sollte Anfängern noch einiges mehr sagen. Zum Beispiel dies, daß es doch keinen größeren Genuß gibt beim Skilaufen als den kleinen Fortschritt. Übersehe aber niemand, daß der Fortgeschrittene nur noch wenige Stationen des Fortschritts vor sich hat. Das ganz große Glück des strebend bemühten, um jeden Fortschritt leidenschaftlich kämpfenden Anfängers liegt weit, weit hinter ihm!

Ich habe einen lebenden Zeugen für diese meine Theorie: dieser Zeuge ist seit dreißig Jahren Anfänger. Er vermeidet es mit unnachahmlicher Geschicklichkeit, beim Skilaufen Fortschritte zu machen. Er ist besessen vom Übungshang. Hören Sie seine eigenen Argumente: a) Er möchte sich das Hauptvergnügen der atemberaubenden Fortschritte aus philosophischen Gründen für sein letztes Lebensdrittel aufsparen, b) er möchte als reifer Anfänger die Zeit der ihm verhaßten Pisten überleben, um Fortgeschrittener erst zu werden, wenn er ohne Lebensgefahr vom Gipfel zu Tale schwingen kann, c) er ist unfaßbar dick und möchte nicht noch dicker werden. Wäre er heute schon Fortgeschrittener, meint er, so führe er zwangsläufig Piste, und es ergäbe sich keine Plage mehr.

Alles in einem: dieser Mann ist als Anfänger zumindest ein Fortgeschrittener, wenn nicht gar ein großer Könner! Es ist freilich eine Frage, ob ihn nicht auch gewisse „gesellschaftliche" Ursachen an den Übungshang der Anfänger fesseln. Wir wissen alle, wie schwer es dicke und schüchterne Männer haben, auf dem Wege über die Bars des Après-Ski weiblichen Trost zu erlangen. Aller fehlende Mut, vor allem jedes Kilo Übergewicht muß bar, mit verviel-fachten Spesen, aufgewogen werden. So versteht es sich beinahe von selbst, daß derlei Männer den Übungshang als Revier ihrer Flirts aussuchen, wo manche früh gealterte oder minderbemittelte Schönheit einen schüchternen Dicken mit vielen Freuden als erlösenden Herrn und Ritter begrüßt. Übungshang und Tanzsaal sind seit vierzig Jahren klassische Stätten des Flirts, hier übt sich der Zufall als Liebesgott Amor. Stürzt ein Mädchen übend in die kühlen Fallgruben ihrer Anfängerschaft, so besteht gewisserma-ßen ein Muß zur Hilfe und zum Trost – und alles weitere ergibt sich von selbst. Dergestalt wird der Skiübungshang auf die unschuldigste Weise zum Übungshang für rechtschaffene Flirts, und man könnte das Generalthema „Anfänger oder Fortgeschrittener" unter diesem neuen Aspekt von vorne abhandeln. Man könnte von den Freuden der Skianfänger sprechen, die es beim Flirt bereits zum Fortgeschrittenen gebracht haben, und man könnte Anfänger bleiben.

Skispuren – Glücksspuren, 1959

Viele von uns, die sich im Skikurs des Martl dumm und deppert stellen, würden das sogenannte Wedeln in wenigen Tagen erlernen, stünde beispielsweise eine Mademoiselle Jeanette als gestrenge Lehrerin vor und auf dem Hang.

Das i-Tüpfchen des Buches waren die von Claus Arnold mit feinfühligem Humor gezeichneten Illustrationen.

37 ... und gewedelt haben wir auch, Pappi!

Wie der Vater, so der Sohn. Walter fährt Ski, sehr gern, sehr schnell und sehr gut. Micki muss es erst lernen – aber bloß nicht vom Vater. Was diesen erst beleidigt und dann auf eine gute Idee bringt. Ein „richtiger" Skilehrer muss her. Er wird dem Buben beibringen, dass Kurven zu fahren nicht schlechter ist als schnurgerade den Berg hinunterzuschießen. Die Eingebung führt zum Erfolg, und der Vererbung der Skileidenschaft steht nichts mehr im Wege.

Der Kinderskikurs hatte Erfolg gezeitigt: Aus dem „Plüschbärlein in Hochwinterverpackung" wurde der jugendliche Rennläufer Micki Pause.

Micki im Kinderskikurs:
... und gewedelt haben wir auch, Pappi!

Als Butzi zehn und Maxi acht Jahre alt waren, hatten sie den Grad kindlicher „Pistenbremsen" überwunden. Ich nahm sie als Touren- und Pistenbegleiter regelmäßig mit in die Berge. Zur gleichen Zeit war Micki fünf Jahre alt. Er fuhr bereits Ski, aber nur schmalspurig schnurgeradeaus, um mit stoischer Ruhe abzuwarten, wann und wie die immer schnellere Fahrt in einem Graben oder im Wald endete. Als ich mit diesen Dreien nach St. Anton fuhr, hoffte ich, eingebildet wie ich bin, Micki über Nacht zum Pistenbegleiter machen zu können (denn er war unerträglich böse, wenn er im Quartier oder allein an einem Hang bleiben sollte). So fuhr ich mit ihm zweimal vom Gampen herab und versuchte ihm das Stemmen und das seitliche Abrutschen beizubringen. Doch Micki fuhr nur Schuß. Die Abfahrten wurden zur Katastrophe, alles gütige Zureden endete stets in einer familiären Schrei- und Krampfszene. Am Ziel weinte mir das Herz und Micki das Auge. Ebenda kam mir die geniale Idee, ihn in einen Kinderskikurs zu schicken. Die zweite unvergleichliche Eingebung veranlaßte mich, anderntags auf eine Pistenhetze vom Kapall zu verzichten und Micki zuzusehen. Nie hat mein Herz mehr gelacht als an diesem folgenden Morgen ... Punkt zehn Uhr kamen sie an: kleine Holländer, kleine Franzosen, kleine Amerikaner, kleine Deutsche, kleine Italiener – alle runde fünf Jahre alt, alle süße kleine Plüschbärlein in ihrer Hochwinterverpackung, alle mit todernsten Mienen. (...) Der Skilehrer Hans kam im roten Pullover und im Glanz faszinierender Sprachkenntnisse, er zählte, fragte, antwortete, schloß Bindungen, knöpfte Gewänder zu und kommandierte die kleine Europakompagnie zuletzt in die viel zu breite Spur hinaus zum nächsten Übungshang. Ernst und wichtig schoben und trotteten und schleiften die Stöpsel hinter dem roten Pullover her, dann kam eine Zeitlang nichts, dann folgten schüchtern und verlegen ein Papa und zwei Mamas. Junge hübsche reizende Mamas. Der Papa war ich. Der erste, der am Übungshang verlegen wurde, war Mickis Vater. Es zeigte sich, daß ich tags zuvor nicht imstande gewesen war, Micki das Stemmen richtig zu lehren. Sonst wurde niemand verlegen, vor allem kein Kind. Diese Kinder nahmen alles ernst. Nicht todernst, sondern mit jenem gelassenen Ernst, der das

80

1959 Deutsche Polizei überführt Temposünder erstmals mit der modernen Radarfalle (15. Februar) – „Manche mögen's heiß" mit Marilyn Monroe (29. März) – Der Dalai Lama flieht aus Tibet nach Indien (17. März) – Fünftagewoche in Deutschland eingeführt (1. Mai)

Abhandensein von Nervenstörungen bezeugt. Gelingen und Mißlingen wurden stets mit der gleichen gefaßten Miene hingenommen. Es gab kein Lachen, keine Gaudi. (...) Allein Janine, die süße Käthe-Kruse-Puppe aus Dijon mit dem blauen Staunen in den großen Augen, sagte, als sie den ersten Stemmbogen ohne Sturz vollzogen hatte, irgendetwas zu dem neben ihr stehenden Hanspeter. Der verstand natürlich kein Wort. Er schaute sie nur erstaunt an und sagte dann ganz ruhig: du spinnst! Dies wiederum verstand Janine nicht und so lächelte sie ihn dankbar an. Es war das einzige Lächeln an diesem Vormittag.

Micki gelang zunächst gar nichts. Ich distanzierte mich von ihm, um von den anderen beiden Mamas nicht als sein Vater erkannt zu werden. Dann quälte er endlich den ersten geglückten Stemmbogen um den Skistock. Beim zweiten Stock blieb er aber jedesmal hängen. Ich verlor beinahe die Fassung. Mußte ihm nicht das Herz bluten vor Verzweiflung! Der Bursche ließ sich nichts anmerken ... Punkt zwölf Uhr kam die Erlösung, es ging zurück zum Sammelplatz. Hier erwartete mich die nächste große Überraschung des Tages. Die kleine Bande, aus der kaum einer ein Wort hervorgebracht hatte in den letzten zwei Stunden, explodierte geradezu, als sie in die Nähe der wartenden Papas und Mamas geriet: da glänzte es plötzlich in allen Augen, und da gingen die kleinen roten Münder unermüdlich auf und ab, und die Wollbrüste hoben und senkten sich vor Stolz. Micki kam strahlend auf mich zu, der ich, von Max und Butzi flankiert, in respektvoller Entfernung vom Kurs seiner wartete: Pfundig war es, Pappi, und gewedelt haben wir auch! Ich schaute ihm ungläubig in die begeisterten Augen. Max blickte ihn mitleidig an: Wie? Gewedelt hast du? Du Sprüchemacher! ... – Max, sei still! Versuchte ich zu schlichten. Aber auch Butzi wollte Mickis Wedelkönnen nicht wahrhaben und besaß nichts von Großmut und bewies nichts von großschwesterlicher Nachsicht. Und ich sah Mickis leuchtende Augen verlöschen und fragend von einem zum anderen gehen – Glaubt ihr mir wirklich nicht? – und sah sein Herz poltern vor grenzenloser Enttäuschung, ich zwinkerte Max heftig zu, und da, kurz bevor Micki die Tränen furchtbaren Schmerzes in die Augen stürzten, kam die Regung – Max fragte ganz sachlich, wie es Micki gemacht habe beim Wedeln. Und siehe – Hokuspokus! – war Mickis Qual im Nu verflogen, er schob die abgeschnallten Skier zur Seite, preßte die Beinchen fest zusammen und schob und schleuderte die Fersen blitzschnell nach rechts und nach links, während sein Oberkörper in die entgegengesetzte Richtung flog. Es ging wie eine Nähmaschine so schnell. Und es war der natürliche Bewegungsablauf des Wedelns. Wo er es nur herhatte? Wir waren sprachlos, so famos konnte Micki zu Fuß wedeln, wir schlossen ihn gerührt in die Arme und dann führten wir ihn heim: ein sprudelndes, rotglühendes Bündel puren Glückes. (...)

Skispuren – Glücksspuren, 1959

„Micki gelang zunächst gar nichts." Bald jedoch wurde aus der Verlegenheit des Papas Vaterstolz – und die Pauses wurden zur Skifahrerfamilie.

38 „Kinder, wir haben endlich Geld!"

Es ist das erste Mal, dass ein Wildfremder den „berühmten Schriftsteller Walter Pause"
erkennt und anspricht. Eine kleine Genugtuung, die augenblicklich im Chaos endet ...
Liebevoll erinnert sich Jürgen Panitz – heute erfolgreicher Filmproduzent – in kurzen
Anekdoten an seine Jugend, in der „die Pauses" den Nachbarsbuben regelmäßig in die
Berge mitnahmen.

Großartig großzügig: Obwohl er seine Familie gerade so
über die Runden brachte, erinnert sich Jürgen Panitz,
habe Walter Pause stets Spendierhosen getragen. Als der
spätere Filmproduzent als Lehrling im Autohandel tätig
war, kaufte ihm Walter Pause spontan einen Mercedes
ab. Bei Frau und Kindern herrschte Entsetzen: Rosemarie
sorgte sich ums Geld, die Kinder wollten nicht vom
Peugeot in eine „Spießerkarre" umsteigen.

Mit glücklichen Augen, so sehe ich sie noch heute vor mir, die Kinderschar
des Pause-Clans in dem alten Landhaus in Pullach an der Isar, umsorgt von
der immer gütigen und unendlich geduldigen Mutter Rosemarie und dem
agilen, oft auch hektisch-nervösen, meist aber verschmitzt lachenden und
heftig mit den Ohren wackelnden Walter Pause. Mit elf lernte ich die Familie
kennen. Zugezogen von der tristen Rhein-/Neckarmetropole Mannheim in den
idyllischen Süden Münchens, waren die Pauses praktisch Nachbarn von uns.
Vater Pause war damals noch Existenzialist, ein Lebenskünstler mit ersten
literarischen Erfolgen. Aber der Geldbeutel war noch eng, oft genug zu eng,
um die hungrigen Mäuler allesamt zu stopfen. Da gab es oft tagelang nur
eine große Schüssel Salat und Spiegeleier. Der später so erfolgreiche
Schriftsteller Walter Pause war mein Berg-Mentor. Er brachte seinen Kindern
und auch mir das Skifahren und das Klettern bei. Wo sechs Kinder Platz
fanden, da fiel auch ein siebtes nicht weiter ins Gewicht. Die Harmonie in
dieser Familie war beispielhaft. Es gab praktisch keine Eifersüchteleien
untereinander, und es wurde frei diskutiert. Die liberale Erziehung, die die
Pause-Kinder in jener Zeit genossen, unterschied sich ganz grundsätzlich
von meiner eigenen, und so kam es, dass ich so oft es ging die Nähe der
Pauses suchte und ganz selbstverständlich dort aufgenommen wurde.

Eines Tages, ich glaube es war im Jahre 1955, kam Walter Pause ganz aufgeregt
mit seinem alten DKW die Einfahrt hereingebraust, stürmte ins Haus und
schrie: „Kinder, wir haben endlich Geld!" Er warf ein großes Bündel Scheine
in die Luft, die von der johlenden Kinderschar sogleich aufgesammelt wurden.
Dann ging's im Auto nach München, um Vorräte zu hamstern. Für jeden
Unterwäsche, Socken, Hemden en gros. Walter Pause war es gelungen, noch
bevor er sich in der Bergliteratur etablieren konnte, die von ihm verfasste
Biografie der Helen Keller mit einem Vorabdruck an die Illustrierte QUICK zu
verkaufen. Für sage und schreibe 10 000 Mark! Dieser unerwartete Geldsegen
bedeutete zugleich auch den Auftakt für häufigere Fahrten ins Gebirge, zum
Herzogstand, zur Rotwand, zu den Münchner Hausbergen eben. Im folgenden
Winter ging es dann nach Pettneu am Arlberg ins Gasthaus Schwarzer Adler.
Ich durfte damals mit Walter Pause, Sohn Max, Tochter Rotraut, genannt

82

Butzi, dorthin fahren. Der Rest der Kinderschar war teilweise noch nicht aus den Windeln oder auf den Beinen noch unsicher und noch nicht so weit fürs Skifahren. Außerdem war die Kapazität des DKW schlicht ausgereizt und für den Transport des ganzen Clans völlig ungeeignet.

In dem urgemütlichen Gasthaus gab es auch gleich etwas zu lachen. Vater Pause wollte nach der langen Autofahrt ein Nickerchen machen. Wir Kinder waren im Nebenzimmer. Butzi und Maxi kicherten: „Pass auf, gleich passiert's!" Und in der Tat, wenig später ertönte ein Schrei aus Walter Pauses Zimmer. Er war mal wieder mit der brennenden Zigarette zwischen den Lippen eingeschlafen. Eine erkleckliche Brandblase war die Folge. Am nächsten Tag ging es dann den Flexenpass hoch. In Ermangelung von Winterreifen hatte Walter Pause robuste Kälberstricke über den Vorderrädern des DKW verzurrt. Sohn Max und ich setzten uns auf die Motorhaube des Zweitakters und so erreichten wir tatsächlich den legendären Skiort Zürs. Es war ein wunderbarer Wintertag mit Schnee ohne Ende. Und es war ein Vergnügen, hinter dem Curt Goetz der Bergliteratur das Madloch im Tiefschnee hinunterzustieben. Alle waren glücklich, auch unser Anführer, Vater Walter. Er hatte die Spendierhosen an und lud uns in das vornehme Hotel Edelweiß zum Nachmittagskaffee ein. Die Ober im Frack, vornehme Gesellschaft und wir Bergvagabunden mittendrin. Walter Pause saß am Kopfende des langen Tisches und wir Kinder in Reih und Glied neben ihm. Er bestellte Kaffee für sich, Kakao für die Rasselbande und je ein Stück Buttercremetorte.

Ein elegant gekleideter Herr am Nachbartisch stand auf, kam zu uns an den Tisch und sagte: „Verzeihen Sie, sind Sie nicht der berühmte Schriftsteller Walter Pause?" Freudig sprang dieser auf, breitete mit einer spontanen Grandezza seine Arme aus und sagte: „Ja, der bin ich!" Justament in diesem Augenblick führte Sohn Max seine Tasse mit dem heißen Kakao an den Mund. Pause schlug ihm in seiner Impulsivität das Haferl aus der Hand, und die heiße Schokolade übergoss sich über uns Kinder und die blütenweiße Tischdecke.

Entsetzt sah sich Walter Pause mit einer vor Schreck und Schmerz plärrenden Kinderschar konfrontiert und nahm Reißaus vor seinem achtjährigen Sohn Max, der ihn sogleich verfolgte, um ihn in den Allerwertesten zu treten. Prompt revanchierte sich der Erfinder der antiautoritären Erziehung, lange vor Summerhill, mit einem Retourtritt. Der vor Wut schäumende Max zischte ihm durch seine Zahnspange ein „A...loch" entgegen. Die feinen Ober machten dem Spuk schnell ein Ende und setzten uns, um die indigniert dreinschauende Klientel zu besänftigen, vor die Tür. Ein Gutes hatte der Rausschmiss wenigstens: Kakao, Torte und Service waren gratis. Abgekühlt von der frischen Winterluft bat Vater Pause Sohn Max um Verzeihung und konnte dann herzlich mit uns Kindern über das Missgeschick, das einer „berühmten" Persönlichkeit geschehen war, lachen. Ich denke gerne an Walter Pause und seine Großfamilie zurück, die mir viele glückliche Stunden schenkten.

39 Die Münchner und ihre Berge

Münchnerischer als in München geht es im Winter am Brauneck zu. Denn während es in der Landeshauptstadt kräftig zu „preußeln" beginnt, sind die Buckel und Gräben am Brauneck fest in bayerischer Hand – hier werden Sitten, Speisen und Sprache noch gepflegt, vom blutigen Anfänger ebenso wie vom „freischwebenden" Wedler.

,,

Die Oberbayern, das weiß man schon seit dem späten Barock, haben Phantasie und sind oft übermütig bis zur Narretei. Deshalb ist der Münchner Fasching eine Mordsgaudi und kein steif-verklemmter Karneval, deshalb gibt es vor den Alpen tausend lustige Zwiebeltürme und keine schweren Helme und Satteldächer, und deshalb müssen auch die Sonntagsskiläufer, wenn es an der Zeit ist, ihren Fasching ganz feiern und nicht halb.

Was sich an der berühmten Firstalm überm Spitzingsee alles tut, wenn am Faschingssonntag Tausende verwegen maskierte Münchner Skiläufer zusammenkommen, aber auch am Kreuzeck unter der Alpspitze bei Garmisch-Partenkirchen, das läßt sich nur mühselig beschreiben: jedenfalls ist die Hingabe an den Spaß bedeutend und die Entfesselung der Sitten ungewöhnlich. ,,

Am Münchner Brauneck

Das Brauneck gilt von altersher als eine Ski-Institution Münchens. Kein Zeitungsruhm ziert das Brauneck, so wie drüben den Spitzingkessel und seine Faschingsfirstalm. Kein Düsseldorfer Reisebüro kennt es. Aber schon vier Jahrzehnte wallfahrtet eine ganz bestimmte und unverwechselbar profilierte Schicht Menschen aus dem bayerischen Millionendorf München hinauf zum Brauneck, um dort ein Hauptquartier zünftigen Skitreibens zu hüten und obendrein ein wahres „Naturschutzgebiet" unverfälschter Urmünchner Gemütlichkeit. Wer irgend sich am bacherlwarmen Südhang dieses Berges ansiedeln konnte, hat es getan. So gibt es heute dort oben, einmal luftig neugierig in die Sonne gestellt, ein andermal wohlversteckt zwischen Fichtengehegen, an diefünfzig und mehr Skihütten. Dazu einige Skihäuser, die hier berühmt sind und regelmäßig aufgesucht werden wie drinnen in der Stadt der „Donisl" oder der „Mathäser". Vor diesen Hütten sitzend, erholt sich der Münchner von der Überanstrengung, die das Skigeschäft für ihn, den einer gemütlichen Gangart verpflichteten Mann, stets bedeutet: hier spielt er Karten, trinkt Bier, läßt sich von seinem Schatz Leberkäs, Bierkäse und Schwarzbrot servieren und schimpft zu seinem weiteren Vergnügen auf Politiker und andere „Großkopferte".

Natürlich sprechen die Münchner am Brauneck die Sprache ihrer Vorstädte. Giesing, Haidhausen und die „Schwanthaler Hochebene" stellen ihnen Generation für Generation ein Riesenreservoir ausgesucht derber, aber auch ausgesucht bildkräftiger Wortschöpfungen zur Verfügung und die Gelegenheit wird prompt wahrgenommen. Blasius könnte hier noch zulernen. Das Wort „Après-Ski" wird hier so lange, bis es einer erschöpfend erklären kann, für eine besonders ordinäre, natürlich von Preußen erfundene Abart des Götz-Zitates gehalten. Jedes Jahr wird das Reservoir um viele erlesene „gscherte" Ausdrücke bereichert, was zu der angenehmen Hoffnung berechtigt, daß das gesunde Münchnertum mit seiner heiteren Eintracht und seinem noblen Nicht-recht-haben-müssen hier oben noch frisch gedeiht, wenn zwischen Schwabing und Harlaching längst nur noch preußisch geschnarrt wird. Idealhang, Zirkus, Kothang, Bayernhang und Milchhäuslhang sind am Brauneck, was in der Hauptstadt drinnen Stachus, Marienplatz und Au sind. 84

1959 Francois Truffaut siegt mit „Sie küßten und sie schlugen ihn" beim Filmfestival in Cannes und krönt damit die „Nouvelle Vague" (18. Mai) – Hürdenläufer Martin Lauer stellt innerhalb einer Stunde zwei Weltrekorde auf, über 110 und über 200 m (7. Juli)

Nur die Straßenschilder fehlen. Doch jeder findet sich zurecht, auch nachts. Denn jene Namensfolge absolviert jeder Brauneckbesucher seit vielen, vielen Jahren, vom ängstlich talwärts stemmenden Anfänger bis zum freischwebenden Wedler. Alle jene berühmten und zuweilen dichtbevölkerten Steilhänge sind wohltätig nord- und ostwärts gerichtet und – dem einen zur Freud, dem anderen zum Leid – mit netten Buckeln und Gräben garniert. Nirgendwo dort oben gibt es die brettlglatte Langeweile einer gepflegten Kurpiste, allüberall müssen die Absolventen dieser Brauneckabfahrt skitechnisch ihren Mann stellen, auch wenn sie lange Haare haben. Zwischen dem leichten Bangen droben am Feichteck bis zum erlösenden Gott-sei-Dank drunten am Milchhäusl aber liegen alle Gipfel des großen Skiglückes.

Segen der Berge, 1959

Eine Münchner Institution: Wo im Winter Giesinger, Haidhausener und Schwabinger bergab schwingen, wandern sie sommers bergauf.

40 Von einem der auszog, das Fürchten zu lernen

Der Wilde Kaiser ist für die Münchner Kletterer das Höchste in greifbarer Nähe. Wer sich allerdings dort bewähren will, darf sich nicht von wenig Gutes verheißenden Namen abschrecken lassen, er muss lange durchs Kaisertal wandern, um an steilen Kalkwänden doch noch das Fürchten zu lernen – und letztendlich nach den „ersten Tritten ins Unabsehbare" eine „elementare Lebensfreude" zu verspüren.

Das Totenkirchl hält, was sein Ruf verspricht – es schenkt unvergessliche Genußklettereien. Für die dazugehörigen Schauer sorgt neben dem Namen die bekannte Tatsache, daß seine Kletterführen meist unterschätzt werden.

Dieses Gesimse heißt nach seinem Erstbegeher ‚Oppelband' und läßt den Kletterer mit gewichtigen Teilen seines Körpers volle 500 m über der Steinernen Rinne hängen, die senkrecht tief unter ihm wie ein kaltes Grab klafft. (Predigtstuhl-Nordkante)

Im Kaisertal bei Kufstein

Wenn die Münchner Bergsteiger aus dem Wilden Kaiser hinauswandern nach Kufstein, dann gehen sie alle diesen Weg. Er kommt in steilen Serpentinen von der „Strips" herab nach Hinterbärenbad, läuft ein kurzes Stück neben dem Kaiserbach her, steigt dann wieder den Hang hinauf und läuft und fällt dann fromm am Pfandl- und Leitenhof vorbei bis zur Sparchen, wo er in jähem Zickzack zum Inn abfällt und endet. Heimzu, wenn man vom Totenkirchl, von der Ellmauer Halt oder von der Fleischbank herabkommt, geht er sich leichter als am Samstagabend, wenn man hinaufsteigen muß. Erst an der Antonikapelle, wo man zum erstenmal seit Kufstein die ganze große Kaiserszene überschaut, da vergißt man alle unguten Gefühle und es geht beschwingter weiter, der Kleinen Halt entgegen, deren Nordwestwand so mauersteil ins Himmlische auffährt, daß man immer wieder leise erschrickt. Die mächtigen Rippen vom Sonneck herab, der düstere Totensessel, die Himmelstreppe des Totenkirchls, das alles kommt näher und steigt immer höher und nährt mehr Ängste als Pläne, so daß man immer wieder froh ist, auf Hinterbärenbad in menschliche Gefilde zu gelangen. Aber heimzu, das Kaisertal hinaus, mit wackeligen Knien und einer schweren Wand hinter sich, geht man dahin wie ein Liebender, aber nicht brennend vor Unrast und Begierde, sondern im Innersten getröstet und gestärkt, und schaut sich dann und wann um und sieht schweigend auf das knochenbleiche Felsengerüst des Kaisers zurück, das zur Nacht wieder die Schrecken sammelt, die es im Sonnenglast des Klettertages verlor.

Der letzte grüne Fleck

Sind Sie schon einmal im Wilden Kaiser geklettert? Ob Monarchist, ob Demokrat, Sie sollten es versuchen. Wer nicht fähig ist, feige zu sein, der muß hier klettern. Denn der Wilde Kaiser bietet den Höhepunkt aller Kletterfreuden. Etwa an dem berühmten Plattenschild der Kleinen Halt überm Kaisertal. Hat der Kletterer da, aus der Morgendämmerung steigend, die verruchte Totensesselschlucht durchstiegen und die Nordwand durchquert, so gelangt er unmittelbar an der steilen, messerscharfen Nordkante auf den ‚letzten begrünten Fleck', wie es im Kletterführer heißt. Dieser ‚letzte

86

1959 Das erste Luftkissenboot („Hovercraft") überquert den Ärmelkanal (26. Juli) – Kreml-Chef Chruschtschow besucht die USA (September) – Frankfurter Buchmesse: „Die Blechtrommel" von Günter Grass (11. Oktober) – Guggenheim-Museum in New York eröffnet (21. Oktober)

begrünte Fleck', etwa 350 Meter unter der höchsten Erhebung, ist der wahre
Gipfel der Kleinen Halt, der Gipfel einer tollen Lust nämlich, und ein merk-
würdiger Ort dazu. Denn hier kann einer, anders als bei Boxkämpfen und
Sechstagerennen, alle Schauer zwischen tödlichem Erschrecken und höchster
Freude erfahren, der Atem wird ihm stocken, und mehr als einmal wird es
ihm eiskalt über den Rücken fahren. Er steht auf einem winzigen
Graspolster, einen einzigen Schritt nur von dem ungeheueren Kirchturmdach
der Nordwestwand getrennt, jenem Riesenschild, das man ungläubigen Blicks
von Hinterbärenbad schon bewundert hat und das sich nun, aus hausdicken
Platten gefügt, als völlig griff- und trittlos erweisen will.
Und eben hier gilt es, den ersten Schritt zu wagen, ohne den mildernden
Übergang der Schrofen. Nun gibt es ja nicht nur felserfahrene, abgebrühte
Gladiatoren auf dieser Welt, und da trifft sich's auch einmal, daß einer an
eben diesem ‚letzten begrünten Fleck' alle Pein erleidet, die ein Lebender
ohne Todessehnsucht nur erleiden kann. Und doch bereitet eben jene tiefste
Pein die elementare Lebensfreude vor, die der Kletternde schon nach den
ersten Tritten ins Unabsehbare empfindet, wenn sich am ersten Quergang
Griff um Griff und Tritt um Tritt auftut und bald danach der erste Standplatz
erreicht ist.

Kalendergeschichten, 1959

Ob Monarchist oder Demokrat, jeder sollte einmal im Wilden Kaiser geklettert sein, schreibt
Walter Pause. Sein Diktum gilt bis heute.

41 Es lebe die Plagerei!

Walter Pause steckt in einem klassischen Dilemma. Einerseits geißelt er die „Sitzbergsteiger", die nicht wüssten, dass erst der Plagerei Lust, Lebensfreude und geniale Gedanken entspringen. Andererseits befürchtet er eine „alpine Apokalypse", würden die Alpen zum „Amüsierobjekt" verkommen, weshalb die „Gliederfaulheit der Massenmenschen" ja durchaus positiv bewertet werden könne. Ergebnis dieses inneren Konflikts ist der „Segen der Berge".

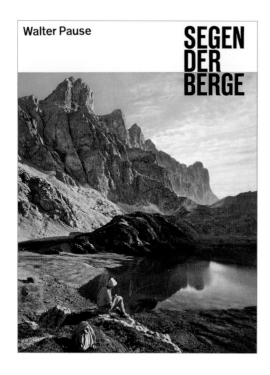

Walter Pause

SEGEN DER BERGE

„

Ein Tropf war, wer für Wind, Wolken und Regenstrom den Namen ‚Schlechtwetter' erfand!

"

Aus dem Vorwort

Segen der Berge nennen viele Bergwanderer und Skiläufer jenes hochgestimmte Lebensgefühl und gesteigerte Selbstbewußtsein, das sie nach einem meist anstrengenden Aufenthalt in den Alpen nach Hause tragen. Dieses frohe, im Herzen bis zur ausgelassenen Heiterkeit aufquellende Gefühl erhellt ihnen oft noch lange Zeit die Düsternis ihrer großstädtischen Existenz. Ist es nun der Blick auf die „romantische Schönheit" der alpinen Urlandschaft oder ist es der Lohn der mühseligen Wanderplage, der jenes erhöhte Selbstgefühl bewirkt? Was den Lohn der Plage betrifft, so darf es als selbstverständlich gelten, daß er an jener Empfindung einen Hauptanteil hat. Was aber die so viel berufene Betrachtung „romantischer Alpenschönheit" betrifft, so meine ich, daß wir einem freundlichen Trugschluß erliegen. Wer aus den menschlichen Gefilden der Ebene kommt, den muß der Anblick der hochalpinen Gebirge über die Begeisterung hinaus so „überwältigen", daß es ihn der Fähigkeit beraubt, das Gesehene klar und kühl mit seinem spezifischen Namen zu nennen. Also spricht er hingerissen von „schön", was doch genau besehen oft von grausiger Öde ist …

Von der Rast des Bergsteigers

Rasten, in Ruhe verweilen, ist das nicht der beste Teil vom Bergsteigen? Es bedeutet die Summe aller Mühe, es rächt den Schweiß. Sage doch keiner, daß er nur um der Plage willen auf die Berge steige! Jedem ist's nur um die Früchte dieser Plage zu tun, deren schönste er rastend pflückt: jenes wohlverdiente, dem frommen Feierabendglück verwandte höchste Wohlbehagen! Je größer die Anstrengung, desto seliger die Rast – so lautet die reelle Bedingung der Natur und damit beginnt das Abc aller Bergweisheit. Es gibt kein billiges Rastglück. Zwei bis drei Stunden Aufstieg, Perlen auf der Stirn und ein sanfter Knieschnackler, das etwa ist der niedrigste Tarif, um eine Viertelstunde reinen Glücks zu genießen. Aus derlei Gründen meidet jeder erfahrene Bergsteiger übertriebene Erleichterungen, wie etwa eine Seilbahn auf einen Vorgebirgsgipfel. Denn wer nur aus einer Seilbahnkabine zu steigen, oder sich nur vom Autopolster zu erheben hat, um zu „rasten", der erfährt von der Köstlichkeit der echten Rast keinen Schein, dessen Sinne bleiben trübe, und

88

1959 | „Asterix, der Gallier" verprügelt erstmals die Römer (29. Oktober) – „Syncillin", das erste synthetisch entwickelte Penicillin (10. November) – „Godesberger Programm" macht SPD von der Arbeiter- zur Volkspartei (15. November) – NSU stellt den Wankelmotor vor (24. November)

die schönste Aussicht bedeutet ihm bestenfalls eine bunte Naturkulisse. Der Rastende ist weder Faulenzer noch Nichtstuer, wenngleich er in beiden Berufen Meister scheint: denn wer könnte Faulenzen je voller genießen als ein Rastender nach langem mühevollen Anstieg! Faulenzen, Nichtstun, das ganze vielgerühmte DOLCE FAR NIENTE; seien wir redlich – was sind es doch für wesenlose Begriffe neben dem köstlichen Begriff vom Rasten und Verweilen! Rasten ist geadeltes Nichtstun. Ein Rastender rostet übrigens auch nicht, wie es im verkehrtesten aller Sprichwörter heißt. Nur der Faulenzer rostet, der Rastende erholt sich nur, und nur der Faulenzer hat ein schlechtes Gewissen, der Rastende hat das beste von der Welt. Der Anfänger rastet oft und kurz, der Erfahrene selten und ausgiebig. Es gibt wahre Meister der Rast, die treiben es sozusagen auf die Spitze: Sie gönnen sich die Rast erst im allerletzten Augenblick, wenn die Erschöpfung am drängendsten ist. Ebenda rollen sie den Rucksack von der Schulter, werfen sich ins Gras und befehlen dem schönen Augenblick zu verweilen. Und siehe da – jetzt verweilt er in der Tat. Also hüte man sich, ausdauernde Bergsteiger kurzerhand als Asketen zu loben. Unter uns: es sind verruchte Genießer darunter. Doch, wie dem auch sei, auf einer hohen Kuppe liegend, den Kopf im Schatten wiegender Zirbenäste, den Gipfel des Tages im Auge und nun gedankenlos den Winden gelauscht – DAS nährt des Menschen Seele!

Segen der Berge, 1959

"

Um Nikolaus herum, wenn wir anfangen, Skeptiker zu werden, das alte Jahr zu verdammen und unsere letzten Träume auszulöschen, kommt tänzelnd und wirbelnd das Skiglück über uns.

"

„Je größer die Anstrengung, desto seliger die Rast". Pause-Kinder, wie Andrea und Martina lernten das schon früh. Rosemarie wusste das ohnehin: Gipfelrast im Karwendel.

42 „Erschlagen würden wir den Kerl"

„Den wenn wir erwischen würden, der die schönsten Genußkletereien so bekannt gemacht hat", bekam der Autor des besagten Buches einmal von Schlange stehenden Kletterern an der Roggalkante zu hören. „Was würden Sie dann mit diesem Kerl machen?", wollte Walter Pause neugierig wissen. „Erschlagen!" lautete die Antwort. Denn die 100 Kletereien beflügelten die Fantasie unzähliger Kletterer und lockten sie in die Berge – ganz wie es der Autor gewollt hatte.

WALTER PAUSE
100 Genuß kletereien in den Alpen
(BLV)
Im schweren Fels

„

Übrigens: Nicht der Autor dieses Buches, sondern die Kante ist ‚schuld' an der Vielzahl der Seilschaften. (Roggalspitze-Nordkante)

"

Nördlicher Manndlkogel-Nordkante
Erinnerungen an Paul Preuß

Inmitten der vielen Zinnen und Zacken des Gosaukammes steht der gedoppelte Kalkpfeiler der beiden Manndlkogel wie ein Sinnbild alles Unerhörten und Kühnen. Reizt schon die düstere Nordverschneidung (IV+) zwischen Nördlichem und Nordöstlichem Manndlkogel den passionierten Kletterer, die wie eine Dolchklinge auffahrende Nordkante des Nördlichen Manndlkogel, 2251 m, bedeutet für ihn die Traumkante schlechthin. Denn keine Kalkkante im weitesten Umkreis fährt so senkrecht und geradlinig, so scharfgeschnitten und kalkhell in den Himmel wie diese.

Der verwegene Alleingeher Paul Preuß fand an dieser Kante am 3. Oktober 1913, schon im oberen Kantenbereich bei einer Rast verweilend, den Tod – aus ungeklärten Gründen stürzte er ab. Genau zehn Jahre später wurde die Nordkante erstmalig zur Gänze durchstiegen. Die Kante gliedert sich in zwei Teile, in einen 150 m hohen, nahezu lotrechten unteren, und in einen 100 m hohen, etwas geneigten und gutgestuften oberen Teil.

Der untere Teil wird bei enormer Ausgesetztheit durch feine Risse knapp links oder direkt an der Kante durchstiegen, der obere Teil knapp rechts der Kante. Das Gestein ist an der Kante durchgehend fest. Beim Einstieg vom Schrofensockel durch den seichten Einriß links der Kante beachte man, daß sich dort, wo der Einriß grifflos zu werden beginnt, eine Umgehung mittels einer kurzen, besonders luftigen Linksschleife empfiehlt. Ein Riß an der Kante führt dann zu zwei Blöcken, die als Sicherungsplatz dienen. Hier folgen erst griffarme Platten, dann ein enger rißartiger Spalt, den man dort, wo er unbegehbar wird, nach rechts an die Kante verläßt.

An der Kante selbst kletternd erreicht man schließlich den ersten Absatz und der Fels neigt sich etwas zurück.

Im schweren Fels - 100 Genußkletereien in den Alpen, 1960

1960 | Jacques Piccard taucht mit dem U-Boot „Trieste" im Marianengraben 10 916 m tief (23. Januar) – Heidi Biebel (Ski-Abfahrt) und Georg Thoma (Nordische Kombination) holen Olympia-Gold in Squaw Valley (Februar) – Bundeskanzler Adenauer trifft Israels Ministerpräsidenten Ben Gurion (14. März)

„Es ist hier eine besonders ausgefeilte
Technik der Gewichtsverteilung vonnöten.
Das Klettern ist kein hartes Zupacken,
sondern ein Tasten. Es ist Feinarbeit."
(Punta-Rasica-Südostgrat)

43 Verführung zum Glück

„Ich bin ein Feind der Bergbahnen. Denn Bergbahnen erschließen keineswegs die Höhen des Naturgenusses, sondern meist nur Abgründe menschlicher Trägheit." Nein, Walter Pause macht keinen Hehl daraus, was er von der „Erschließung der Alpen" hält. Doch „weil vorhanden und mit keiner Wut zu verscheuchen, nützen wir sie". Aber mit Köpfchen – und mit Pause. Den Titel „Wandern bergab" sollte man allerdings nicht allzu wörtlich nehmen, denn nicht wenige der vorgestellten Routen protzen mit beachtlichen Zwischenaufstiegen.

> Ich empfehle mit diesem Buche allen Bergbahnfahrern, ihre Begabung zur Faulheit nicht auf die Spitze zu treiben, sondern es mit der Vernunft zu halten und wenigstens abwärts nicht mehr zu fahren, sondern zu gehen.

Von der Diavolezza zum Berninapaß

Es ist ein großer Augenblick, wenn man zum ersten Male auf die natürliche Aussichtsterrasse der Diavolezza tritt, knapp 3000 m hoch, einem der stärksten alpinen Landschaftsbilder gegenüberstehend: ungeheuere Formen, ein aufs äußerste geschärfter Kontrast zwischen den Eis- und Felsmassen vor uns und der sanften, milden Tallandschaft hinter uns. Ein zu starker Glanz für das menschliche Auge, dünne Luft, zuweilen Eiseskälte auch bei blendender Sonne –, man braucht eine Spanne Zeit, um einer Übermacht Herr zu werden. Oder um zu begreifen, daß der ausgebildete Bergsteiger dort drüben über die Eisgrate des Piz Palü und der Bellavista sicher wie auf festem Boden wandert, oder daß Seilschaft um Seilschaft den scharf geschnittenen Biancograt begeht. Erhabene Gefühle drängen den beherzten Mann zur Begeisterung – andere Bergbahngäste sehen die Speisekarte des vollen Restaurants, den lockeren Müll, die Beine der Nachbarin. Wem das zuviel wird, der bewahre seine Empfindungen in einer herrlichen Stille, abgesondert vom seichten Lärm der Masse. Hat er etwas alpine Erfahrung, so steigt er von der Diavolezza südwärts davon, passiert vorsichtig gehend den oberen Rand des kleinen Gletschers ostwärts und steigt gemütlich auf den Felskopf des Sass Queder, 3066 m, südöstlich: 20 Minuten genügen, um hinter jenem Felskopf in einer absoluten Einsamkeit zu liegen! In 50 Minuten steigt man auch – falls keine hartgefrorenen Firnplatten den Aufstieg verbieten! – auf den 3146 m hohen Piz Trovat, südlich des Sass Queder. Dort oben sitzt man zwischen schwarzen Granitblöcken wie in einer Himmelsloge, hoch, hoch über dem Eismeer des Persgletschers, und sieht alles Große dreifach, überdimensional. Der Abstieg ins Tal wird an jenem kleinen Gletscher angetreten, indem man ihn oben umgeht oder vorsichtig quert: ungefährlich! Drüben findet man den Steig und bald ist man der Eisregion entronnen. Man bummelt in völliger Stille und atmet tief den dünnen, strengen Strom der Hochgebirgsluft. Man durchwandert eine zerschlagene Urwelt, durchsteigt wilde Trümmerkessel, passiert Grate und die ersten begrünten Mulden. Die Vegetationsgrenze umschlingt unsere Sinne, die ersten Latschen, die ersten Lärchen, das ganze duftende Dickicht der Bergnatur nimmt uns auf!

Wandern bergab – 100 Bergwanderungen abwärts, 1960   92

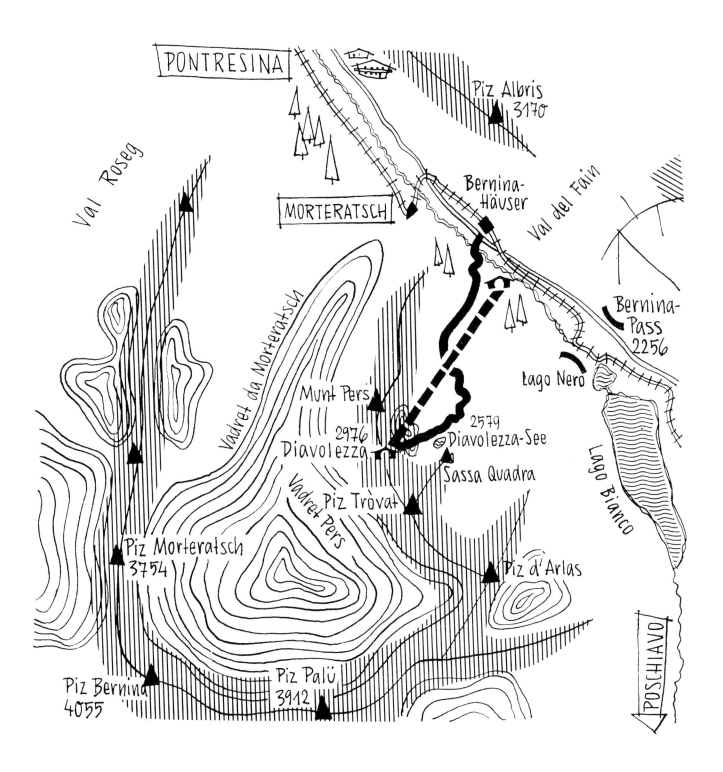

> Alle Sinne lüften aus in der Freiheit und Stille jener Situation, und mit dem rhythmischen Gehen kommen einem gute Gedanken an. Unten bei der überlangen Rast wird man plötzlich froh erschrecken, weil man so guter Dinge ist.

44 Ein „Hausherr" voller Ironie

„Der Krieg mit dem Architekten fand nicht statt" – diesen Satz schickt Bauherr Walter Pause der Beschreibung seines neuen Heims in Irschenhausen bei Icking, südlich von München, voran. In schönstem Einvernehmen wurde geplant und gebaut. Jetzt steht das Haus, und sein Besitzer ist zufrieden. Und das trotz schwerer Vorbehalte – gegen einen Berufsstand und seine Hingabe an den flatterhaften Zeitgeist.

Die 100 schönsten Häuser? Walter Pause baute nur einmal, doch sogar darüber berichtete er.

Bauherr und Hausherr

Es bedeutet ein kaum beschreibbares Vergnügen und zählt gewiß zu den Sternstunden eines Daseins, wenn einer auf der vollen Höhe seines Lebens und überdies noch ganz unverhofft dazu kommt, ein eigenes Haus zu bauen. Mir ist dieses komplette Wunder geschehen. Eines Tages besaß ich dicht unterm Rücken der bewaldeten Isarmoräne südlich von München einen in sanften Wellen abfließenden Bauplatz, von dessen höher liegenden Teilen man allenthalben über einen grünen Jungwaldgarten und über tiefer und entfernter stehende Hochwaldkulissen hinaus gegen das Gebirge schaut. Ein Jahr später durfte ich schon an einen Hausplan denken. Das Familienleben füllte sich mit Spannung. Denn ich habe zu gestehen, daß ich mein Leben lang Angst vor Architekten hatte, denn ein Leben lang ging ich sehenden Auges durch die Villen- und Wohnviertel deutscher Städte und härmte mich ab dabei und begriff frühzeitig und in einem nie mehr verlöschenden Zorn, daß also auch bei den Architekten die guten Leute so rar und die schlechten so zahlreich sind – wie bei den Metzgern, den Ärzten, den Politikern oder den Malern. Als passionierter Kunstfreund ließ ich natürlich – was zugegebenermaßen Naivität voraussetzt – stets nur das Vollkommene, das Reife, Ausgewogene, Harmonische gelten, und so verargte ich jene ganz natürliche Konstellation besonders den Architekten. Warum nur, so warf ich der Architektenzunft in meinem eigensinnigen Liebhaberverstand vor, unser herrlicher abendländischer Unterricht in edler Proportion und vollendetem Wohnbehagen, warum Bauhaus-Streben und der Mut etlicher großer Könner, wenn fast alle Architekten Europas von diesem großen Beispielen *weg*strebten!

(...) Meine eigenen Vorstellungen gingen zunächst dahin, ein Haus für mich, für den zu Hause arbeitenden, auf Stille und Ungestörtheit bedachten Hausherrn zu schaffen. „Hausherrn", sage ich nicht ohne Ironie, denn angesichts einer höchst selbstbewußten Garnison von sechs heranwachsenden Kindern bin ich viel weniger Herr des Hauses als vielmehr dessen arg mißbrauchter Knecht. Eben deshalb sollte mein eigenes Haus einer weitgehenden Dezentralisation dieser großen Familie dienen: jeder sollte einen Platz haben, 94

1961 Das Deutsche Wörterbuch ist nach 122 Jahren Arbeit fertig (4. Januar) – Franz Josef Strauß wird Chef der CSU (18. März) – Russischer Kosmonaut Juri Gagarin ist der erste Mensch im All (12. April) – Kuba: Vom CIA unterstützte Invasion von Exilkubanern scheitert in der Schweinebucht (17. April)

wo er vor den anderen und die vor ihm sicher wären. Alle zusammen aber
sollten auch eine große Wohn-„Bühne" haben mit viel Licht, Luft und
Behagen, um die großen Familienszenen auszuspielen. Zu diesen rein
praktischen Zielen kamen gewisse kühne Maximen des Architektur-Liebhabers.
So nahm ich mir fest vor, komme was wolle, jeder zeitgebundenen architektonischen Manier auszuweichen. Ich gedachte, eingedenk des fatalen Anschau-
ungsunterrichtes in den deutschen Villenstädten, den Kitschiers unter den
Architekten sozusagen Mores zu lehren, indem ich ein vollkommen einfaches
Haus erbaute, zwar genau abgestimmt auf Ausmaß und Bedürfnisse meiner
großen Familie, doch ein Haus, das dem alten Abendland in seinem Äußeren
keine Schande bereitete und das in seinem Inneren das dichteste Wohnbehagen schuf. Ein Haus auch, das mit den modernsten Mitteln, Materialien
und Methoden zu errichten war. Und ein Haus endlich, das mit nichts anderem zu „repräsentieren" hatte als mit seiner vollendeten architektonischen
Harmonie. „Swimming-Pool" und andere wunderdeutsche Launen verboten
sich bei uns von selbst; erstens wegen der Kosten, zweitens erreichen wir das
frische Isarwasser in einer Viertel- und einen verträumten Moorweiher in
einer Halbstunde; drittens sollte Verwöhnung bei den Kindern prinzipiell
klein geschrieben werden.
Das völlig Unverhoffte trat ein: Ich fand für derlei kühne Absichten sogleich
einen jungen Architekten. Unsere Unterhaltungen, von mir als Skeptiker
geführt (weil ich den Fachmann zu schockieren fürchtete und weil man doch
so schlecht zurücktreten kann als Gemütsmensch), ergaben sofort eine absolute Übereinstimmung. Der Krieg des Architekten mit dem Bauherrn fand
nicht statt.

(…) Planen und darauffolgendes Bauen gingen von statten, als müßte alles so
sein. Zwar gab es beim Bauen den branchenüblichen und zeitgemäßen Ärger,
aber da ich dies alles vorausgesetzt hatte, war alles nicht so schlimm; als das
Haus fertig war, hatte ich nicht den üblichen Bauherrnseufzer auszustoßen:
Einmal und nie wieder!
Von Einzelheiten (…) ist folgendes zu erwähnen: Die große Mode unserer
Zeit, die in Glas aufgelöste Hauswand, haben wir uns erspart. Nur das Kinder-
spielzimmer in dem zweiten, kleineren Baukörper hat nach einer Seite eine
Wand aus Glas. Hier scheint sie uns gerechtfertigt, und hier verdirbt sie
keine Fassade. Am großen Baukörper wurden mit Bedacht „kleine" Fenster-
formate gewählt. Nebengrund: Die Fensterwand steht nach Süden, eine
Glaswand würde hier schon im Vorsommer unerträgliche Wärme schaffen.
Hauptgrund: Wir wünschten in dem großen, 16 m langen Raum – der
Wohn- und Eßbereich vereint und die Familienbühne darstellt – jenes häus-
lich-heimliche Behagen, auf dem alles menschliche Wohngefühl beruht und
das allein aus der Spannung zwischen hausinnerem Halbdunkel und raffinier-
tem Lichteinfall kommt. Hier sitzt man nicht im eigenen Haus wie in einem
hellen grellen Garten, sondern in einer heimeligen, sanften, das Gemüt und
die Sinne labenden Dämmerzone; die grünende Natur und der weite Himmel
„draußen" sind noch bewegendes Ereignis, die von draußen kommenden

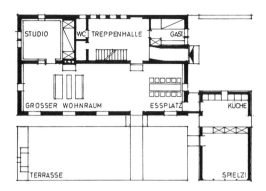

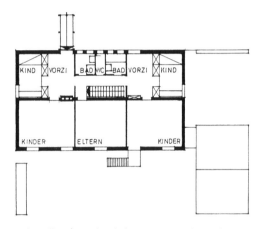

„Jeder sollte einen Platz haben, wo er vor den anderen
und die vor ihm sicher wären. Alle zusammen aber sollten
auch eine große Wohn-‚Bühne' haben..."

Schöner wohnen

Erinnerungen … Peter Eggendorfer

Wahrscheinlich habe ich meinen Vornamen dem Walter Pause zu verdanken! Er und sein Bruder Reinhard wohnten Ende der 1920er-Jahre als „Logis-Herren" im Haus meiner Eltern, einem prächtigen Patrizierhaus in Nürnberg. Und er soll meinen Eltern eben diesen Namensvorschlag gemacht haben. Walter war damals als „Korrespondent" in der kaufmännischen Abteilung der Firma Shell tätig. Als ich 1949 zum Architekturstudium nach München kam, fand ich Unterschlupf als Untermieter bei den Pauses in der Agricolastraße im Münchner Stadtteil Laim. Damals lernte ich ihn dann wirklich kennen, und es entwickelte sich eine lebenslange Freundschaft. Immer wieder konnte ich mich über seine verrückten Einfälle amüsieren. Einmal entledigte sich Walter seiner viel zu umfangreichen Krawattensammlung, indem er sie an die Türknöpfe in der Nachbarschaft band. Die Leute schüttelten den Kopf, ich fand's herrlich. Fasziniert hat mich auch die Verbindung von Walter und Rosemarie: Sie kam aus gutem Haus, und er hatte ja doch eine eher bohemienhafte Einstellung zum Leben. Ihr Wagnis, stets zu diesem Mann zu halten, der sich immer wieder etwas Neues zugetraut hat, war absolut bewundernswert.

Walter Pause war ein Mensch, der sich nie angepasst hat. Und besonders beeindruckt hat mich, wie er sich immer mit seinem sicheren ästhetischen Gespür durchgesetzt hat!

Lichtströme machen das Licht zu einem kostbaren Element: Sinne und Geist können ausruhen, Gedanken und Träume werden flügge. – Das ganze Haus, also kleiner und großer Baukörper, ist außen und innen weiß gestrichen, weil wir die Farbigkeit lieben (und weil Farbigkeit nur dort entsteht, wo Weiß dominiert). Wir wollten den Farben der Bauernschränke, der Bücherwände, Teppiche, Möbel, Böden und Blumen den kostbarsten Fond verschaffen; wollten vor allem auch den durchgehend anthrazitfarbenen Spannbouclé-Böden des ersten Stockes und den darüber schwebenden Fichtenholzdecken einen neutralen Kontrapunkt stiften. Im großen Wohnraum sind Eß- und Wohnbereich lediglich optisch, nämlich durch einen Holzpflasterstreifen im Solnhofer Natursteinplattenbelag, getrennt. Dieser Raum, dessen Fensterfront gegen Süden steht, hat gewissermaßen Galeriecharakter: Der Fensterfront gegenüber steht eine Dekorationsseite, das Licht von draußen flutet wie aus Schächten gegen die fensterlose Wand und spielt dort mit einem alten Schrank, dem offenen Kamin, mit Spiegeln, Bildern und Vasen. Die beiden Stirnseiten dieses großen Raumes verbergen hinter den schwarzweißgestreift wirkenden Holzgittern die Rohrschlangen der Ölheizung.

Das Haus wurde mit den vorhandenen alten Möbeln ausgestattet, aber es wurde nicht vollgestopft. Die Akzente wurden mit höchstem Bedacht dosiert. Alles, was Bauherren und Architekten so oft erfinden, um Innenräume auf „Gemütlichkeit" zu stimmen, haben wir uns verboten. Gemütlichkeit, Heiterkeit, Witz müssen, so sagten wir uns, von den Bewohnern kommen. Außerdem steht das Haus im Grünen und am Hang, es zwingt, ob man vor dem Haus oder an einem seiner Fenster steht, immerfort zur Ausschau, und jedem Blick antwortet Ruhe und eine sanft überwältigende grüne Flut. Das neue Haus wurde eingedenk der beinahe aggressiven Planung doch mit Skepsis bezogen, in einer fast ängstlichen Spannung. Ich darf gestehen, daß sich verträumtes Wohlbehagen erst nach vielen Monaten einstellte, dann freilich in einer vom Verstand hier nie erwarteten Vollkommenheit. Die Familie hat sich sozusagen „bewährt", die vielen Kinder haben die alte Modernität des Hauses mit Lärm, Heiterkeit und Übermut erfüllt, die Eltern haben sich tastend der strömenden Ruhe ums Haus bemächtigt und sind Gäste im Haus, so schafft sich Gemütlichkeit wie von selbst. Dazu ein braver Respekt vor dem Architekten: denn auch im zweiten Jahr nach dem Einzug wurde ihm noch kein Zuviel oder kein Zuwenig vorgeworfen, seine Radikalität in der Beachtung uralter Gesetze abendländischen Wohnbehagens hat sich als richtig erwiesen, und was er sich an witzigen Details erlaubte, das haben wir bislang noch keinen einzigen Augenblick als Manier empfunden oder als sich überlebende Modernismen.

Die Kunst und das schöne Heim, 1963

1961 | Rassenunruhen in den USA (21. Mai) – Gründung des Zweiten Deutschen Fernsehens ZDF (6. Juni) – Deutsche Teilung zementiert: DDR errichtet die Mauer (13. August) – Autorennfahrer Graf Berghe von Trips verunglückt in Monza tödlich (10. September)

Das Haus der Familie Pause bei Icking im Isartal steht im Grünen. „Es zwingt (...) immerfort zur Ausschau, und jedem Blick antwortet Ruhe und eine sanft überwältigende grüne Flut."

45 Ein Individualist im Zeitalter des Massenskilaufs

Obwohl er die „Mechanisierung des Skitreibens" verflucht, weiß Walter Pause die verhassten Seilbahnen bei einigen Touren doch geschickt als Starthilfe einzusetzen. So finden nicht nur „skitüchtige Kraftlackl" abseits der Piste ihr Glück. Einsam bleiben die „100 stillen Skitouren in den Alpen" indes nicht lange. „Ich wünschte, daß meine Leser mit mir allein blieben in der hohen Stille der entlegenen Kare, Gletscher und Firngrate", schreibt Pause – wohl ohne zu ahnen, wie viele „Pistenknechte" er tatsächlich mit seinem Buch ins Abseits locken würde.

„
Die Tour ist so schön, daß man sich hinterher oft frägt, warum es überbevölkerte Pisten gibt. "

Piz Tasna überm Fimbertal

Die schönste Skitour um die Heidelberger Hütte. Man braucht der „Blauen Silvretta" unter Skibergsteigern kein Loblied mehr zu singen: sie ist schlechthin das ideale Skitourengebiet in den Ostalpen, hier überkommt den Skiläufer zum ersten Male der Geist des Skibergsteigens. Das macht, weil alle diese Silvretta-Touren lang, doch nie allzu lang sind, interessant, doch selten gefährlich. Man begeht und befährt Gletscher, die – an Ötztaler- und Tauernverhältnissen gemessen – Miniaturgletscher sind und die doch denselben Eisatem spüren lassen, dieselben kühlen Schauer. Natürlich sind die Silvretta-Hütten meist überfüllt und es wird noch manchen Spektakels bedürfen, ehe diese Alpenvereins-Hütten auch wirklich und in erster Linie für die AV-Mitglieder da sind. Daß man in dieser Hinsicht als Gast Geschick oder sanfte Ellenbogen braucht, ist der einzige „Fehler" der Silvretta. Die Berge ringsum können nichts dafür, sie erstrahlen in ewiger Schönheit und Unschuld. Auch der Piz Tasna hoch überm Fimbertal, den man von der Heidelberger Hütte über die Fuorcla Tasna und den Vadret Tasna in 3.30 h erreicht, das letzte Stück am Ostkamm meist zu Fuß. An diesem Piz Tasna, in 3183 m Höhe, steht man ähnlich wie am benachbarten Muttler des Samnaun wie auf einer weit vorgeschobenen Kanzel über dem Engadin: nord- und westwärts die weißen Jöcher und schwarzen Gipfel der „Blauen Silvretta", südlich über der Ferientraumlandschaft des Engadin sieht man die letzten Eisgipfel der Ötztaler Alpen mit der Wildspitze und Weißkugel, den Ortler, dicht gegenüber den Schweizer Nationalpark um Piz Sesvenna, Piz Pisoc und Piz Lischanna, und dann kommt gleich der hohe mächtige Eispalast von Piz Palü, Bellavista, Bernina, Morteratsch und Roseg. Stille, Friede, das Glück der Leistung, die Vorfreude auf die Abfahrt, der Blick auf tausend neue Ziele, das alles sammelt sich zu einem äußersten Wohlbehagen: und kommt man nach der prachtvollen Abfahrt in die Hütte, und hat man da wirklich abendliches Gedränge auszustehen, so tut es schon nicht mehr so viel. Man hat „oben" neue Maßstäbe empfangen, sich um einen herrlichen Rang übers Allzumenschliche erhoben. So steigt man auch anderntags ohne seelische Lasten wieder gipfelwärts und befestigt und verdoppelt das neue Glück.

Abseits der Piste – 100 stille Skitouren in den Alpen, 1961   98

1961 Borgward: Ein deutscher Autohersteller ist pleite (11. September) – Bundesgesundheitsministerin Elisabeth Schwarzhaupt, die erste Frau im Kabinett (14. November) – Arzneimittel-Skandal um das Schlafmittel Contergan (27. November) – Todesurteil gegen Adolf Eichmann in Jerusalem (15. Dezember)

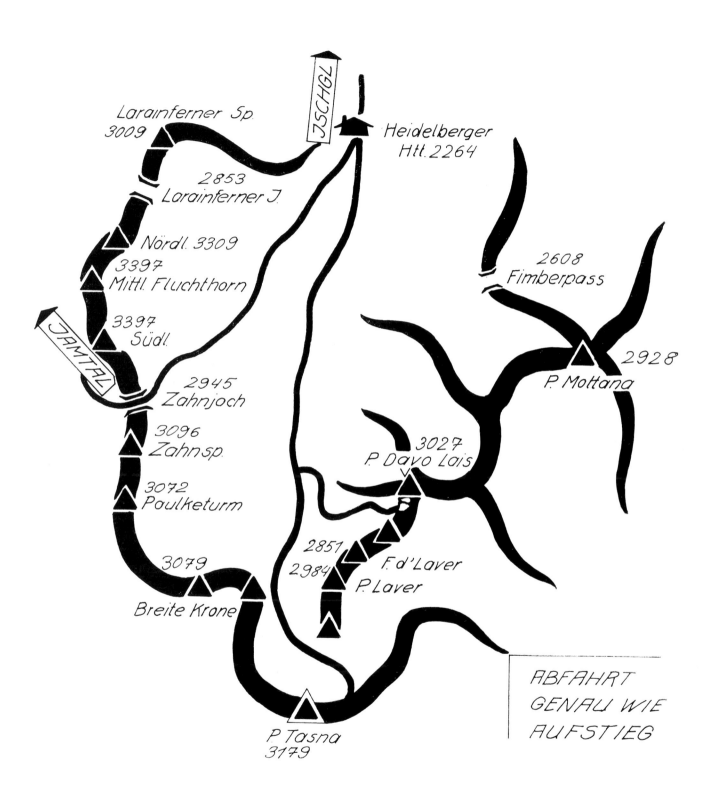

Larainferner Sp.
3009

JSCHGL

Heidelberger
Htt. 2264

2853
Larainferner J.

Nördl. 3309

3397
Mittl. Fluchthorn

2608
Fimberpass

3397
Südl.

JAMTAL

2945
Zahnjoch

3027
P. Davo Lais

2928
P. Mottana

3096
Zahnsp.

3072
Paulketurm

2851

F. d'Laver

2984
P. Laver

3079

Breite Krone

ABFAHRT
GENAU WIE
AUFSTIEG

P. Tasna
3179

46 Anleitung zum Wohlbehagen

Walter Pause weiß, welche Stunde nach einem anstrengenden Skitag geschlagen hat, wenn die Glieder müde und die Augen schwer sind: Nein, es geht nicht in die Wellnesswelten von Whirlpool, Sauna und Dampfbad, sondern es ist Zeit für die „Plumeaustunde". Wer diese Anleitung zum Wohlbehagen gelesen hat, wird sich wohl künftig auch genüsslich zurückziehen, sobald die Sonne verschwunden ist und die Lifte geschlossen sind.

,Mein Vater ist ein bedeutender Hochalpinist', behaupten zwei meiner ungeratenen Kinder zuweilen. ,Er kennt alle guten Restaurants der Alpen.'

Die Plumeaustunde

Zwischen vier und sieben Uhr gibt es nur eine Chance, den Skitag würdig abzuschließen: die Plumeaustunde. Ich für mein Teil habe mich schon frühzeitig für diese Plumeaustunde entschieden … Gleich, wo ich mich als Skiläufer aufhalte, ich verschwinde pünktlich mit der Sonne vom Schauplatz meines Skiglücks und ziehe mich sofort dorthin zurück, wo ich Herr eines eigenen, stillen Raumes bin und eines leichten Plumeau. Wer mich in diesen Augenblicken für eine Teestunde animieren will, der wird freundlich angelogen. Reicht Kopfweh nicht aus, so rede ich von einer schmerzhaften Muskelschwellung. Denn nun halte ich meine Plumeaustunde. Ich gehe in mein Zimmerchen, entkleide mich, pflege mich unter Wassergüssen, reibe mich heiß und strecke mich in der Horizontalen auf mein Lager, das Plumeau je nach Temperatur ganz oder teilweise über mich ziehend. Was andere in den folgenden zehn Minuten als lästig, als peinigend oder qualvoll empfinden würden, den Schmerz geschundener Gliedmaßen von oben bis unten, Muskelweh und blaue Flecken, das genieße ich jetzt bei vollem Bewußtsein als süße Pein, sozusagen als schmerzlichen Kontrapunkt meines Skiglücks. Natürlich wehre ich mich gegen sofortiges Einschlafen. Dies müßte unter Genießern als Fauxpas gelten. Ich halte mich mit Hilfe meiner Schmerzen wach, rauche bedächtig eine halbe Zigarette und lese währenddem, was nicht in Zeitungen steht. Salzmandeln und ein oder zwei Gläschen Hennessy fördern das so entstehende Wohlbehagen auf ungeahnte Weise.

Im Übrigen erreicht man nach etwa fünfzehn bis zwanzig Minuten, die man auf beschriebene Weise liegend verbringt, den höchsten Rang des Wohlbehagens. Auch von diesem Glück darf man keine Dauer erwarten. Darum ist es gut, wenn man eben noch die fliehenden Schmerzen des erschöpften Körpers genießt und schon die blaue Stunde nahen fühlt, wo uns das Buch entfällt und unser Bewußtsein sanft und still in Traumlande entschwebt. Jetzt kann auch der Verstand nichts mehr lenken. Man schläft ein. Natürlich schläft man nur bis sieben Uhr. Über die Nacht durchzuschlafen wäre unpassend und verstößt gegen den Ritus. Um sieben Uhr muß uns jener herrliche, kaum noch zu zügelnde Appetit wecken, den uns Skiplage plus Plumeaustunde zuverlässig heranreifen lassen. Jetzt heißt es, Fassung bewah-

1962 | 007 kommt: „James Bond jagt Dr. No" (16. Januar) – Sturmflut in Hamburg (17. Februar) – „Die Physiker" von Friedrich Dürrenmatt (21. Februar) – Ende des Algerien-Krieges (18. März) – Die „Beatles" im Hamburger Star Club (13. April) – „Lebenslänglich" für Vera Brühne wegen Doppelmordes (4. Juni)

ren und sich langsam und ohne jede Hast anzukleiden. Dann erst trage man seinen Appetit hinab an die Wirtstafel, damit er dort auf die beste Manier befriedigt und gelöscht werde. Frägt uns nun die liebe Tischnachbarin nach unserem Kopfweh oder gar nach unserer schmerzlichen Muskelschwellung, so erklärt man ihr mit entwaffnender Offenheit, daß man von vier bis sieben Uhr eine Plumeaustunde genossen habe. Natürlich hat man in diesem Falle Ursache, das Wort zu erklären. Man belasse es dabei keinesfalls auf Andeutungen! Das Wort „Plumeaustunde" allein kann bei harmlosen Menschen entsetzliche Verdachte heraufbeschwören.

Kalendergeschichten, 1962

47 Nichts für Jochbummler

Der Titel „Von Hütte zu Hütte" könnte zu Fehlschlüssen verleiten. Denn „sogenannte Jochbummler" werden hier nicht fündig. Aufschlussreicher ist da schon der Untertitel: „100 alpine Höhenwege und Übergänge", die meisten davon (etwa 70) sind sogar hochalpin. Weshalb Walter Pause rät: „Man genieße den leichten Muskelschmerz, den Löwenhunger und den Riesendurst, sammle alle diese bekömmlichen Schmerzen, um sie abends, vor der Hütte sitzend, in genießerischer Umständlichkeit zu beheben."

WALTER PAUSE

100 alpine Höhenwege und Übergänge

(BLV)

Von Hütte zu Hütte

„
Nicht wer objektiv, sondern wer der höchsten Subjektivität fähig ist, der bringt von dieser Wanderung den größten Packen Glück heim. „

Zwischen St. Gotthard- und Furkapaß

Diese schöne Bergwanderung dicht an den Ursprüngen von Rhone und Rhein beginnt am Hospiz des St. Gotthard-Passes. Man verläßt das Hospiz in Richtung Tessin und steigt auf einem uralten Saumweg am Osthang der Lafibbias hinauf und hoch hinaus über das Val Tremola, in dem die berühmte Gotthardstraße auf geradezu artistische Weise ihre hundert Schlingen ins steile nackte Felsgehänge legt. Um die erste Bergkante herum, der Blick in die Schluchttiefe ist zu Ende, und eine mächtige Mulde mit drei versteckten kleinen Seen – Traumplätzen vor den Tessiner Alpen! – empfängt uns. Nun steil am Südkamm der Lafibbia hinauf und hinüber gequert zum Passo Lucendro, 2524 m, über dem westlich die Lucendrohütte liegt, eine ehemalige Militärunterkunft. Hier ist eine Nächtigung angebracht, denn der Weg des folgenden Tages über den Lucendrogletscher bis zu den großen Blöcken am nördlichen Gipfelkamm und zur Rotondohütte unterm Witenwasserengletscher ist weit. Man steige vom Lucendrogipfel bis in die erste Firnscharte hinab und hier westwärts zur Witenwasserenstafel. Von dort ist man durchs Tälli rasch zur Rotondohütte aufgestiegen. Den dritten Wandertag benützt man, um bequem zum Leckipaß abzusteigen, von dem aus man sowohl Leckihorn wie Stellibodenhorn in leichtem Anstieg erreichen kann. Man steht dort oben über drei gar nicht kleinen Gletscherbecken und schaut in jene größeren und mächtigeren Eisgebirge der Berner und Walliser Alpen hinüber, deren Übergänge nicht so relativ ungefährlich sind wie die unserer Gotthardtour. Der folgende Abstieg über den Muttengletscher und hinaus zur Moräne und zum guten Pfad ab Muttenstagel, 2113 m, sollte nicht bei unsichtigem Wetter unternommen werden. Bei guter Sicht indes ist er für geübte Bergwanderer nicht schwierig. Wem es ein Wetterumbruch verwehrt, über den Muttengletscher abzusteigen, der steige zur Rotondohütte ab und wandere durchs wunderschöne Hochtal von Witenwasseren nach Realp an der Furkapaßstraße hinaus. – Diese Tour, um es noch einmal zu betonen, verlangt die komplette Ausrüstung mit Seil, Pickel und Steigeisen (für den Notfall); die beiden SAC-Hütten bieten die klassische einfache Unterkunft, Lebensmittel sind mitzuführen.

Von Hütte zu Hütte, 1962   102

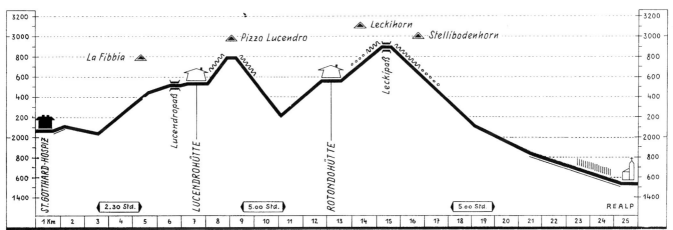

Die Rotondohütte (2571 m) wird überragt von Stegenhorn (2820 m) und Pizzo Lucendro (2963 m). Über die markante Firnscharte mit dem steilen Couloir in der Mitte des Bildes führt der Weg zur Lucendrohütte.

Die Materialschlacht beginnt

48 „I'm ready, I marker out"

Ein Bergsteiger möchte ein Paar neue Ski kaufen. Er ist ein echter Bergsteiger und demzufolge ein „Erbfeind alles Technischen". Damit hat er im Zeitalter der bemannten Raumfahrt einen schweren Stand im Sportgeschäft. Dem modernen Volkssport Skifahren begegnet er mit Skepsis, ja mit wirtschaftswunderschädigendem Defätismus, der allerdings, genauer betrachtet, nichts anderes ist als skisportlicher Enthusiasmus.

"

Die Sicherheitsbindung von Marker hat den Begriff der Sicherheitsbindung unter die Leute gebracht. Schildert ein amerikanischer Rennläufer einen schweren Sturz, so sagt er etwa: ‚War nur halb so schlimm, I markered out.' Und wenn sich der selbe Skiläufer in einer Skibar unauffällig verdrücken möchte, so flüstert er seiner Nachbarin zu: ‚I'm ready, I marker out.'

"

"

Die Voraussetzungen bei allen Teilnehmern eines Ski-Abfahrtsrennens unserer Tage ist die skitechnische Ausrüstung: ein Ski aus bestem Material, Holz oder Metall, nicht zu weich und nicht zu hart, mit scharfgefeilten Stahlkanten, mit einer raffiniert erdachten Sicherheitsbindung, die bei schweren Stürzen automatisch den gefährdeten Fuß freigibt, ein Skistiefel, der Fuß, Fußgelenk und Bein so mit dem Ski verbindet, daß der Ski selbst zu einem exakt funktionierenden und haargenau reagierenden ‚Körperteil' wird.

"

Es ist schwer geworden, sich ein Paar Ski zu kaufen. Ein junges Mädchen beim Kauf seines ersten Ballkleides hat es leichter. Die „nackten Bretter" von einst, die der zünftige Münchner liebevoll seine „Latten" nannte und der Münchner Vorstädter seine „Schwartlinge", sind heute zu raffinierten technischen Aggregaten geworden. Zu Aggregaten aus Stahl, Aluminium, Kunststoff, Glasfiber – manchmal auch noch aus Holz. Als Aggregat bestehen sie aus verschiedenen Teilen, die voneinander unabhängig sind und deren jedes für sich ein technisches Phänomen darstellt. Da ist etwa der Teil, den man immer noch schlicht die „Bindung" nennt. Einst, als gute alte „Huitfeldbindung", war das eine wohlgefettete schmiegsame simple Lederriemengarnitur – heute ist ein Maschinensatz daraus geworden, eine überaus verletzliche, ungemein ingeniöse Apparatur von Stahlschienen, Stahlkabeln, Stahlschrauben, Stahlhalterungen, Stahlreglern und so weiter. Nicht zu reden vom Kantenproblem. Da geht es bereits um Mikromillimeter und Schliffwinkel, zu denen nur einschlägig geschulte Ingenieure das Fachwort ergreifen dürfen. Skispitze, Skiende, Skioberfläche, Skiunterfläche, Aufstiegsvorrichtung, Düsentrichter – jedes Wort deutet ein großes Problem an. Das beste Gesamtaggregat – wir sprechen immer noch vom „Ski" –, das es heute gibt, hat merkwürdigerweise kein Skiweltmeister erfunden, sondern der amerikanische Nichtskiläufer Mister Head, ein Wissenschaftler und Konstrukteur von Flugzeugtragflächen: sein Ski ist aus Stahl, ist eine Art Sprung- oder Wippfeder, ein hypermodernes Dingsda, das einen mit kühlem schwarzgläsernem Blick distanziert – und das man nicht mehr liebevoll umsorgen darf wie früher seinen guten, lieben, alten, verzogenen Eschenski. Welch eine Wandlung! Wer wagt es nun als blutiger Laie, über so einen modernen Ski zu debattieren oder gar seinem Verkäufer ins Wort zu fallen? Was richten wir Laien schon aus, wenn wir im Sportladen die Begriffe Elastizität, Lebensdauer, ewige Spannung, Drehbarkeit, Griffigkeit, Leichtigkeit und Schnelligkeit hin und her wenden, während uns schon die Preistafel glattweg das Wort verbietet! In diesem Falle regiert der Superlativ der Superlative, es gibt wahr und wahrhaftig Licht ohne Schatten, was die Qualität betrifft, und sogar der Skiverkäufer ist, so gesehen, blutiger Laie. Nicht zu reden von seinem Chef, der uns unentwegt das Allerneueste von gestern und vorgestern präsentiert, wäh-

104

1962 | Ein „Abgrund von Landesverrat": Nach der „Spiegel"-Affäre muss Verteidigungsminister Strauß seinen Hut nehmen (30. November) – Über 100 Tote bei Smog in London (8. Dezember) – Raumsonde „Mariner 2" überfliegt die Venus (14. Dezember)

rend diese Modelle von den allerneuesten von heute und morgen bereits zu
alten Hüten degradiert sind. Wir müssen also, es gibt keine andere Alternative,
kaufen, was uns empfohlen wird. Wir müssen blind kaufen. Dies ist ein
schlimmes Handikap. Glücklicherweise gibt es einen Lichtblick in der Misere:
der allerneueste Ski muß heute nicht nur dem letzten Stand der technischen
Entwicklung entsprechen, sondern auch – man höre und staune! – der allerletzten Mode! (…) Damit ist die große Bresche geschlagen! Damit haben wir
Nichtswisser, wir Laien und Vollidioten endlich wieder die Chance, mitzure-
den. Wir können wieder mitentscheiden, wir können mit unserem mehr oder
weniger ausgebildeten Geschmack mitstümpern (und der neuesten Mode
beruhigt den Vorzug geben, auch wenn sie, wie bei den Damenhüten, von
der allerneuesten Mode des nächsten Jahres schallende Ohrfeigen bekommt).
Alles ist einfacher geworden, sogar die Abfahrtstechnik – nur nicht das Ski-
kaufen. Das ist kompliziert wie nie zuvor. (…) Deshalb rate ich Ihnen, es
zu machen wie ich, einem Erbfeind alles Technischen: Sehen Sie nur auf
modische Effekte! Kaufen Sie mit dem Auge des Ästheten! (…) Unsere
Skihersteller, immer schon schlau, sind noch schlauer geworden. Weil sie
begriffen haben, daß das Voneinanderabschauen binnen kurzer Zeit zu einem
mehr oder weniger ausgeglichenen Qualitätsniveau führen muß, sind sie auf
die Mode verfallen. Hier blüht die Chance des ewigen Wandels, der alljährli-
chen Neuheit, der ewigen Konjunktur! Denn wer wollte schon im Jahre 1965
mit einem alten Ski von 1962 fahren, mit veralteter Super-Sicherheits-
Garantie-Bindung, mit aufgezogenen Zierleisten und metallenem Spitzen-
und Endenschutz! 1965 wird der fortgeschrittene Skiläufer bestimmt den
Edelski kaufen mit ornamental verzierten Oberkanten (Stilkante genannt),
mit roten, blauen, gelben, aber auch schon rosa- und violettfarbenen Spitzen-
und Endengarnituren. Wieweit das, was man bis 1962 mit dem uralten
Namen einer „Sicherheitsbindung" belegt, zum extravaganten Zierstück entwickelt sein wird, kann auch kühnste Phantasie noch nicht durchschauen.
Durchschauen kann man nur unsere teuren Skifabrikanten, wobei man zu der
Überzeugung gelangt, daß ihnen nichts, aber auch gar nichts, und nicht einmal das Geschmackloseste schlecht genug sein wird, um neueste Modelle mit
allerneuesten Modellen zu schlagen – immer wieder, Jahr für Jahr. (…) Ob es
den Herstellern allerdings gelingen wird, die bis 1965 obligate Blitzdüse, die
Betonpistenbremse und die synchronisierte Aufstiegsvorrichtung von der
Hand abstrakter Formkünstler zu modisch effektvollen Zierteilen zu entwickeln – dies, verehrter Leser, kann heute noch niemand sagen. In dieser
unserer Welt ist jedenfalls nichts unmöglich (wenn es um die Sicherung
des Geschäfts geht), dies mag unser aller Trost sein. Niemand kann der technischen, und schon gar keiner kann der modisch-ästhetischen Entwicklung
des Skis Grenzen setzen. Grenzen gibt es nur beim Skilaufenkönnen.

Kalendergeschichten, 1964

**Kaufen Sie mit dem Auge des Ästheten! Und
erkennen Sie den Unterschied zwischen
Skilaufenwollen und Skilaufenkönnen.**

49 Vom Kilometerraser zum Autowanderer

Im „frisch motorisierten Deutschland" zu Beginn der 1960er-Jahre wird Reisen zum Volksvergnügen. Das Wirtschaftswunder blüht, man hat immer mehr Geld und Urlaub. Den verbringen die Deutschen nicht im eigenen Land, sondern im „waldberaubten" Italien. „‚Umgekehrt ist auch gefahren'", meint hingegen nicht nur der Ochs von Lerchenau im „Rosenkavalier", sondern auch Walter Pause. Er vermag die Reiselust der Deutschen zwar nicht zu bremsen, kann sie aber vielleicht in die richtigen Bahnen lenken.

WALTER PAUSE

Kolumbus auf Rädern
Mit dem Auto auf
Entdeckungsreisen

„
Auf unserem beschränkten Raum war nur möglich, den großen Schatz anzudeuten und den Leser vor bösen Autostraßen zu schützen. "

Aus dem Ruhrpott ins grüne Land

Eine Sauerlandfahrt für Wasser-, Wald-, Wild- und Wiesenfreunde. Wer aus dem deutschen Süden kommt, wird es nicht wahrhaben wollen, daß man dicht am qualmenden Ruhrpott in eine allerschönste Ferienlandschaft reist. Aber die Westfalen wissen schon, was sie an ihrem „Süderland" haben. Und Annette von Droste-Hülshoff wußte, weshalb sie dieses Land liebte und ihm manchen „poetischen Schauer" verdankte. Es kommt eben immer auf die Relation an. Wer mit dem Herzen denkt und mit dem Gemüt Brücken zur Natur schlagen kann, für den ist die Sauerlandreise kein geringeres Ereignis als eine Fahrt auf die Zugspitze. Nur der seinem Ehrgeiz hörige Alpenfreund meint, es käme auf die Höhe der Gipfel an. Mitnichten. Nur die Weite unserer Seele entscheidet. Kommt ein beseelter Mann in dieses grüne Land der tausend Berge mit seinen munter treibenden Bächen und Flüssen, und schaut er mit wachen Sinnen über das unendliche Wälderblau und die hundert blitzenden Seeaugen hin, so passiert er keine einzige Sensation, das ist sicher, aber tausend frohe Stunden. Vertieft durch die große Stille, die allenthalben auf ihn wartet... Zwei Städte, Düsseldorf und Dortmund, bilden Ein- und Ausgang dieser Reise. Regiert vom Rhein die eine, vom Kohlenerz die andere, plakatieren sich beide als nüchterne, vernunftgepanzerte Hauptstädte dieses unseres technischen Zeitalters. Unter der Lupe des Herzens gesehen, zeigen sie freilich viele grüne Heimlichkeiten, eine erstaunliche Menge im Industriewirbel versteckter Kunstwerke und eine abgrundtiefe bedeutende Historie. Von alten Burgen, Kirchen und Rathäusern flankiert, steht 841 m hoch der Kahle Asten überm Sauerland, Ferienziel im frischen Atem des Waldgebirges. Dicht nebenan entspringt die Ruhr, unschuldig aus reiner Quelle sprudelnd.

Kolumbus auf Rädern –
Mit dem Auto auf Entdeckungsreisen, 1963

106

1963 | Elysée-Vertrag zwischen Deutschland und Frankreich (22. Januar) – Theaterskandal um Rolf Hochhuths „Stellvertreter" (20. Februar) – Alfred Hitchcock schockt mit „Die Vögel" (29. März) – „Ich bin ein Berliner": US-Präsident John F. Kennedy vor dem Schöneberger Rathaus (26. Juni)

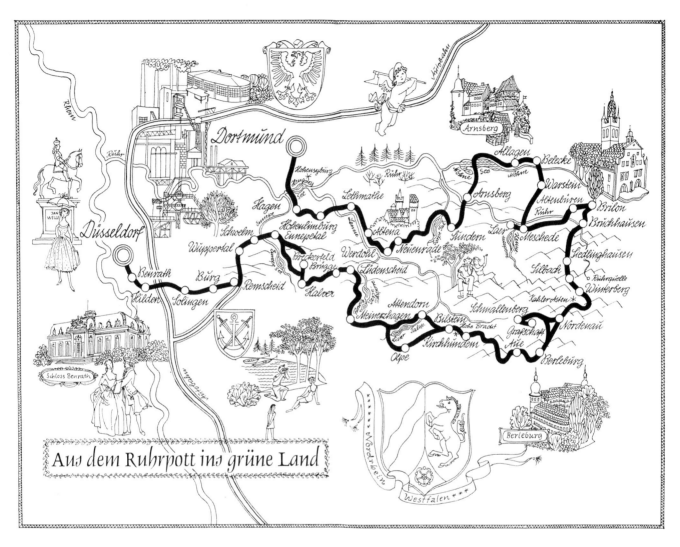

Aus dem Ruhrpott ins grüne Land

> Manager machen die Strecke mühelos in einem Tag, aber dafür auch erfolglos.

> Man sollte es zum stillen Gesetz machen,
> daß niemand über die Grenzen reist,
> der nicht seine eigene Heimat kennt

1963 Minutiös geplanter Millionencoup britischer Posträuber (8. August) – Start der Fußball-Bundesliga (24. August) – „Ich habe einen Traum": Der farbige Bürgerrechtler Martin Luther King fordert das Ende der Rassendiskriminierung in den USA (27. August)

50 Ein Grauschimmel in der Loipe

Ein echter Pause hat seinen Stolz, vor allem beim Rennsport. Deshalb liebt er es gar nicht, als Letzter über die Ziellinie zu traben. Auch wenn doch bei älteren Herren der Spaß an erster Stelle stehen sollte. Wenn allerdings der letzte Preis der schönste ist, könnte man sich die Sache doch noch überlegen. Aber die Einsicht kommt zu spät ...

> Der Anfänger wird oft am nackten Rücken erkannt, der zwischen Jacke und Hose hervorschaut!

> Wie oft möchte ich die Schreibstubenluft im rhythmischen Schwunge des Langlaufens aushauchen und mir die Lungen prall mit Sauerstoff füllen!

Das Grauschimmelrennen

Vor genau einem Jahr nahm der Kalendermacher an einem „Grauschimmel-Rennen" im Isartal, dicht vor den Toren Münchens, teil. Es starteten einige Dutzend bejahrter, durchwegs graumelierter Herren – daher der Name –, die alle zwischen fünfzig und siebenundsechzig Jahren alt waren. Kurz vor dem Start gab es noch rührende Wiedersehensszenen, denn viele Wettläufer hatten sich dreißig Jahre nicht mehr gesehen und waren doch einst erbitterte Konkurrenten und gute Kameraden gewesen. Der Kalendermacher hatte die Startnummer zwölf gezogen und startete klopfenden Herzens und unter den Augen seiner gesamten Familie. „Lauf nicht so geschwind, sonst kriegst du noch einen Schlaganfall!", rief die besorgte Frau des Kalendermachers dem Startenden noch nach, erntete aber nur sein und das Lächeln vieler Umstehender. Der Kalendermacher rannte, was er konnte, den ersten flachen Anstieg hinauf, lief fast wie einst mit zügigem Langlaufschritt, kräftig die Arme mit den Stöcken nach rückwärts werfend, kräftig abstoßend, um die Beine zu entlasten, rannte mit blubberndem Herzen auch noch am ersten Kontrollposten bei Kilometer 2 vorbei, sah schon die beiden vor ihm gestarteten Kameraden vor sich – und dann geschah es: sein rechter Langlaufstiefel löste sich aus der Mausfallenbindung der Loipenskier ... Welch ein Malheur! Mit zitternder Hand befestigte der Rennläufer den Schuh in der Bindung, nahm die Stöcke auf und rannte weiter. Aber schon nach dem nächsten Kilometer riß es ihm den Schuh aus der Bindung, und dann noch geschlagene zwölfmal, während ihn ein später gestarteter Läufer um den anderen überholte. (...) Der sichtbar Geschlagene nahm sich, aufs tiefste enttäuscht, die Startnummer von der Brust, schob sie in die Hosentasche, und durchlief, teils auf seinen Skiern, teils sie tragend, die Rennstrecke bis ins Ziel. Aber er durchlief das Ziel nicht, sondern drückte sich zwanzig Meter vorher unter die Zuschauer, versuchte sich feige davonzustehlen – aber es gelang ihm nicht. Ein mächtig aufbrandender Beifall hatte ihn schon bei seinem späten Erscheinen begrüßt, und immer neuer Beifall stachelte ihn jetzt an, aus Hunderten von Lippenpaaren ward sein Name gerufen: Der enttäuschte Kalendermacher hörte es nicht, hörte auch nicht die durchdringenden Schreie derer von seinem eigenen Blut, er schob sich erschöpft durch die

1963 „Das Schweigen" von Ingmar Bergman, ein Mythos der Filmgeschichte (23. September) – Das „Wunder von Lengede": Elf verschüttete Bergleute werden zehn Tage nach ihrer Verschüttung lebend geborgen (7. November) – Mord an John F. Kennedy (22. November)

schreienden Leute zur Verpflegungsstelle und trank dort ein Glas Tee nach dem anderen. Da aber kam der Rennleiter auf ihn zu. „Mensch", sagte er, warum bist du nicht durchs Ziel gelaufen?" Er ward von dem Kalender-macher, der mit Gewißheit die schlechteste Zeit gelaufen hatte in seinem Pech, nur scheel angesehen: „Mit sooo einer Zeit lauf ich doch nicht durchs Ziel… ich hab halt aufgegeben!" Da zeigte sich der Rennleiter fassungslos: „Aber der Ehrenpreis, Mensch! Wir haben doch für den schlechtesten Grauschimmel den schönsten Preis reserviert… du selbst hast es uns doch eingeredet!" Der erschöpfte und geschlagene Kalendermacher riß die Augen auf, er hatte das alles glatt vergessen in seinem Pech. So bekam nicht er den Ehrenpreis des letzten Grauschimmels, sondern der Vorletzte.

Kalendergeschichten, 1964

„ Die Ausrüstung des Skilangläufers ist – im Gegensatz zu der des alpinen Abfahrers – weniger „gewichtig". Das ist wörtlich zu nehmen. Das Beste ist und bleibt die schon klassische Rattenfallenbindung. "

51 Wider den peinlichen Professionalismus

Nein, Walter Pause ist kein großer Eiskletterer. Da seine Bergbuchreihe im Münchner BLV-Verlag aber auch „50 Eiswände in den Alpen" abdecken soll, schreibt der Wiener Erich Vanis (1928 – 2004) „dieses Buch auf meine Bitte hin". So entsteht eine informative Mischung aus 50 Erlebnisberichten samt dazugehörigen Hintergrundinformationen.

Dadurch ist dieses Buch der Eiswände nicht nur für unmittelbar interessierte Hochalpinisten, sondern auch für Nicht-Eisgeher interessant geworden; seine Faszination – eben durch die Schilderung des Erlebnisses geweckt – mag sich sogar vielen Berg- und Naturfreunden mitteilen, die sich nur ganz allgemein, ob jung oder alt, ob planend oder rückschauend, der Welt der Berge verschrieben haben.

Jener ernst zu nehmenden Jugend der alpinen Bergsteigerschaft aber, die sich noch im klassischen, verantwortlich alpinistischen Sinn für Eiswandbegehungen zu qualifizieren weiß, mag dieses Buch ein vielsagender Anreger sein. Ich hoffe, daß sie Erich Vanis in jedem Sinne nacheifern wird. Vanis hat sich niemals dem „Schauklettern" verschrieben, wie es in unserer Zeit wider alle alpinistische Tradition an Eiger und Drei Zinnen demonstriert wird und einem für jeden Freund des Bergsteigens peinlichen Professionalismus Vorschub leisten muß. Auch Erich Vanis hat mit seinen Kameraden bei schlechtesten Verhältnissen die Eiger-Nordwand durchstiegen, doch ohne Zeugen, ohne Manager, ohne Presseberichte.

„Eiger-Nordwand" (von Erich Vanis)

(…) Auf einem luftigen, etwa 40 Zentimeter breiten Band unter einem Überhang richten wir unser Freilager. Wie gut, daß wir warme, trockene Unterkleider im Rucksack haben. Eng zusammengekauert setzen wir uns und stülpen den Zeltsack über. Nun mag die lange Nacht kommen. Das Schneetreiben wird dichter. Langsam verrinnen die Stunden. Es gelingt uns, zwischendurch zu schlafen.

Der Wasserfall, der uns den Weg versperrt hat, ist verstummt. Ein grauer Morgen schimmert durch den dünnen Zeltsack. Als wir ihn abgestreift haben, sehen wir einander fragend in die Augen: Mehr als einen halben Meter tief liegt der Neuschnee. Das bedeutet Lawinengefahr, die jeden Gedanken an einen Rückzug absurd erscheinen läßt. Aus der Falle, in die uns das Wetter gelockt hat, gibt es nur einen Ausweg: hinauf zum Gipfel, um jeden Preis. Kaum hat es begonnen zu tagen, fegen die ersten Lawinen über die Rampe. Lange studieren wir die Zeitabstände, in denen sie kommen.

Ein Pionier klettert eine senkrechte Stufe. Damals steckte das Eisklettern noch in seinen Kin-
derschuhen – und in zehnzackigen Steigeisen.

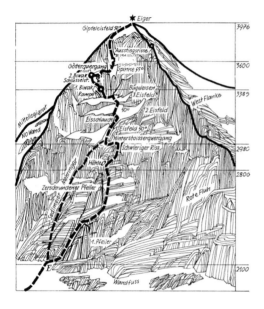

Alpinisten können sie vor sich herbeten: Auf dieser topografischen Skizze von Tour 33 – Eiger-Nordwand sind alle schwierigen Passagen namentlich vermerkt.

Gegen neun Uhr haben wir herausgefunden, daß dies fast auf die Minute genau im Abstand von je einer halben Stunde geschieht. Diese Zeiträume müssen wir nützen für den Weiterweg. Aus dem Wasserfall ist eine Kaskade von Eis geworden, die jetzt über den Riß hervorquillt. Hans Ratay bewältigt ihn als erster. Mehr als einmal gerät er dabei so in Bedrängnis, daß er uns seinen Sturz ankündigt. In atemloser Spannung verfolgen wir seine Arbeit. Die Schwierigkeit des Risses, die unter normalen Verhältnissen schon den fünften Grad erreicht, ist ins Unermeßliche gewachsen. Sie zu bewältigen, konnte nur einem verwegenen Könner wie Hans Ratay gelingen. Für die nächste Seillänge habe ich wieder die Führung übernommen. Ein fünfzehn Meter hoher Kamin liegt vor mir, sein oberster Rand ist von einem Schnee- und Eisdach weit überwölbt. In Stemmtechnik taste ich mich vorsichtig an den eisglatten Seitenwänden hoch. Dann stehe ich, die weit gespreizten Beine an winzigen Vorsprüngen verkrallt, unter dem Eisdach. Vergeblich suchen meine Hände nach einem Halt. Minuten der Ratlosigkeit vergehen. Mit der Kraft der Verzweiflung kralle ich die Finger ins Eis, raufe mich einen Meter weiter hinauf. In wilder Hast wühle ich in dem weicheren Schneeanraum nach einem Halt, fühle, wie mich unerbittlich die Kraft verläßt. In letzter Sekunde finde ich einen alten, versteckt angebrachten Haken, halte ihn fest, hänge blitzschnell Karabiner und Seil ein und bin gerettet. Von Karl lasse ich mich bis zum Haken hochziehen und finde einen Meter weiter oben einen zweiten. Noch einmal Seilzug, dann kann die rechte Hand das Eisbeil im Schneefeld oberhalb des Daches verankern. Als ich mich vollends hochziehe und mein Kopf über dem Eisdach erscheint, läßt ein Rauschen von oben her mir das Blut in den Adern gerinnen. Blitzschnell lasse ich mich zurückgleiten, ducke mich unter den schützenden Überhang und – die Lawine poltert über mich hinweg in die Tiefe. Die Schneelast auf dem Rucksack will mich aus dem Stand zerren, ich kralle mich in den Karabiner, der Haken hält. Wenige Minuten später stehe ich oben auf dem Firnfeld, das zum „Götterquergang" hinaufleitet. Aber von dem Band, das diesen verlockenden Namen trägt, ist in dem dichten Nebel keine Spur zu sehen. Als der Nebel sich für Augenblicke teilt, glauben wir weit oben das gesuchte Band zu erkennen. An die hundertfünfzig Meter steigen wir über steilen Firn, zuletzt durch einen vereisten, überaus schwierigen Riß empor. Der Nebel hat uns genarrt. Was wir finden, ist kaum die Andeutung eines Bandes und völlig ungangbar. Also wieder zurück, eine neue Möglichkeit versuchen. Dabei stoßen wir überall auf Haken und Abseilschlingen. Wir sind also nicht die ersten, die hier nach dem Weiterweg suchen müssen. Stunden vergehen, bis wir das richtige Band gefunden haben, das den Einstieg zum „Götterquergang" bildet. Es ist das unterste, das uns zu Anfang am ungangbarsten erschienen war. Vier kostbare Stunden sind verloren, es ist Nachmittag geworden. Ein Stück weit verfolgen wir das Band, dann rüsten wir uns für das zweite Biwak. Uns bleibt dabei nur diese letzte von Überhängen geschützte Stelle. Auf dem ganzen Weiterweg zum Gipfel wären wir den Lawinen ausgesetzt. Bevor wir in den Zeltsack schlüpfen, kämpft sich Hans noch einmal über eine Rißverschneidung zu einem Pfeilerkopf hinauf und befestigt dort ein fixes Seil. Es soll uns morgen

100

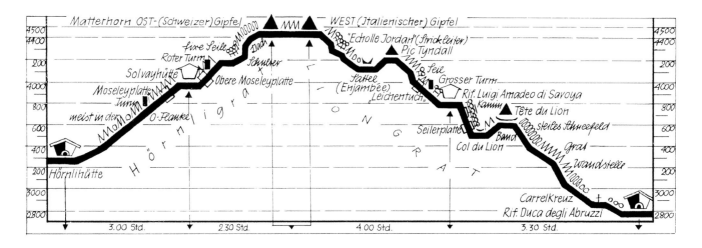

Diagram labels (profile of Matterhorn traverse):

Matterhorn OST-(Schweizer) Gipfel — WEST (Italienischer) Gipfel

4500 / 4400 / 200 / 4000 / 800 / 600 / 400 / 200 / 3000 / 2800

fixe Seile — "Echtolle Jordan" (Strickleiter)
Roter Turm — Dach — Pic Tyndall
Solvayhütte — Schulter — Grosser Turm
Moseleyplatte — Obere Moseleyplatte — Rif. Luigi Amadeo di Savoya
Turm — Sattel (Enjambée) — Kamin
meist in der — "Leichentuch" — Tête du Lion
O-Flanke — Seilerplatte — steiles Schneefeld
Hörnligrat — Col du Lion — Band — Grat — Wandstelle
Hörnlihütte — O N G R A T
CarrelKreuz
Rif. Duca degli Abruzzi

3.00 Std. — 2.30 Std. — 4.00 Std. — 3.30 Std.

Abbruch des „Großen Turmes" sind einige bekannte Stellen dieses klassischen Abstiegsweges. – Ratschläge:

1. Vor Tagesanbruch einsteigen, da zuweilen viele Bewerber auf der Hörnlihütte! 2. Nie leichtsinnig klettern, Achtung vor Steinschlag!

3. Bei vereistem Fels nicht einsteigen! (Allerdings ist die Einstiegsseillänge – weil nordseitig! – fast immer etwas vereist!)

In Eis und Urgestein – 100 klassische Gipfeltouren in den Zentralalpen, 1964. Spätere Ausgaben erschienen unter dem Titel „Klassische Alpengipfel – 100 Touren in Eis und Urgestein".

Die Überschreitung der Hörnli- und Liongrate gilt dem Autor als „bedeutendste Tour". Die Nordwand hatte er da wohl vergessen.

Im Matterhorn sieht Walter Pause die „Idee eines Berges" verwirklicht – als hätten ein Architekt und ein Grafiker es entworfen.

53 Ein starkes Stück

Vor griffigen Titeln hat Walter Pause keine Angst. Zu Recht. „Der Tod als Seilgefährte" mag nach Boulevard und Pathos klingen, bezeichnet aber doch nichts anderes als eine lapidare Erkenntnis: In den Bergen kann man sterben. Um dies allen Bergbegeisterten bewusst zu machen, schreibt Walter Pause ein „drastisches Lehrbuch", anhand dessen Geschichten der Leser von Einzelschicksalen auf stets drohende alpine Gefahren schließen kann.

Fehler machen, sie einsehen, analysieren, darstellen und dadurch andere vor selbem Unglück bewahren: Dieses Prinzip machte Walter Pauses „Schule der alpinen Gefahren" zu einem Klassiker der Gebrauchsliteratur.

Die rettenden Ohrfeigen

Einige Jahre nach dem Ersten Weltkrieg landete Udets Sportflugzeug auf dem Zugspitzplatt, damals noch einsames, weltenfernes Ziel für ausdauernde Bergsteiger. Willi und ich hatten ein Jahr zuvor Skilaufen gelernt, den ganzen Sommer, den ganzen Herbst hindurch hatten wir schon sehnsüchtig auf Schnee gewartet, da, am zehnten September, hielten wir es einfach nicht mehr aus, fuhren mit unseren Skiern nach Garmisch und gedachten auf das Zugspitzplatt zu gehen. Als Vierzehnjährige hemmte uns noch keinerlei Vernunft, wir waren von der bloßen Aussicht verzaubert und mühten und plagten uns begeistert durch die Klamm und das endlos lange Reintal hinauf, an der Blauen Gumpe, der Angerhütte vorbei – bis wir, nach siebenstündigem Skitragen, die von Neuschnee frisch überzuckerten Steilhänge unter der Knorrhütte sahen. Also sollte es doch nicht umsonst gewesen sein, morgen sollten wir wieder auf Schnee wandern und abfahren! Ein betäubendes Glücksgefühl überschlug noch einmal all die Müdigkeit, die in uns mageren, schlecht ernährten Opfern jener Inflationsjahre steckte.

Zwischen Angerhütte und Reintalanger wurde es Nacht, ein kühler Strom zog durch unsere dünne Gewandung, eine Stunde später stiegen wir in knöcheltiefem Neuschnee die Serpentinen hinan. Da waren wir untrainierten Buben schon so erschöpft, daß es mich immer mehr nach einer ergiebigen Rast verlangte. Doch Willi widersprach, wir seien doch bald oben auf der Knorrhütte, das Hinsetzen sei gefährlich und derlei mehr. Nach zehn Minuten setzte ich mich dann doch auf eine Stufe, ließ den Kopf auf die Knie sinken und hörte keinen Einwand des Freundes mehr, genoß die Rast, genoß die unbeschwerten Glieder. Da plötzlich erhielt ich eine krachende Ohrfeige, daß es mich nur so aufschüttelte, und hörte wieder meinen besten Freund, der mich wie wild anschrie: Ich sei ein Kindskopf und weiß Gott was noch, wer sich übermüdet und ausgekühlt in den Schnee setze, der schlafe sich unversehens in den Tod hinüber, das wisse man doch! Ich hielt das für blödsinnig übertrieben. Aber Willi gab nicht nach, gönnte mir einfach keine Sitzrast. Also mußte ich den Rucksack und die schweren Skier wieder aufnehmen und weiterstapfen, weiterstolpern, längst freudlos, längst willenlos. Nach fünf Minuten setzte ich mich wieder hin, ohne Vorbedacht, einfach

116

von den schmerzenden Gliedern gezogen, und genoß wieder einige köstliche Sekunden der Stille – und wurde wieder von einer saftigen Ohrfeige und dem Geschrei des Freundes geweckt und aufgescheucht. Ich gab gar keine Antwort mehr, auch als er mich an der Ehre packen wollte, mir war alles vollkommen gleichgültig; schlafen, die Skier wegschmeißen, den Rucksack hinterdrein, den Kopf auf die Knie legen, was gab es Schöneres!

Und Erfrieren? Einschlafen und Erfrieren, wo mir doch die Glieder brannten – nein, wie lächerlich! … aber ich torkelte weiter. Nach einigen Minuten warf ich schon wieder die Skier von der Schulter, es gab abermals eine Ohrfeigenszene, und so fort noch einige vier oder fünf Male. Willi, mein bester Freund traktierte mich mit Ohrfeigen, erfand für mich Schimpfworte, die auch in unserer heimatlichen Münchner Vorstadt Aufsehen erregt hätten, und schrie endlich das einzige Wort, das mich noch bewegen konnte: „Schau, das Licht von der Knorrhütte! Gleich haben wir's …" Tatsächlich sahen wir gar nicht weit über uns eine Laterne, und nun bedurfte es keiner Ohrfeigen mehr, mit einem Male war ich überwach und rappelte mich auf und stieg die letzten drei Serpentinen noch vollends hinauf.

Gegen Mitternacht öffneten uns die Marie und die Hanni die Tür der Knorr-hütte, beschimpften uns ob unserer nichtsnutzig dünnen Stadtgewänder, staubten uns den Schnee vom Janker und führten uns in die Küche vor hei-ßen Tee und Schnaps. Wir tauten schnell auf und bedankten uns, indem wir noch zwei Stunden lang Witze erzählten; es war das hervorstechende Talent Willis, Witz an Witz zu reihen, so daß wer sich mit ihm an einem Tische zusammenfand, aus dem Lachen nicht mehr herauskam. Auch die Mädchen von der Knorrhütte lachten sich müde, und endlich schloffen wir unter die Decken… Anderntags stiegen wir, mit Weiberkleidern umwickelt, aufs Platt und bis zum Schneefernerkopf hinauf, bestiegen und fotografierten auch Udets Flugzeugwrack und fuhren dann das Brunntal hinab, bis sich unter den Skiern die Steine meldeten … Noch eine halbe Stunde essen, Witze erzählen und Abschiedsjodler, dann rannten wir wieder die Serpentinen hinunter und trabten treu unsere sechs, sieben Stunden hinaus zum Garmischer Bahnhof, um den Zug nach München zu besteigen, einen Schlafwagenzug sozusagen, wenigstens für uns beide, die wir in diesen eineinhalb Tagen an zwanzig Stunden auf den Füßen gestanden hatten.

Ein Jahr darauf erfuhren wir von dem Erschöpfungstode dreier deutscher Bergsteiger, die, nach schwerer Bergfahrt im Schneesturm, noch kurz vor, ja im Anblick der rettenden Hütte eine kleine Schnaufpause eingelegt hatten und mit ihren ausgebrannten und zugleich unterkühlten Körpern friedlich eingeschlafen waren. Eingeschlafen und zu Eisblöcken erfroren. Als Eisblöcke hat man sie anderntags gefunden … Als ich dies gelesen, verzieh ich Willi die Ohrfeigen vom Weg zur Knorrhütte.

Der Tod als Seilgefährte – Eine Schule der alpinen Gefahren, 1964

Nichts ist an der Blauen Gumpe im Reintal vom Trubel am Zugspitzgipfel zu spüren. Den Hintergrund der romantischen Szenerie bilden Zugspitzplatt und die Plattspitzen.

54 Berge in Gefahr

Walter Pause ist ein begeisterter Skifahrer – nicht nur abseits der Piste. Doch was in den Alpen geschieht, erfüllt ihn mit Sorge. Er lässt kaum eine Möglichkeit aus, um über den hemmungslosen Bau von Straßen und Bergbahnen zu wettern und die Menschen zu mahnen, das einmalige Refugium der Alpen nicht zu einem Zirkus verkommen zu lassen.

Daß nun auch das schöne Kitzsteinhorn dem eiskalten Profitstreben einiger Pinzgauer Geschäftsleute verfällt, ist schlimm. Als ob es nicht möglich wäre, eine Grenze zu ziehen und die schönsten Teile der Alpen als europäisches Erholungsgebiet zu erhalten, als Reservat der Stille, als letzten Auslauf der Wanderer und Bergsteiger.

Alpine Apokalypse

Millionen von Jahren stehen die Alpen als eisiges Rückgrat über Europa. Seit es Menschen gibt, werden sie gefürchtet und gehaßt als schreckenreiches, todbringendes Ödland. Erst seit vierhundert Jahren stoßen furchtlose Forscher, erst seit hundertsiebzig Jahren weltläufige Touristen, und erst seit hundert Jahren kühne Bergsteiger in ihr Zentrum vor. In kaum drei Menschengenerationen wurden alle Alpengipfel erstiegen, alle Bergflanken durchklettert und Berg und Tal mittels Straßen, Wegen, Bahnen und Hütten erschlossen. Die Alpen, Millionen Jahre vereinsamt, wurden wie auf einen Schlag zum „Spielplatz Europas", wie ein Engländer schrieb, und der europäischen Menschheit schien inmitten einer Periode selbstmörderischer Weltkriege ein hohes Ideal in Erfüllung zu gehen. Alpine Pioniere nannte man die tüchtigsten jener in einem streng disziplinierten Zunftgeist bergsteigenden Jugend, die den „Segen der Berge" bewußt suchte und auch an Leib und Seele erfuhr. Ein Höhepunkt des humanen Individualismus schien erreicht – und wurde doch in einer einzigen Generation verspielt: in der unseren.

Der machtvollen Entfaltung des alpenländischen Individualismus folgte der erste gefährliche Schwall des Massenzeitalters. Und heute, noch während die europäischen Alpenvereine fromm ihre Ideale verkünden, verheert jene erste Welle eines blindwütigen Massenwahns alle sommerlichen und winterlichen Alpenregionen. Disziplin und Besonnenheit, Tatkraft und hoher Mut, diese vier Säulen des „Alpinismus", werden gestürzt, romantische Begeisterung und die Lust am gefährlichen Leben werden bagatellisiert oder verlacht. Schlimmer noch: der Erschließung der Alpen durch eine bergsteigende Jugend folgt in diesen Jahren die fatale „Erschließung" des Amüsierobjektes Alpen durch den radikalen Profitgeist. Schon überzieht ein Netz von Bergbahnen und Liften die Alpen, und wo eine Seilbahn entsteht, zieht sie mit peinlicher Automatik den Bau von Hotels und das Wachstum geschmackloser Rummelplätze nach sich.

Millionen von Jahren stehen die Alpen als erhabene stille Urlandschaft über der Mitte Europas, hundert Jahre lang haben sie eine hochgestimmte Bergsteigerjugend zu triumphalen Gipfeln der Lebensfreude geführt, und jetzt sorgt eine einzige Generation gedankenloser Europäer dafür, daß die

118

großartige Bergwelt zwischen Genua und Wien zum Amüsierzirkus jenes verheerenden Massenwahns absinkt, den alle Regierungen als „Fremdenverkehr" auch noch fördern. Es ist keine Entschuldigung, wenn einer behauptet, der Individualismus sei tot und das Massenzeitalter erlaube keine anderen Konsequenzen. Und doch gibt es einen Trost in dieser verworrenen und gefährlichen Situation, ein Trost der mehr verspricht als die Vernunft aller europäischen Regierungsmänner: ich denke an die Faulheit der Massenmenschen. Sie allein kann uns Bergfreunden helfen. Wer heutigentags viel in den Alpen herumkommt, wird feststellen, daß das Alpenreisepublikum unserer Zeit, vom Auto ohnehin zur perfekten Gliederfaulheit erzogen, gar nicht mehr fähig ist, zu Fuß zu gehen. Gehen ist verpönt, die Beine werden ihrer Rechte beraubt. Woraus sich ergibt, daß man auf die Gliederfaulheit der Massenmenschen mit Sicherheit bauen kann. Es wird noch einmal Licht in der Düsternis unserer so peinvoll heimgesuchten Alpenwelt. Die alpine Apokalypse findet vielleicht gar nicht statt.

Segen der Berge, 1959

Nimmermüde lamentiert Walter Pause über die Erschließung „des Amüsierobjektes Alpen". Der Gipfel der Zugspitze illustriert seine Klage.

55 Über sich selbst lachen

„Alpine Literatur" wird in den Feuilleton-Redaktionen ignoriert. Tatsächlich besteht kein Zweifel, dass auch dem Bergfreund und Schriftsteller Walter Pause in seinen Beschreibungen oft genug das Herz überging. Michael Dohm, ein mit komödiantischem Talent gesegneter Besucher im Hause Pause, sah hier seine Chance und verfasste eine Parodie auf Pauses Stil. Dieser, mit Humor ausgestattet und fähig zur Selbstironie, amüsierte sich herzlich und druckte den Text bei nächster Gelegenheit in seinem Kalender ab.

"
Beim Durchsteigen können wir mit viel Glück die possierlichen Zwergleguane sehen, die Arndt von Bohlen und Halbach, der große Naturfreund, hier hat aussetzen lassen. Leider sind es nur Männchen, so daß einer Vermehrung manches im Wege steht. **"**

Glücklich auf dem Hohen Chrampff

Wer den geringen Steig von Miesolo an dem köstlichen Käte-Kruse-Kapellerl aus dem 16. Jahrhundert vorbei (nur Banausen schaun nicht hinein) zu den altehrwürdigen Pfundshöfen aufsteigt, der sieht mehr als nur ein uraltes Bauerland: ein Stückchen links geradeaus bis zu einem halb geborstenen Baumstumpf und dann schrägab rechts wenige Meter an Malven und Glockenblumen vorbei steht er vor der wohl entscheidendsten Minute seines Bergwandererlebens: er blickt über graubraune Müllhalden hinweg zu den herrlichen Eisenträgern der Proleto-Bergbahn, die 200 Menschen in drei Minuten auf den Monte Proleto und den Hohen Chrampff führt.

Aber wir wollen hier nicht verweilen – weil's wahr ist! – und schlängeln uns links vom E-Werk durch das Geröll (Markierung beachten!) aufwärts, um die Aperen Glerschen zu erreichen. In 1200 Meter Höhe setzen wir nun die Gasmaske auf, denn die Smog-Grenze der heimischen Industrie ist erreicht. Bald haben wir sie durchstoßen und stehen nun vor dem gewaltigen Schauspiel, das die Eiszeit hier aufgetürmt hat: die Aperen Glerschen. Sie verlangen höchste Trittsicherheit und sollen nur vom geübtesten Bergsteiger durchstiegen werden. Ich selbst habe die Tour mit meinen sechs kleinen Kindern – alle an der Reepschnur –, voran der 2jährige Micki, die 2 1/2jährige Tina und auch der 3jährige Markus, die 2 Monate alte Deda im Rucksack und meine Frau mit dem Rest der Familie im Weidentragkorb, schon als 15jähriger Schulbub gemacht. Sie ersetzte mir das Abitur.
Beim Durchsteigen können wir mit viel Glück die possierlichen Zwergleguane sehen, die Arndt von Bohlen und Halbach, der große Naturfreund, hier in seinem Jagdgebiet hat aussetzen lassen. Leider sind es nur Männchen, so daß einer Vermehrung manches im Wege steht.
Wenn wir die Glerschen durchstiegen haben, lockt eine Brotzeit in der Snagbar Poldi – doch wir verbeißen uns die Gelüste und winken dem freundlichen Düsseldorfer Hüttenwirt nur zu. Die Beatklänge seines Montophon-Lautsprechers sind auf die Steilwand des Hohen Chrampff gerichtet, und so kann der Einstieg mit Musik beginnen. Wir halten uns genau an die Markierung und erreichen nach 50 Höhenmetern die Rolltreppe auf den

120

„

Ein Herr Walter Pause aus München bestieg 1966 mit

dreien seiner sechs Kinder – Martina, Andrea und

Markus – die Hohe Munde überm Inntal. Die Kinder

waren sechs, acht und elf Jahre alt. Als der 58-jährige

Vater mit den Kindern absteigend zur Rauth-Hütte kam

und mit ihnen eine Radlermaß trank, näherte sich ihm

vom Nachbartische eine reizende alte Dame, die eine

schöne Tochter und deren kleine Kinder bei sich hatte:

„Ist das nicht entzückend", flüsterte sie mir gerührt

ins Ohr, „mit seinen Enkelchen zu wandern! "

Mach mal Pause

Die (Groß-)Familie spielt für Walter Pause, der ja selbst mit fünf Geschwistern aufgewachsen ist, eine wichtige Rolle: Die sechs Kinder sind sein ganzer Stolz – aber während der heftigen Arbeitsphase in den 60er und 70er Jahren auch ein gewisser Störfaktor. Da die Kinder zudem in einer für die Zeit bemerkenswert freien, keineswegs von deutscher Disziplin, Strenge und Spießertum geprägten Atmosphäre aufwachsen, ist auf die Opposition aus den eigenen Reihen stets Verlass. „Meine Kinder ersetzen mir das Abitur", stellt Walter Pause mit ironischem Lächeln und leichtem Seufzen immer wieder fest.

Zum Freundeskreis der Familie Pause zählt auch Stefan Moses, einer der bedeutendsten deutschen Fotografen der zweiten Hälfte des 20. Jahrhunderts. Seine Porträts von Künstlern, Intellektuellen und Politikern, aber auch von unbekannten Bürgern, sind eindrucksvolle fotografische Zeugnisse der Nachkriegsgesellschaft. Beim 70. Geburtstag von Walter Pause entsteht in Irschenhausen das Familienporträt mit Eltern und sechs Kindern (v.l.n.r.):

Andrea	27.10.1957	Ärztin
Martina	03.02.1955	Keramikerin
Markus	21.04.1960	Segelmacher
Walter und Rosemarie		
Rotraut Agnes („Butzi")	10.05.1947	Kunsterzieherin
Max	14.10.1948	Arzt
Michael („Micki")	08.11.1952	Journalist

Mit Rosemarie hatte Walter Pause noch die Tochter Cornelia („Neli"), die 1959 im Alter von acht Jahren starb. Aus erster Ehe stammte der 1958 verstorbene Sohn Stefan. 1968 kam aus einer außerehelichen Beziehung der Sohn Stefan Schindele (10.10.1968) zur Welt.

Gipfel. Wir haben einen herrlichen Ausblick auf die tief unter uns liegenden Industrieanlagen der Alpinawerke, über uns donnern die Jets, denn wir befinden uns direkt an der Hauptflugroute Dingolfing – Bergamo. Nach einem kurzen Besuch im Gipfelkino, wo Trenker-Filme in Nonstop gezeigt werden, holt uns der Großraumhubschrauber von Scharnow wieder heim.

Michael Dohm

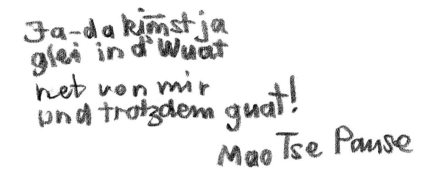

Ja-da kimst ja
glei in d'Wuat
net von mir
und trotzdem guat!

Mao Tse Pause

So subtil er austeilen konnte, so gut konnte Walter Pause einstecken. Der Kritik an seinem Schaffen nahm er mit Selbstironie die Schärfe.

56 Mit guten Leichtbergschuhen ...

... unterwegs im ruhigen Garmisch-Partenkirchen. Die Ruhe der 1960er-Jahre ist verflogen, der Massentourismus hat zugeschlagen. Das Werdenfelser Land hat trotz allem seinen Reiz nicht verloren. Dass sich heute so viele Wanderer und Bergsteiger dort tummeln würden, wer konnte das damals schon ahnen?

MERIAN

II · XVII
C 4701 E

Garmisch-Partenkirchen
und das Werdenfelser Land

„

Zehntausende fahren jeden Sommer auf die Zugspitze, um hier ihre Fotoapparate abzunützen, in zahlreicher Gesellschaft Superlative zu üben und schlechten Appetits wieder talwärts zu reisen.

„

„Bergsteigen und Wandern verdoppeln das Reiseglück"

Wer heute in die bekannten Orte unserer Alpen kommt, wie nach Garmisch-Partenkirchen, Mittenwald und Oberammergau, stellt mit Erstaunen fest, daß die Erholungssuchenden, die „perfekten Großstadtträumer", sich hier beinahe ausnahmslos selbst betrügen. Das Auto hat sie so sehr zur Gliederfaulheit erzogen, daß sie gar nicht mehr fähig sind, zu Fuß zu gehen. Gehen ist verpönt, Gehen ist unfein, Gehen wird verachtet, die Beine werden ihrer „Rechte" beraubt ... Ich habe sie in diesen Tagen des August 1964 gesehen, in Garmisch, in Lermoos, in Oberammergau, in Mittenwald, in Kochel: Da sitzen sie an den Rändern der Durchfahrtstraßen und schauen auf die vorüberrasenden Autos, sehen sie kommen, sehen sie verschwinden, wenden in einem monotonen, tausendfältigen Kopfschütteln all ihre Aufmerksamkeit dem Auto zu und sonst nichts. Zu Tausenden und zu Zehntausenden. Jeder kann es nachprüfen. Es ist also nichts mit der Gefahr, das Bergsteigen würde sich zum peinlichen Massentourismus verwandeln. Oben in der Stille, auf den Bergwanderwegen und Steigen, wandert und steigt man allein, trifft nur sehr selten auf Menschen. Ausgenommen sind die Wege zu der und von der Partnachklamm und Höllentalklamm. Ich will diese Behauptung an der Schilderung von drei der reizendsten Bergwanderungen beweisen, die ich mit Frau und Kindern in diesen Augustwochen 1964 durchgeführt habe. Es sind einfache Wanderungen, für die man als Ausrüstung nur gute Leichtbergschuhe, einen Anorak und etwas Proviant benötigt, dazu als bergsteigerische Qualität eine gewisse Trittsicherheit. Alle drei Touren dauern nicht viel länger als fünf Stunden; gesunde Kinder im Alter von acht Jahren und mehr kann man jederzeit mitnehmen (wir selbst hatten ein fünf-, ein sieben- und ein zehnjähriges Kind dabei).

Bergwanderung I: – Ausgangspunkt und Endpunkt Garmisch-Partenkirchen
Man fährt mit dem Bus zur Talstation der Kreuzeckbahn und gondelt zum Kreuzeck hinauf. Dort sollte man mit einer der ersten Kabinen ankommen, damit man die Wanderung zwischen 8 und 9 Uhr morgens antritt. Es geht nun den Weg zur Hochalm (eben) etwa 15 Minuten hinüber, bis eine Wegtafel zur Linken auf den schmalen Steig verweist, der zur Stuiben-Hütte

1964 Der Bayerische Rundfunk startet ein drittes Fernsehprogramm (22. September) – Leonid Breschnew wird Kreml-Chef (14. Oktober) – Der einmillionste Gastarbeiter in der Bundesrepublik ist Portugiese (10. September) – 57 Ostberliner fliehen durch einen 150 m langen Tunnel in den Westen (5. Oktober)

Ein Jahr vor Walter Pauses Veröffentlichung
im Magazin Merian wurde die Eibsee-Seilbahn
auf die Zugspitze in Betrieb genommen.

und ins Reintal führt. Diesen Steig gehen wir, erst
leicht abwärts, dann große Hänge querend, bis wir
die Waldzone und damit die absolute Einsamkeit
erreicht haben (30 Min.). Vorbei am kleinen
Akademikerhüttchen und an einer frischen Quelle
wandern wir, immer noch meist eben, unter den
Kolonaden hoher Fichtenstämme dahin, entdecken
rechts die Abzweigung zur Stuiben-Hütte (5 Minuten-
Abstecher, Möglichkeit der Einkehr), bleiben aber
„im Prinzip" am Wege, der nun leicht fallend in
die gewaltige Schlucht des Reintales hinabführt.
Am Ende queren wir eine kurze steile Wandstelle,
die mit Hilfe eines Drahtseiles völlig gefahrlos zu
begehen ist, dann erreichen wir den Boden des
Reintals (2 Std. ab Kreuzeck) etwa 20 Minuten
unterhalb der „Blauen Gumpe".
Wer klug ist, wandert nicht gleich links das lange,
wunderschöne Reintal hinaus zur Partnachklamm
(weitere 2 Std.), sondern steigt gemächlich zur
„Blauen Gumpe", setzt sich dort zur Rast nieder
und studiert die Riesenwände von Hochwanner,
Hochblassen und Hohem Gaif, genießt die vollkommene Stille und die reine Luft. Hier eine
Stunde oder zwei bleiben, heißt an einem der
schönsten und einsamsten Rastplätze der Alpen
zu weilen! Hinterher wandere man mit den sprin-
genden Wassern talaus, bis einen die Mitterklamm
zwingt, nach links hinauf in den Bergwald auszuweichen und dort sieben Hangbuchten auszugehen.
Dann führt einen wieder die junge Partnach und
bringt uns in die Klamm und hinaus zum Bus am
Olympiastadion.

MERIAN, 1964

57 Andrea und Michael im Karwendel

Erst ging er in die „Schule der Gefahr". Jetzt besucht er die „Schule der Besinnung". Der Bergsteiger wird älter, und er lernt nicht aus. Seine Kinder bringen ihm bei, dass er viel weniger weiß, als er zu wissen glaubte. So werden die längst vertrauten Routen wieder zu Erstbegehungen.

„

Indem wir in dieser kleinen Gesellschaft gehalten waren, auf tausend Fragen tausend Antworten zu geben, gaben wir tausend stumme Empfindungen von einst Name und Ausdruck. "

„

Die Liebe hat scharfe Augen, sie zwingt uns im rechten Augenblick auch einmal zur Umkehr. Aber sie wird niemals verhindern, daß wir den Kindern frühzeitig den schönsten Lebenstrost lehren, den sie in dieser Welt des Lärms haben können. "

Mit Kindern im Gebirge

Andrea und Michael, zwei von den sechs Kindern des Kalendermachers, liegen hier rastend auf einem trockenen, von der späten Sonne beschienenen Graspolster unter der Lamsenhütte im Karwendel und lassen sich von den warmen Strahlen salben. Fünfzehn Minuten vorher noch waren sie im eiskalten Schatten aufgestiegen, in dem alle kleinen Bergwasser zu glasigen Flüssen gefroren. Denn es war schon Anfang November, als ich mit den Kindern die Eng aufzusuchen wagte, jenen im Sommer von Hunderten von stinkenden und lärmenden Autos verpesteten grünen Fleck am Großen Ahornboden. Wir waren damals allein, stiegen auch allein auf zur verlassenen Lamsenjochhütte, und erst unterm Joch kamen wir auf Schnee und erst hier trafen wir auch auf andere Lebewesen: es waren einige Gamsrudel, die wie wir den Abglanz der letzten Sonne suchten und die in wilder Hast davonsprangen, als wir uns näherten … Es gibt für den alternden Bergsteiger keine größere Freude als die, wenn er seine Kinder ins Hochgebirge führt. Das ist wie ein neuer Anfang auch für ihn, und wenn sein eigenes frühes Bergsteigerleben eine „Schule der Gefahr" war, so ist das neue Bergsteigen mit den Kindern nun eine „Schule der Besinnung" – für ihn, der doch meinte, alles zu kennen und alles zu wissen! Aber Kinder stellen tausend Fragen und wollen tausend Antworten, und tausend Dinge, die er selber einst übersah, wenn er im Feuer des Ehrgeizes wie blinden Auges den Graten und Gipfeln zustrebte, die sieht er jetzt, die muß er besehen und mit Namen nennen, weil es die Fragen der Kinder erheischen.

Der Größere, Michael, hat eine Reepschnur um die Schulter hängen. Die haben wir, wenn wir zusammen ins Gebirge fahren, immer bei uns. Denn allzu oft schon kamen wir, im Frühsommer vor allem, an alte Firnreste in den Nordkaren, die beinhart und deshalb unangenehm zu überqueren waren: wie froh waren wir da um unsere Reepschnur. Oder an schrofigen Hängen, die brauchten gar nicht naß zu sein, um gefährlich zu werden – auch da tut die sichernde Reepschnur zwischen mir und den Kindern eine gute Wirkung. Michael, bereits ein sicherer, schneller Skiläufer und Springer, hat auch schon einige Dreitausender erstiegen, da ließ ich ihn von der Hütte weg vorangehen und das Tempo bestimmen. Auch die kleine Andrea, erst fünf Jahre alt, macht

124

schon alpine Ausflüge mit, aber doch in Märchenstiefeln und mit Märchen-
augen. Ihresgleichen sieht noch kein Ziel wie der größere Bruder, sie sieht
nur die Blumen und Tiere, sie ist im Bereich der Bergwege an ihrem schönsten
Ziel und kann die schwierigsten Fragen stellen. Manchmal belüge ich sie
kalten Herzens, weil sie mehr wissen will, als ich weiß.

Kalendergeschichten, 1964

58 Der Bestseller

Schon 1965 bezeichnet Walter Pause die Rückbesinnung auf naheliegende, einfach zu erreichende und – wenn man so will – bescheidene Ziele als „modern". Womit er beweist, dass er genau dies bis heute ist. „Denn ‚modern', das heißt heutzutage, dem beginnenden Alpenrummel geschickt auszuweichen, und dorthin zu zielen, wo es noch wirklich staad ist, still, relativ einsam, und wo man nicht auf die Matratzenlager geschichtet wird wie in so vielen, vielen Hütten der Zentralalpen." Deshalb führt er seine Leser in die „Münchner Hausberge".

Walter Pause
Münchner Hausberge

Das Original, vielfach kopiert, aber in seiner Qualität und Dichte nie erreicht. Bis heute erscheinen die „Münchner Hausberge", bearbeitet von Sohn Michael Pause, regelmäßig als Neuauflage im Münchner BLV-Verlag.

Auf den Jochberg und nach Sachenbach hinunter

Was eine rechte Münchner Familie ist, die wandert mit ihren Kindern jedes Jahr einmal auf den Jochberg über der Kesselbergstraße: Ende Mai nach der letzten Skitour, oder noch schöner Ende Oktober, wenn das Karwendel gegenüber schon überzuckert ist und das ganze Gebirg still und leer. Alle Münchner Kinder fangen am Jochberg das Bergsteigen an. Auch die unseren haben es getan, voriges Jahr haben wir den letzten von sechs hinaufgeführt. Wir fahren immer das Isartal hinaus über Königsdorf und Benediktbeuern, schlängeln uns dann den Kesselberg hinauf, die Kinder zählen die Kurven, und 100 Meter hinterm 858 Meter hohen Joch stellen wir den Wagen auf den kleinen Parkplatz. Zweihundert Meter weiter stünde das Goethe-Denkmal, man könnte aus der „Italienischen Reise" zitieren, aber die Kinder sind taub und sehen nur das felsige Steigerl, das gegenüber dem Herzogstandweg östlich in den schattigen Bergwald zielt, hinauf zum Jochberg. Es windet sich in vielen Serpentinen bergan, man diszipliniert sich zum rhythmischen Steigen, die Kinder verstummen. Am ersten freien Schlag schimmert ein tiefblaues Tuch zwischen den Buchenstämmen, es ist Corinths Walchensee, und gleich daneben wachsen Herzogstand und Fahrenbergkopf aus dem Dunst: der erste Juhuschrei der Kinder … Nach einer Gehstunde wird der schöne Wald immer lichter, plötzlich tritt man nach links auf eine helle grüne Kanzel über der Jochberg-Nordflanke, und schon eine Viertelstunde weiter abermals, da hat man die letzten Krüppelfichten unter sich, steht an der Kante der felsigen Nordwand und schaut gerührt um sich: weiß und blau dehnt sich Oberbayern ins Grenzenlose, die steinerne „Benewand" präsentiert sich als harmloser Grasberg, der silbern schmelzende Walchensee öffnet seine geheimen Buchten. Das Gipfelkreuz wird über den Grat gestürmt, dann liegen wir 1567 Meter hoch auf den Graspolstern und sagen uns die Gipfel her: von Karwendel, Wetterstein, Stubai. – Gute zwei Stunden steigt man vom Joch zum Gipfel auf. Wir brauchen immer drei, weil wir beim Gratbeginn immer einen „Hungerspinat" kriegen und Brotzeit machen müssen. Am liebsten gehen wir auf den Jochberg, wenn es überm Loisachtal nebelt. Dann warten wir die zwei Stunden im dicken Nebelbrei gespannt auf den Augenblick, in dem wir ins himmlische Licht treten und über goldenen

126

Wolkenmeeren rasten dürfen. – Nie steigen wir am Anstiegswege ab.
Wir springen den steilen Südhang zur Jocher-Alm (1382 m) hinunter –
im letzten Jahr fuhren die Kinder bäuchlings auf gefrorenem Novem-
berschnee ab – und dann laufen wir südwestlich den überwachsenen Weg
nach Sachenbach hinunter. Dieser Weg ist schön, selten begangen, nach
allerlei überraschenden Wendungen steht man eine knappe Stunde später vor
dem Jörglbauernhof, der schon seit 1446 der Familie Merz gehört, dem alten
Jägergeschlecht des Klosters Benediktbeuern: ein Adelssitz sozusagen.
Von Sachenbach aus kann man in vierzig Minuten auf der für Autos verbotenen
Uferstraße nach Urfeld laufen; aber wir gehen meistens ans Südufer der
nahen Halbinsel und flacken uns auf die Uferfelsen, um uns zur Insel
Sassau hinüber zu träumen – den Lieblingsplatz von Max II.

Münchner Hausberge, 1965

Was eine rechte Münchner Familie sei, wandere jedes Jahr auf den Jochberg. Manch eine Familie erfüllt Walter Pauses Diktum bis heute.

59 Von klugen und dummen Autofahrern

Als die freizeitmobile Gesellschaft gegen Ende der 1960er-Jahre die ersten Folgen des zunehmenden Individualverkehrs – Stau in der Früh, überfüllte Parkplätze, Stau am Abend – zu spüren beginnt, veröffentlicht Walter Pause ein Büchlein für „Nichtgeher". Mit diesem hofft er, seine Münchner Leser zu leicht erreichbaren Wanderungen animieren zu können – wobei er sie gleichzeitig bis zu 122 Kilometer lange Anfahrten in Kauf nehmen lässt.

„Gehn müßt' ma halt wieder amal! Sagen Tausende von Autofahrern heutzutage, weil sie von der Fußspitze bis ins Kreuz die Leiden des Nichtgehers spüren. Diesen Erzfaulenzern und Selbstverstümmlern sei dieses Buch gewidmet. Möge es viele Münchner und auch andere Autobesitzer dazu bringen, die Koketterie mit dem Gaspedal aufzugeben und auch den Versuch, auf faule Weise und mit fremden Mitteln ein Herrendasein vorzugaukeln: denn Fahren ist keinesweges feiner als Gehen, ein richtiger Herr repräsentiert auch niemals mit seinem Auto, sondern mit Kopf und Manieren. Ein wahrer Herr ist vor allem auch Herr seiner Glieder und beraubt sie nicht ihrer wichtigsten Funktion. "

Über den Taubenberg –
Bäuerliche Paradiese unter der Südflanke
Anfahrt 33 km – Wanderung 14 km / 4 Std. Mit Fernglas!

Der 900 Meter hohe Taubenberg westlich überm Mangfallgrund ist ein langgestreckter waldiger Mittelgebirgsrücken vor dem eigentlichen Alpenrand, der keinen attraktiven Gipfel ausbildet und am höchsten Punkt sogar einen hohen Aussichtsturm nötig hat… Er wird zu Recht gemieden – müßte man sagen. Aber die Einsamkeit dieses Waldberges, dessen zahllose Quellen Münchens Bäder und Bierkessel füllen müssen, lockt halt doch… Man läßt den Wagen in Oberwarngau, das einen harmonischen alten Ortskern besitzt, geht beim Altwirt hinter der Kirche nach links und vom Sportplatz weg auf einem Wiesenweg nordwärts nach Osterwarngau (1,5 km). An den östlichen Häusern beginnt der uralte Wallfahrerweg nach Nüchternbrunn am halben Taubenberg, unbedeutende Kreuzwegstationen begleiten uns, und bald sind wir jenseits eines Absatzes im Hang in der winzigen Waldlichtung mit der kleinen Pestkapelle und dem Klausnerhäuschen, mit Brunnen, Bänken und Gärtchen. Später südlich kurz abwärts, dann auf einem lustigen Waldsteig, der alle Bachgräben geschickt umgeht, zu einem Wegkreuz mitten im Bergwald, dann in mehreren Windungen ostwärts zum Gasthaus am Taubenberg (+ 3 km, 824 m hoch). Hier soll man Brotzeit machen, denn auf den nächsten 10 km gibt's keinen Wirt mehr! Man schaut währenddem weit ins Schliersee-Tegernseer Gebirg hinein. Dann geht man umgekehrt, also westwärts wieder davon, kommt über den breiten Fahrweg zum Aussichtsturm, einem unschönen, dennoch monumentalen Betonklotz, und hat hier annähernd 900 m Höhe erreicht. Hier ringsum haben einst die Münchner Turner jahrzehntelang ihr Taubenbergfest gefeiert! Wir gehen zur kleinen Kapelle zurück, passieren südlich absteigend den nahen Christoph-Hof und später, auf einem Weg südöstlich gehend, auch die beiden schönen stillen Höfe von Schwarz und Hainz. Von hier schaut man auf eine heckendurchwirkte Wiesenplatte, ein verlockendes Bauernparadies mit vielen roten Dächern. Um dort hinzukommen muß man erst recht steil abwärts steigen. Unten hält man sich nach kurzem Gegenanstieg über die neue Teerstraße

128

1966 Der „Spiegel" enthüllt die „Starfighter-Affäre" (12. Januar) – Indira Gandhi wird indische Ministerpräsidentin (19. Januar) – Ausschreitungen bei Demonstration gegen den Vietnamkrieg in Berlin (5. Februar) – Frankreich kündigt Mitgliedschaft in der NATO auf (21. Februar)

und gleich weiter zur ersten freien Gruppe von Höfen, Haidhub genannt. Hier haben wir den Taubenberg hinter und eine Parade schönster Bauernhöfe vor uns. Es geht nun südwestlich, später westlich durch den alten Filzboden. Ein sauberer Hof folgt dem anderen (+ 4 km), am sonnenverbrannten alten Gschwendtner-Hof möchte man am liebsten einheiraten, so schön ist der. Später folgt eine alte Allee, am ersten Querweg folgt man dem nach links bis zu den Höger-Höfen, den schönsten am ganzen Weg. Dort tut sich immer mehr jene klassische Voralpenlandschaft auf, wie sie Wagenbauer, Schleich, Kobell und Dillis gemalt haben, man steigt rechts einen Wiesenhang hinauf, immer höher stellen sich die Berge auf – hier bereut keiner mehr den langen Weg! …

Schlussbemerkung:

Wer eklatante Verbesserungen zu meinen Wandervorschlägen findet, teile sie mir um den Preis meiner Freundschaft zu ihm mit! Wie der Titel sagt, ist dieses Büchlein nur für „kluge" Autofahrer bestimmt. Man gebe es also niemals an jemand aus der Masse der „dummen" weiter! Der Autor führt Stichproben durch.

Wer viel geht, fährt gut –
Band I „Zwischen München und Salzburg", 1967

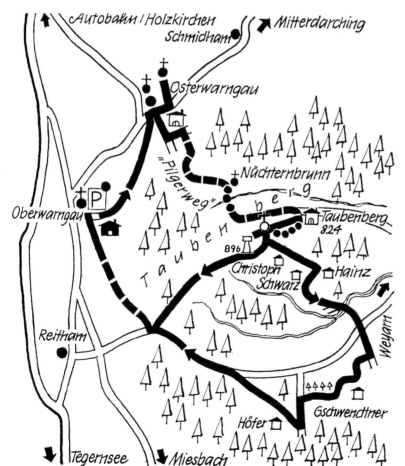

Leicht erreichbar, nicht zu lang, nicht zu schwierig: Auch heute ist der Taubenberg beliebtes Wanderziel für Münchner Ausflügler.

60 Flugschau über die Alpen

Franz Thorbecke eröffnete mit einer kleinen Piper und seinen Kameras neue Dimensionen.
Walter Pause flog auch zuweilen mit, wie uns der Fotograf wissen lässt. Es war ihm nicht
immer wohl zumute, aber „Walter Pause hat alles überlebt". Gott sei Dank, denn so wurde
uns ein wunderbarer Fotoband beschert, der sich über den gesamten Alpenkamm streckt –
bis auf italienische Gebiete, die durften seinerzeit nicht fotografiert werden: „strategische
Rücksichten" ... Macht nichts. Der Band war und ist ein Genuss.

Hier ist ein Buch voller Bergbilder, voller unerhörter, weil nie geschauter
Bilder aus den Alpen, aufgenommen aus einem Flugzeug, gesehen wie mit
Adleraugen, eine bunte Fülle von Schwarzweißtafeln aus der kühnsten aller
möglichen Perspektiven – aber ein Bergbilderbuch ohne Menschen. Wir wissen
sehr wohl, daß erst der Mensch in Aktion, daß der aktive Bergsteiger in
seiner Berglandschaft jene Spannung verschafft, die das Abbild zum Bilde
erhöht. Dennoch haben wir uns viele Jahre um dieses Buch der Luftbilder
bemüht: Wir wollen eine Neuheit zeigen, wollen die Alpen aus einer neuen
Dimension des Schauens entdecken, wollen uns und allen Betrachtern den
eminenten Schock gönnen, den diese Bilder auslösen. Denn noch niemals
stand ein fotografierender Mensch dort, wo der Flugfotograf seine Bilder
„schoß", niemandem war es bislang vergönnt, einen Dent du Géant, den
Grépon, die Eiskalotte des Mont Blanc, Petit Dru, Eiger, Matterhorn, Aletsch-
horn, Tödi, Ago di Sciora, Kreuzberge, Drusenfluh, Watzespitze, Piz Linhard,
Zugspitze, Leuchsturm, Dachstein oder Großglockner zu sehen, wie sie der
fliegende Fotograf sah: in horizontalem Anfluge, auf Atemnähe – kurz vor
dem Abdrehen des Flugzeuges. Viele Betrachter werden nach dem ersten
Schock sagen, dies sei eine verkehrte Welt. Sie haben nicht unrecht. Aber in
einer Zeit, in der die Menschheit nicht mehr „hinterm Mond" leben muß
und in der man die eigene Erde von einem anderen Stern sehen kann, könnten
diese Bilder einer verkehrten Welt sehenswert sein. Wir zeigen immerhin
Bilder, die bisher kein Bergsteiger sah, weil er seinen eisigen oder felsigen
Boden der Wirklichkeit nicht verlassen konnte. Es sind verkehrte, sind sozusagen abstrakte Bilder. Und doch sind es nicht „Mondlandschaften" wie jene
aus viel zu großer Höhe aufgenommenen ersten Luftbilder von Bergen.
Die Aufnahmen dieses Buches entstanden bewußt im Tieffluge, entstanden
wohl oberhalb der Dunstdecken der Täler, doch immer noch in einer Höhe,
die dem Bilde ein Stück Himmel beließ: und damit die Illusion, das Bild
könnte von einem Nachbargipfel aus aufgenommen sein.

(...) Diese Bilder aus der Luft vermitteln fast ausnahmslos ein höchstes Maß
an Instruktionen; sie gewähren ungewöhnliche, man darf sagen nie geschaute
Einblicke in die Struktur des geliebten Berges; sie erlauben vielfach, eine

130

Bergflanke vom Gipfel bis ins tiefe Tal mit allen Details von Struktur und Neigungswinkeln einzusehen; sie gestatten gegenüber dem ewigen „Aufwärtsblicken" des Bodenfotografen mit seinen verzerrten Neigungswinkeln das „richtige" Schauen, nämlich aus der Horizontale des Anfluges.

Walter Pause und Franz Thorbecke,
Die Alpen mit Adleraugen, 1967

So mächtig war der Taschachferner unterhalb der Wildspitze noch 1967. Franz Thorbecke fror das Eis in Schwarz-Weiß ein, bevor es schmolz.

61 Mit strengen Augen

Der Erfolg der Pause-Bücher ist ohne das Team an hervorragenden Mitarbeitern in den verschiedenen Bereichen nicht denkbar. Wie die bekannten Wiener Kletterer und Führerautoren Willi End und Hubert Peterka beim sorgfältigen Zusammentragen des Grundmaterials und beim Anfertigen von Skizzenvorlagen unentbehrlich waren, so glücklich erwies sich für Walter Pause der Kontakt zum Lindauer Luftbild-Fotografen. Bergbücher erhielten dank dessen Luftbilder eine neue Dimension an Übersichtlichkeit und Klarheit.

Die Arbeit mit Walter Pause sei nie einfach, aber immer amüsant gewesen, sagt Franz Thorbecke. Seine Kritik, immer berechtigt, habe ihn angespornt.

„Er ist nach Lindau gekommen, hat mir eine Landkarte mit vielen Pfeilen gebracht und gesagt: Jetzt flieg los", erinnert sich schmunzelnd Franz Thorbecke, der zu Beginn der 1960er-Jahre als einer der Ersten die Berge aus der Luft fotografierte. „Er war in dieser Beziehung ein Perfektionist, und er wollte von mir perfekte Bilder bekommen." Leicht ist es für den Lindauer Piloten und Fotografen anfangs nicht, den hohen Anforderungen Walter Pauses gerecht zu werden. Außer seiner Rollei-Kamera muss Thorbecke schließlich noch Steuerknüppel und Gashebel seiner „Piper" im Griff haben. „Er wollte nicht, dass man sieht, dass dies Flugaufnahmen sind. Ich musste also immer unterhalb der Gipfel fliegen, die Bergwand richtig anpeilen und so in die beste Position kommen." Um Erschütterungen zu vermeiden, geht er in Gleitflug. Entscheidend für die Schönheit der Aufnahmen ist jedoch nicht nur die Position, sondern vor allem der Zeitpunkt: „Jeder Hang hat seine Tageszeit, deshalb musste ich dieselben Regionen oft mehrmals, zu verschiedenen Tageszeiten anfliegen, um alle Routen im besten Licht zu erwischen."

Denn er wusste: Ist die Aufnahme nicht perfekt, muss er sie gar nicht erst vorlegen. „Er hat mich vor allem zu Beginn unserer Zusammenarbeit viel kritisiert. Aber es war immer berechtigte Kritik, die mich angespornt und immer höher getrieben hat." Besonders schwierig sind die Bilder für das Buch „Von Hütte zu Hütte": „Da sollte man eben immer auch eine Hütte sehen, und die musste ich aus der Luft erst einmal finden. Ich weiß nicht, wie oft ich hin und her geflogen bin, bevor ich zum Beispiel die Meilerhütte entdeckt habe!" Mit der Zeit sei er ein sehr erfahrener Alpinist geworden, obwohl er nur auf einem kleinen Bruchteil der Gipfel gestanden hat. „Aber ich kenne die Alpen wie meine Westentasche, zumindest aus der Luft." Aus der Vogelperspektive entdeckt er auch so manche Tour, die selbst Walter Pause bis dahin noch unbekannt war. „Wenn ich irgendwo Skispuren und viel versprechende Hänge sah, fotografierte ich sie und zeigte ihm die Bilder." Worauf dieser sofort zum Lokalaugenschein aufbrach. „Den Piz Laviner haben wir zum Beispiel so ‚entdeckt'."

Um die dreitausend Flugstunden hat der heute 85-Jährige, der erst vor vier Jahren das Fliegen aufgegeben hat, über den Alpen zwischen Klagenfurt und

Grenoble verbracht, um Bücher wie „Von Hütte zu Hütte", „Im extremen Fels"
und „Im Kalkfels der Alpen" aussagekräftig zu illustrieren. Das war das
Pflichtprogramm, die „Kür" folgt mit dem Bildband „Die Alpen mit Adleraugen". „Es war Walters Idee, denn er war fasziniert von der Struktur der
Felsen und dem Spiel von Licht und Schatten im Gebirge, obwohl er anfangs
von den Flugbildern aus künstlerischer Sicht nicht so angetan war."
Bei der langen, gemeinsamen Arbeit sei man sich natürlich auch privat näher
gekommen. „Fasziniert hat mich an Walter Pause vor allem, wie er frei von
der Leber die Texte geschrieben hat. Für mich war es immer ein Vergnügen,
sie zu lesen und natürlich die Bilder dafür zu machen. Die Arbeit mit ihm
war nie einfach, aber immer interessant und vor allem auch immer amüsant."

Walter Pause über Franz Thorbecke in „Bergfotografie heute", 1967:
„Ich erkläre den Mann und Flieger Franz Thorbecke am besten durch unser
beider Geschichte der letzten zehn Jahre. Um 1960 herum fand ich die
Fotoarchive zwischen Wien und Chamonix so veraltet, so ohne jeden lebendigen Zusammenhang mit der fotografischen Entwicklung, dass ich auf
Auswege sann. Franz Thorbecke, den ich darum ersucht hatte, sandte mir
seine Luftfotos aus den Alpen. Sie schienen mir Mondlandschaften zu sein,
weil aus zu großer Höhe aufgenommen. Ich erklärte dies Franz Thorbecke,
und dieser aufrichtige, liebenswürdige Mann stelzte nicht auf seinem Können
herum, sondern versuchte, meinen Bitten zu entsprechen: erstens tief anzu-
fliegen bei seinen Aufnahmen im Gebirge, und zwar dergestalt, dass der
Bildbetrachter das Gefühl haben kann, das Bild sei vom gegenüberliegenden
Berg aufgenommen, und zweitens stets im Gegen- oder im Querlicht zu
fliegen, damit aus Graubildern regelrechte Schwarzweißbilder würden, also
kontrastreiche Fotos. Die ersten Versuche gelangen bereits, aber in den
folgenden Jahren, in denen Franz Thorbecke nach meinen Generalstabs-
plänen fliegend fotografierte, entwickelte er sein Können auf einen so hohen
Stand, dass sie als perfekt gelten durften. Thorbeckes Flugfotos sind heute
aus mehr als zehn meiner Bergbücher nicht mehr wegzudenken."

Das Stubai aus der Adlerperspektive.
Auf Anraten von Walter Pause eröffnete
Franz Thorbecke dem Betrachter eine
neue Sichtweise auf die Berge.

62 Normal – beliebt – klassisch

Bergsteiger verdammen die Trägheit, loben Mühsal und Gefahr. Sie sind die Vorhut der Menschlichkeit, die uns ein wenig schützt vor der Sintflut der Gewöhnlichkeit. Gewöhnlich sind die Kalkberge der Alpen beileibe nicht, und Walter Pause ist fürsorglich zu seinen Lesern, lässt keinen Hinweis auf Gefahren aus. Beim Lesen bekommt man ein Kribbeln in den Füßen und möchte gleich in den Keller, den Rucksack packen und die Menschheit schützen – vor der Sintflut...

Der Winklerturm 2800 m

Als der Münchner Gymnasiast Georg Winkler am 17. September 1887 den Winklerturm im Alleingang bezwang, sprach man unwillig vom „Sport im Alpinismus". In der Tat war Winkler seiner Zeit weit voraus, und Stabeler- und Delagoturm mußten noch viele Jahre warten, ehe sie ihre Meister fanden – da aber lag Winkler längst tot im Lawinenschnee am Weißhorn. Der Winklerturm gilt, von Osten und nun gar von der tiefliegenden Vajolethütte gesehen, als der schönste jener drei Klettertürme, die neben der Laurinswand und der Rosengartenspitze jeden schönen Sommerabend bis in die Bozener Straßen leuchten. Unser Bild und die Skizze, im wesentlichen übereinstimmend, zeigen den Verlauf der Kletterführe – übrigens der schwierigsten dieses Buches –, deren Durchstieg auch heue noch eine kühne sportliche Leistung darstellt und die einst den berühmten Dolomitenführer Antonie Dimai zu dem Geständnis zwang, der junge Winkler klettere besser als er selbst. Winkler kletterte mit nichts als einer dünnen Leine, als er damals aus der Gartlschlucht unterm Sockel der drei Türme direkt dem Einstieg zustrebte. Der liegt heute unterhalb der Schlucht, die von der Stabelerscharte herabzieht. Unmittelbar daneben beginnen fast senkrechte Wände, aber ein Band mit einer heiklen Unterbrechungsstelle gestattet dennoch den Aufstieg nach rechts oben zum Beginn des „Winklerrißes". Ein senkrechtes Wandl führt erst rechts unterm Rißbeginn aufwärts, dann quert man nach links in den nur 8 m hohen, zuerst senkrechten, dann überhängenden schmalen Riß hinein und zwar mit der linken Schulter im Rißinneren. Manch einer verklemmt sich allzusehr im Riß, statt locker zu bleiben. Wenn er dann bei der Rißausbauchung mit der rechten Hand hoch oben den berühmten, einzigen, aber sehr guten Griff endlich hat (schwierigste Stelle!) – dann hat er sozusagen die Hand der Vorsehung gepackt. Dem „Winklerriß" folgen eine leichtere Platte und ein leichterer Kamin; dann geht es abwechselnd in zwei Parallelkaminen aufwärts und durch den etwas geschwungenen, oft feuchten Kamin, der nach 10 Metern in das auffallende Schartl am oberen Ostgrat führt. Dort spaziert man auf einem Schuttband etwas in die Nordostflanke hinein, dann klettert man links leicht zum Grat zurück und steigt durch eine Kaminverschneidung zum Gipfel aus. – Der Abstieg wird am selben Weg

134

durchgeführt, wobei am „Winklerriß" abgeseilt wird – Doppelseil! Dülfersitz!
Keinesfalls klettere man unterm „Winklerriß" gerade hinab, man bleibe auf
der Aufstiegsführe, auch am Band mit der Unterbrechnungsstelle. Der
„Winklerriß" kann in etwas leichterer, aber sehr gefährlicher Kletterei rechts
umgangen werden: Nicht empfehlenswert! (Siehe Langes-Führer!) Man
beachte auch das Bild von Führe 40 im Buch Pause/„Im schweren Fels" mit
den drei Vajoletürmen und der Delagokante.

Im Kalkfels der Alpen, 1966

**Der kühne Winklerturm – legendärer Felsturm
über dem Rosengarten – lässt von Osten aus
gesehen jedes Klettererherz höher schlagen.**

63 Zwischen München und Brenner

Wer viel geht, soll nicht nur gut fahren, sondern auch viel sehen. Dieses Motto zieht sich auch durch den zweiten Band der Reihe. Sie führt den Autofahrer, der „von der Fußspitze bis ins Kreuz die Leiden des Nichtgehers verspürt", in gewohnt launischer Weise mit 40 Touren vom Forstenrieder Park bis ins südtirolerische Gnitztal.

Tour 41 Sägerbachtal, Lösertal und Kenzenwirtin
Von Linderhof in die Ammergauer hinein
Anfahrt 104 km - Bergtour 12 km - gut 6 Std. Paß!
Feste Schuhe, Wetterschutz, etwas Proviant.

Wenn ich ehrlich bin: Das ist die schönste, stillste und doch auch aufregendste Bergwanderung im Vorgebirge! Man braucht Ausdauer und etwas von einem Abenteurer dazu. Zunächst: nie vor Mitte Juni, weil oben noch Schnee liegt, und nicht nach langer Regenzeit!
Ansonsten fährt man durch Linderhof und den bayerischen Zoll zum großen Holzlagerplatz, wo der Wagen bleibt. Dort wird der kleine Rucksack aufgenommen, N an der Brück die blutjunge Ammer passiert und NW, dann immer mehr W, am Forststraßerl ins Sägerbachtal hinaufgelaufen. Ziemlich eben geht's am Bach dahin, der da und dort Kapriolen riskiert, immer allein. Füchse sagen sich in den wildreichen Bergwäldern gute Nacht – wir haben einen gesehen.
Nach gut einer Stunde, wo der Talgrund sich spaltet, rechts noch vier Kurven hinauf, dann S geschwenkt (Wegweiser schlecht sichtbar), in 20 Minuten am Steig den steilen Hasengraben gequert und auf der anderen Seite um den steilen Rücken herumgegangen, bis man im Lösertalboden steht. Uralte Fichten gibt's hier (wo der Autor einst im Mai seine Skier oben im Wipfel hat hängen lassen, um sie im Dezember wieder abzuholen), ein kleines, feines Moos und ringsum – wie im Barocktheater – lauter kleine zierliche Felstürmchen, Latschengehänge, alle voller schlauer Gemsen und Murmeltiere, die man freilich kaum sieht.
Aus dem Paradiesgärtlein, in dem man am liebsten bleiben würde, weil es auf vollkommene Weise von der „bösen Welt" abgeschieden ist, geht man nun nicht, wohin es einen verleitet, auf den Scheinberg… Nein, man steigt W in und dann durch eine grüne Mulde hinauf zum Lösertalsattel (Joch 1600 m), zwischen dem felsigen Lösertalkopf links und dem grünen Scheinbergjoch rechts. Hier könnte man rasten, mit der Hochplatte vor Augen, mit den Ur- und Irrgärten der Tälchen, Sattel, Felsgrätchen, Jöcher – doch wir laufen am alten Steig links, S, unterm Lösertalkopf durch, an der Weggabelung aber

136

1967 Gründung der „Kommune 1" in West-Berlin (1. Januar) – US-Militärflugzeuge versprühen das Entlaubungsmittel „Agent Orange" über vietnamesischem Dschungel (7. Februar) – Wirtschaftsminister Karl Schiller initiiert die „Konzertierte Aktion" (14. Februar) – Konrad Adenauer stirbt 91-jährig (19. April)

W hinab, weiter unten in kleinen Serpentinen und an einem tollen Wasserfall vorbei zur Kenzenhütte! Brotzeit, Einkehr, Rast, es ist hundsgemütlich da, und über allem wacht der wuchtige Geiselstein. Dann geht es retour, von der Hütte NÖ, dem Wegweiser nach, zum Bäckenalpsattel auf 1540 m. Drüben abwärts, wir treffen schließlich nach der Bäckenalp auf unseren Weg am Sägertalbach, plantschen nackert oder barfuß in seinen Gumpen herum und bummeln glücklich hinaus zur Brücke und zum Wagen. Sechs Stunden sind also schon drin, dennoch können Kinder ab 5-6 Jahren mitgehen, wenn sie munter sind. Gerade für Frauen und Kinder ist diese Wanderung in vollkommen unberührte alpine Umwelt mit ständig neuen Überraschungen – wir sind im Naturschutzgebiet – ein Ereignis.

Wer viel geht, fährt gut –
Band II „Zwischen München und Brenner", 1968

Rückblick vom Anstieg zum Bäckenalpsattel. Links oben im Bild die Hochplatte und rechts der Geiselstein.

64 Im Musterland Schweiz

„Mit kritischen Augen" werden 1968 die bedeutendsten Schweizer Skistationen betrachtet und – die meisten zumindest – für gut befunden. Mit dem ersten Band der Reihe „Die grossen Skistationen" liegt uns, im Nachhinein betrachtet, der erste „Skiguide" vor. Gespickt mit Informationen rund ums Skifahren: Lifte, Übernachtungen, Skiservice, Beurteilung der Orte und Tipps für Skiwanderer. Ein rundum komplettes Paket mit eindrucksvollen Luftbildern und liebevollen Skizzen, das den „Skiguides" von heute in nichts nachsteht – im Gegenteil.

SCUOL/SCHULS Kanton Graubünden

Es muß eine Lüge sein, daß sich die Pistenfahrer unserer neuen Zeit allein von der Summe der abzufahrenden Höhenmeter und von der Hangrichtung der Pisten faszinieren lassen: denn dann wäre die östlichste Skistation der Schweiz Scuol-Tarasp vereinsamt und der Autor dieses Buches hätte ihr keine ZWEI Sterne zuteilen dürfen. Der kleine Hauptort des Unterengadin, dicht am Inn-Ufer zwischen Silvrettagruppe und dem Schweizer Nationalpark mit den Unterengadiner Dolomiten gelegen – im Norden von schwarzem Urgestein, im Süden von weißem Kalk umfaßt – hat aber diese zwei Sterne bekommen und dies, trotzdem er im leuchtenden Schatten der nahen Weltplätze St. Moritz und Pontresina liegt. Dieser „leuchtende Schatten" ist übrigens sein eigentliches Kennzeichen; denn der Pistensucher, der auf der Landkarte die krasse Südlage der Pistenhänge über Scuol entdeckt, muß ja zurückschaudern: Südhänge sind verpönt, heißt es, bedeuten kurze Winter und schlechten Schnee. Als ich als ebenfalls skeptisch gestimmter Pistensucher nach Scuol kam, wurde ich binnen eines einzigen Tages bekehrt, – vom Leuchten der riesigen Sonnenhänge mit ihren breiten Pistenstraßen, und vom großartigen Schattenreich gegenüber, wo sich mit den Kalkzinnen von Lischana, Pisoc, Zuort samt ihren eisigen Nordkaren die schönsten aller Hintergrundkulissen der Ostschweiz aufbaut. Eben dies, meine ich, müßte auch der gemütsloseste Pistensnob gelten lassen, ebenso nämlich wie den Anblick von Schloß Tarasp am Eingang zum kosmischen Frieden des Schweizer Nationalparkes, ebenso wie die anziehenden Bauernpalazzi in Scuol, Sent, Guarda, Ftan, Susch, oder ein Après-Ski am Rand des schönstgelegenen Eislauf- und Curlingplatzes von Graubünden, neben dem jetzt das neue Hallenschwimmbad ersteht. Hier überwallt den von der Pistenhetze erschöpften Skifreund ein bukolisches Behagen: das ist nicht übertrieben, ich hab's erlebt, mit glücklichen Augen in die Firngrüfte blickend, die sich mir gegenüber unter Lischana und Pisoc einsenkten.
Die zwei Sterne gelten aber auch dem Kuriosum, das „Skipisten auf Südhängen" bedeutet. Als Skeptiker fuhr ich auf, als Schwärmer schwang ich herab. Dem Fachmann erklärt natürlich schon die relativ hohe Tallage von 1250 m, daß es so gefährlich gar nicht sein kann mit jener fatalen Hanglage.

138

So fährt man denn in Wahrheit mit einer Gondelbahn (nicht von der neuesten Konstruktion) erst einmal 855 Höhenmeter nach Motta Naluns auf und gleich noch 250 Höhenmeter mit dem Lift dazu; da ist man 2400 m hoch am Restaurant Schlivera und steht hier, nervös seine Schnallenschuhe festziehend, schon im Zentrum der Skistation. Man könnte gleich auf der 100 m breit gewalzten Wedelpiste nach Motta Naluns zurückfahren. Keiner tut's, der Bescheid weiß. Man fährt erst nordostwärts in die riesige Champatsch-mulde ab auf 2220 m, um sich dort von Station Jonvrai durch einen rasanten Tellerlift wieder 380 Höhenmeter bis zum Felsen von Mot da Ri, 2600 m hoch, emporhieven zu lassen. Hier beginnt, Hand auf's Herz, eine der schönsten Bündner Skipisten, wenn ich zur starken Neigung und zur Breite des reinen Osthanges auch seine relative Vereinsamung rechnen darf: wir sind, meine begeisterte Frau und ich, diese Pistenautobahn gleich mehrmals abgefahren, geschwungen und geschossen, ehe wir wieder zum Pistenzirkus um Schlivera und Motta Naluns zurückkehrten. Bevor wir, immer noch leicht skeptisch gestimmt, die zwei Riesenpisten bis zum Talboden abfuhren, ab Schlivera immerhin je 1105 Höhenmeter, begutachteten wir noch den Riesenfirnkessel zwischen Mot da Ri und Piz Champatsch, wo bald bis auf 2800 m Höhe neue Lifte entstehen. Die Abfahrt dann nach Scuol, erst auf Piste 1 (Flöna), hinterher auf Piste 3 (Muntatsch), also erst auf der leichteren, dann auf der schwierigeren, weil steileren Piste, war reines Vergnügen: wir fanden gutgewalzte Pulverhänge und konnten uns vorstellen, daß wir einen Monat später im Märzenfirn mit kaum weniger Spaß abgefahren wären. Kurz und gut: Südhänge sind nur in niederen ostalpinen Regionen eine Mühsal, nicht im Engadin.

Unsere Bilder, die Statistik und das Panorama erzählen dem Pistenfachmann alles Wissenswerte und dies genau. Ich möchte ihm an dieser Stelle noch verraten, daß es uns im kleinen stillen Scuol weitaus besser gefiel, als tags nachher im Autolärm der Hauptstraßen von St. Moritz. Trotzdem wir dort – welch ein Augenblick! – einer lebendigen persischen Kaiserin begegneten. Nein, Scuol ist eine Skireise wert, und dazu den Besuch von Schloß Tarasp, das Aufsuchen und gemütliche Studieren der Bauern-Palazzi in den kleinen Flecken am Südhange, vor allem in Sent. Die weltberühmte Glaubersalz-quelle im nahen Tarasp hat uns nicht genetzt, aber eine Karaffe Veltliner in der urgemütlichen „Traube", es ist nicht zu leugnen. St. Moritz und Scuol, fiel uns dort ein, sind nur 45 Kilometer voneinander entfernt – und doch so verschieden wie zwei Welten. Eine stille und eine laute.

Es hat seinen guten Grund, wenn auf der folgenden Statistik-Seite viel mehr Skitouren als Skipisten angeführt werden: Schuls verführt zum Skitourenlauf. Als ich das letzte Mal dort war, sah ich an einem Tage – unterm Lift – drei 20-Mann-Ketten mit Bergführer auf Fellen ansteigen. In Verbier und Gstaad würde man darüber lächeln, hier tut es niemand. Piz Minschun, Piz Tasna, Piz Davo Lais auf der Nordseite, und Piz Lischana, Piz Sesvenna, Piz Pisoc und Piz Zuort in den südlich aufragenden Engadiner Dolomiten sind Ziele, die den echten Skibergsteiger niemals enttäuschen.

Die grossen Skistationen der Alpen – Schweiz, 1967

Pferdeschlitten
Fahrten abseits der großen Talstraße

Reiter-Ferien
im Schnee

Hallenschwimmbad
mit 125 qm Wasserfläche

Sauna und Massage
samt Trinkkuren an der Glaubersalzquelle

Filmtheater
im Cinéma Conrad

Schach-Abende
im Hotel

Kegel-Turniere
auf guter Bahn

Rodeln und Schlitteln
in Scuol und Tarasp (samt Verleih)

Alte Volksbräuche
1. März: Chalandamarz Trachtentanzabende – Heimatmuseum

65 Das höchste der Gefühle: Kollegenlob

An seinem 60. Geburtstag hat Walter Pause den Höhepunkt seines schriftstellerischen Schaffens erreicht. Nicht nur die Verkaufszahlen seiner Bücher verdeutlichen seinen Erfolg; auch im Kollegenkreis wird ihm Anerkennung zuteil. Ulrich Link veröffentlichte zum runden Geburtstag im Münchner Merkur, dessen Bergsteigerseite er über viele Jahre hinweg betreute, eine herzliche und doch niemals lobhudelnde Würdigung.

Familienleben – oft ein Vergnügen für Walter und Markus.

Walter Pause – dem Sechziger

Dem erfolgreichsten alpinen Autor unserer Zeit, wahrscheinlich aber überhaupt, ist zu gratulieren und herzlich Glück zu wünschen: Walter Pause wird am 23. Juli 60 Jahre alt. Geboren ist er in Heidelberg, aber seit dem zweiten Lebensjahr hier in München und Umgebung.

So ziemlich jeder Bergfreund und Bergwanderer hat eines oder mehrere seiner Bücher am Brett und sehr viele haben den Ehrgeiz, die Reihe der „schönsten hundert ..." komplett zu besitzen. Die Gesamtauflage beträgt jetzt mehr als eine halbe Million Exemplare und das innerhalb von neun Jahren! Es gibt auch nicht wenige, die nach und nach alle Touren eines Buches machen. Bedenkt man diese außerordentlich große Zahl von sachkundigen und beschlagenen „Pause-Gängern", dann ist die Kritik, die Walter Pause gefunden hat oder findet, geradezu sagenhaft minimal.
Man spricht nicht per Zufall von Pause-Touren – stets im Sinne reizvoller und genußreicher Unternehmungen – und manche sind geradezu Mode geworden.

Hier sind noch einmal die Titel mit dem Erscheinungsjahr und der jetzt laufenden Auflage:

„Berg Heil" (1958, 16. Aufl.), „Von Hütte zu Hütte" (1962, 9. Aufl.), „Wandern Bergab" (1960, 8. Aufl.), „Im schweren Fels" (1960, 5. Aufl.), „In Eis und Urgestein" (1964, 4. Aufl.), „Im Kalkfels der Alpen" (1966, 3. Aufl.), „Ski Heil" (1958, 14. Aufl.), „Abseits der Piste" (1961, 7. Aufl.), „Münchner Hausberge" (1965, 6. Aufl.) „Skispuren – Glücksspuren" (mit Zeichnungen von Ernst Hürlimann, 1959, 3. Aufl.)

Alle diese Bücher sind im Bayerischen Landwirtschaftsverlag erschienen. Dazu bei Bruckmann als ein erstes Buch „Mit glücklichen Augen", dessen Titel wohl als ein Motto für Walter Pauses Arbeit und Wirken überhaupt stehen kann, und weiter „Segen der Berge". Bei Schnell und Steiner ist das vielgeschätzte „Wer viel geht, fährt gut" erschienen und seit zwölf Jahren macht er den „Großen Ski- und Bergkalender" (Stähle & Friedel, Stuttgart). Nicht vergessen sei „Die Alpen mit Adleraugen" mit Franz Thorbecke im Heering-Verlag.

1967 Europäische Gemeinschaft EG wird gegründet (1. Juli) – Der belgische Maler René Magritte stirbt (15. August) – Start des Farbfernsehens in Deutschland (25. August) – Rudi Dutschke Wortführer der radikalen Studentenbewegung (8. September) – Der RO 80 von NSU fährt mit Wankelmotor (14. September)

Derzeit arbeitet er – und er ist ein harter, zäher und genauer Arbeiter – an einer, ich möchte sagen „Enzyklopädie der Skipisten der Alpen" in drei Bänden, deren erster, Schweiz, in Kürze erscheint. Es sind wieder Bild- und Informationsbände. Aus dem Romantiker (irgendwo ist er es immer noch und bleibt es) ist der Informant geworden, und immer ist er dazu ein Stück alpiner Moralist und Präzeptor. Sein Stil ist unverwechselbar, und mich wundert, daß er nicht mehr parodiert wird. Für die alpine Schwarz-Weiß-Photographie, deren Rück- und Niedergang erschreckend ist, gehen von Walter Pause Anregungen aus und er fördert junge Talente, wo er ihrer habhaft wird. Zweifelsfreies Verdienst hat er für die Entwicklung dessen, was man das touristisch-topographische Luftbild nennen könnte. Hierin hat er Franz Thorbecke zu bemerkenswerter Leistungshöhe gebracht. Wie stark sich sein Blick vom Romantisch-Idyllischen immer mehr zum Harten, Herben und Elementaren der Natur des Hochgebirges gewandt hat, dafür ist das Buch „Mit Adleraugen" eindrucksvoller Beweis.

Mit seiner großen Familie, er hat bekanntlich sechs Kinder, der Jüngste ist jetzt sieben, lebt er in seinem redlich verdienten Haus bei Icking im Isartal und arbeitet nebenan in einer Studio-Hütte, aus der er zuzeiten auch noch an geheime Plätze flüchtet mit seinem Kopf voll Ideen, seinen drängenden Arbeiten, seinem klirrenden Nervenkostüm. Vielen ist er guter (vielleicht nicht immer bequemer) Freund, ein alpiner Papst ist er nicht geworden, aber ein harter Kämpfer ist er für letzte Reservate. Und unverändert ist er selbst ein großer Geher und Wanderer. In einer Epistel über sich selbst sagt er dazu: „Da mir vor dem 60. noch Königsspitze, Matterhorn, Palü, Kesch, Bernina, Mont Aiguille und Wetterhorn gelangen, hoffe ich, das große Glück des Wanderns, Steigens und Skilaufens – das einzige Glück ohne Reue – noch recht lange versuchen zu dürfen." Es ist ihm herzlich zu wünschen.

Er ist ein Begriff und ein Mann, der eine sehr weite Wirksamkeit hat, eine Wirkung schöner Art, für die ihm viel Dank gesagt werden soll.

Zeitungsartikel 21. Juli 1967
von Ulrich Link

Irschenhausen im Isartal, Ende Juli 1967

Liebe Freunde, Gratulanten, Anhänger, Kritiker und Amtspersonen!

Wie mit Gewißheit vorauszusehen war, ist mein 60. Geburtstag mit allen Feiern und dazugehörigen Kopfschmerzen vorbeigegangen. Schon wieder mitten im Älterwerden habe ich nun einen kleinen Hausberg von Glückwünschen zu beantworten, was mir schwer fällt: 1. drängt die Arbeit, 2. pocht die Familie auf Ferien, 3. drückt mich mein Gewissen … denn ich hatte nicht das geringste Verdienst an diesem 60. Geburtstag! Ich habe zwar getan, „als ob", ich habe im Kreise der Freunde vier Fassln Bier ausgetrunken, wir haben bei Blechmusi getanzt und gelästert, aber ich habe diesmal keine heiligen Vorsätze gefaßt, wie an 59 Geburtstagen vorher!

So oder so, ich muß Ihnen mit einer gedruckten Karte antworten, worüber ich mich schäme! Aber vielleicht mache ich an meinem 70sten jene lange Pause, die mir erlaubt, jeden Gratulant herzlich zu umarmen!

Ihr Anfangssiebziger Walter Pause, Mann mit grauen Schläfen, sechs Kindern und tapferer kleiner Rosmarie

66 Auf der Alm, da gibt's ...

... koa Sünd. Zumindest dann nicht, wenn Verlangen und Versuchung so groß sind wie im hier geschilderten Fall. Da lässt sich auch ein Mundraub entschuldigen, zumal dieser als Straftatbestand längst abgeschafft wurde und das Vergehen ohnehin verjährt wäre. Anderes dagegen gerät nicht in Vergessenheit. Da hilft auch die Flucht nach Südamerika nicht weiter...

„

Die folgende Karriere als immerwährender Obergefreiter ohne Auszeichnung überstand ich dank eines famosen Horoskopes, das eine alte Pariserin an der Porte Maillot aus meiner Hand gelesen hatte.
Ich war nicht dumm, ich glaubte daran, und besaß damit eine echte Überlebenschance.

"

Mit dem Ex-Hauptmann auf der Alm

Ein Jahr nach Kriegsende traf ich „meinen Hauptmann" wieder, nicht in München, nicht in seiner Heimat am Main, und schon gar nicht in Uniform. Ich traf ihn ... kurz und gut, ich kam mit einem jungen Mädchen von den Ruchenköpfen herab und passierte, auf den Pfanngraben zielend, auch die Untere Kümpfelalm, dicht südlich unterm Rotwandhaus. Sollst hineinschaun! überlegte ich, um ein bissl Milch betteln! Da trat ein schöner hoher Mann, ein prächtiger Mittfünfziger mit grauen Schläfen aus der niederen Almtür, wir schauten uns verdutzt an, erkannten uns und schrien vor Vergnügen. Ja, Pause, lebst du noch? – Ja mei', Herr Hauptmann, wie kommen Sie da her? ... Gerührt, wie simple Soldaten nun mal nach Kriegsende zurückschauen (falls sie überlebt haben), schaute ich auf „meinen Hauptmann", den schneidigen Kerl, solange es nicht bumste und krachte um ihn herum, den von Frauen verwöhnten Flaneur, und, auch das muß gesagt werden, den anständigen, großzügigen, jedenfalls ganz unmilitärisch netten Vorgesetzten, dem man gerne dies und das nachsah... Was aber tat er hier, auf der versteckten Kümpfelalm? Ganz einfach, erklärte er mir, er handle sich hier Milch und Fett ein, wolle auch noch den Nachkrieg erleben. Handeln? Aber womit denn, Herr Hauptmann? ... Hier! Mit Armbanduhren. Und er streifte lachend den Ärmel zurück: da hingen, wie bei einem Ami oder Russen, fünf, sechs neue Armbanduhren. Ich staunte nicht wenig. Ich hatte nichts dergleichen zum Kompensieren. Das große Erlebnis kam aber erst. Der Hauptmann zog mich und meine Begleiterin, der er trotz Kuhmist und Stalldüften auch prompt die Hand küßte, ins Alminnere und reichte uns einen herrlich kühlen, hohen Steinkrug – bis obenauf mit Milch gefüllt. Wir nahmen ihm den Krug ab, setzten ihn auf den Tisch, und ebenda verschwand der Hauptmann mit der Sennerin. Was tun? Wir zwei schauten auf den großen Krug, sahen auf die Milch, die eine erstaunlich feste Rahmschicht trug, Verlegenheit überfiel uns, wir waren ja alle zwei durstig und heißhungrig vom Klettern – dann hielt ich es einfach nicht mehr aus. Ja, gibt's denn des aa? stammelte ich noch, steckte den Zeigefinger in die Rahmhülle, aber – Wunder über Wunder! – ich drang gar nicht durch. Noch einmal, heftiger, fiebriger stieß ich den Finger in den Rahm, zitternd

142

vor Verlangen, und stieß wirklich durch und maß an meinem Finger gute drei Zentimeter Rahmdicke ab … Welch ein Anblick! Dem fiel auch mein Charakter zum Opfer. Blindlings fuhr der Finger in den Rahm, heraus, abgeschleckt, noch einmal hinein, abgeschleckt, des Mädchens Finger hineingestoßen, nur keine Scham jetzt! und herausgezogen, und noch einmal, und noch einmal, bis wir beide bis an die Ohren voll dicken weißen Rahms waren … Der Hauptmann lachte, als er uns sah, die Bäuerin nicht. Wir aber gingen eine halbe Stunde später, Dankesworte stammelnd und betrunken von den Milch- und Rahmfluten, bergab in den Pfanngraben hinab. – Ich habe den Hauptmann später noch dreimal gesehen, immer hinterm Spitzingsee, ebn um die Kümpfelalm herum. Er hatte dort eine Art Versteck gefunden. Vielleicht liebt er diese abgeschiedene Landschaft? … Kurzum: Vier Monate später erfuhren wir, daß er einen Kilometer hinter der Kümpfelalm über die Grenze marschierte und gleich bis Mailand weiter lief, fuhr, trampte, und von dort aus, wo er Freunde hatte, bis nach Südamerika.

Kalendergeschichten, 1967

Vom Süden und aus der Luft gesehen bietet das Gebiet um die Rotwand (links oben) einen ungewohnten Anblick. Rechts lugt über dem Auerspitz das Felsriff der Ruchenköpfe hervor, den Hintergrund beherrscht der Wendelstein. Im rechten, unteren Bildteil sind die Hütten der Kümpfelalm zu sehen, in deren Nähe Bär Bruno im Sommer 2006 ein unrühmliches Ende fand.

67 Vom Skiparadies zur Skistation

Mit dem zweiten Band der „Großen Skistationen der Alpen" widmet sich Walter Pause „Österreich/Bayern". Er setzt damit seine Enzyklopädie der neuen und alten Skigebiete fort. Kritisch beäugt der Autor darin die Entscheidungsträger der Tourismusindustrie, gibt ihren Ideen aber gleichzeitig ein Forum. Und schafft mit diesem Widerspruch den passionierten Skifahrern seiner Zeit eine wahre Schatztruhe.

Garmisch-Partenkirchen, Oberbayern

Es ist nicht leicht, dem Werdenfelser Tal mit dem Doppelort Garmisch-Partenkirchen in der Mitte als „Skistation" gerecht zu werden. Der Ruhm des Olympia-Ortes überragt alle Einwände … 708 m Talhöhe sind wenig, wenn man sie an den großen Skistationen der Alpen mißt; und eine noch völlig unzureichende Koordination, ein erst umständlich anlaufender Ausbau der Bahnen und Lifte sind ebenfalls wenig: sie stehen in einem groben Mißverhältnis zu dem erwähnten Weltruhm. Auch das zwischen 2300 bis 2750 m Höhe pistenmäßig befahrbare Zugspitzplatt kann die Situation nicht retten. Es ist natürlich reizend, auf dem Platt – das mittels alter Zahnrad- und neuer Kabinenbahn von München her in gut 1,45 Std. zu erreichen ist – zwischen Ende Oktober und Ende Mai skilaufen zu können. Es ist auch reizend, die wahrhaft rassigen Pisten vom Kreuzeck in den Talboden abzufahren, und die lustigen Allerweltspisten über Kochelberg und Hausberg; auch die weniger ergiebigen Pisten vom Eckbauer zum Olympiastadion rechne ich als interessante Unternehmungen ein. Dagegen ist einzuwenden, was leider für sämtliche bayerischen Vorbergstationen zutrifft: daß ihr Ausbau in einem echten Mißverhältnis zur Zahl der Pistenfahrer von heute steht. Natürlich kam der „Ski-Boom" überraschend, natürlich kann ein Schweizer Kurort mit 1400, 1600 oder 1800 m Talhöhe risikoloser als Garmisch-Partenkirchen mit seinen nur 700 m Talhöhe an neue Bahnen und Lifte denken: aber unser Olympiaort hat allzu lange gewartet und dies zu seinem Schaden. Wir haben weit mehr als hunderttausend Skifamilien allein in München, die es – nach vieljahrelanger Übung – satt haben, sich am Kreuzeck oder am Hausberg stundenlang anzustellen und in der Winterkälte geduldig zu warten. Kein Wunder, daß mehr als das halbe München nicht mehr die stadtnahen „Skizentren" besucht, die traditionellen Skiparadiese unter Alpspitze, Wallberg und Stümpfling, sondern daß man von vornherein Österreich bevorzugt. „Ga-Pa" bekam trotzdem drei Sterne. Warum? Weil man gerne nach Garmisch fährt, ins Tal der 14 500 sauberen Fremdenbetten, ins Tal, in dem Richard Strauß lebte und wo man beim „Rassen" noch tief hineinschauen kann in echte Werdenfelser Eigenart. Weil man an die Kreuzeckpisten sein Herz verschenkt hat, weil man den Anblick der stolzen Alpspitze als Augentrost braucht, weil man – 144 bei Bedarf – im Eckkaffee Bischof bei Kuchen von nahezu Wiener Qualität alten Lieben nachtrauern und neuen entgegenfiebern kann. Nach jahrelangen ortsinternen Streitereien ist man jetzt endlich soweit, von der Tatsache Kenntnis zu nehmen, daß die rapide wachsende Riesenstadt München nicht mehr 10 000, sondern mindestens 250 000 Skifahrer besitzt. Gering gerechnet! Und daß diese Riesenzahl, die letztlich einem gesunden Sport frönt, ihren Auslauf braucht. Noch sind es Pläne, aber der Münchner wird sie gerne hören: am Wank wird es in Bälde einen großen 500-m-Lift von der Esterbergalm zurück zum Wankgipfel geben, der die ideale Nord-Mulde erschließt; und dazu einen kleineren Übungslift am Nordkamm zur Frauenmahd. Dies wird den Berg der Sonnenanbeter gewaltig im Ansehen erhöhen. Am Hausberg wird man mit der Zumutung des uralten und langsamen Einsessel-Gefrier-fleischliftes ein Ende machen und eine moderne Großkabinenbahn erstellen: endlich, endlich! Und dann liegt noch der überlang fällige Entsatz für die

alte Kreuzeckbahn in der Luft: man plant (sehr folgerichtig anstelle einer Alpspitzbahn, die wirklich unzumutbar wäre!) eine Großkabinenbahn vom Talboden bei Hammersbach bis hinauf zum Osterfeldkopf, also von 760 auf 2040 m Höhe = 1280 m Höhenunterschied. Dazu werden drei Entsatzlifte gehören, die der Dezentralisation dienen: einer mit etwa 346 m Höhendifferenz zwischen Hochalm und Osterfelderkopf, einer mit knapp 200 m Höhendifferenz zwischen Hochalm und Längenfelderkopf, und ein kleinerer dritter mit etwa 140 m Differenz, der die Idealmulde unter Osterfelderkopf und Alpspitznordwand erschließt. Und weil dies geschieht, und weil man zudem den alten abgeschabten Kochelberg und die Kreuzeckabfahrten allesamt neu ausgeräumt und verbreitert hat, so wird man verstehen, warum ich Garmisch-Partenkirchen drei anstelle der 1968 noch fälligen zwei Sterne verliehen habe. Ich vertraue auf den Olympiaort, daß er zeitgemäß entscheidet.

Das Zugspitzplatt hat sich eine neue Zubringerbahn Schneefernerhaus – Gletscherboden zugelegt und verfügt nun über zwei große Lifte im Weißen Tal, über einen großen Schneefernerlift und drei Übungslifte. Wenn sich dazu noch der Service im 2650 m hochgelegenen Schneefernerhaus verbessern sollte, vor allem im oft überfüllten „Bierstüberl", wohin nun einmal die Masse der sportlichen Läufer zielt, dann sollten viele Münchner Skifahrer – gleich mir und meiner Skifamilie – mit Freuden „Spätheimkehrer" werden im ach so liebenswerten Werdenfelser Tal. A propos: Garmisch-Partenkirchen empfängt unterm glänzenden Schirm seines Weltruhms natürlich Gäste aus aller Welt. Und es ist kein Witz: 60% aller Anreisenden kommen ohne Skier! Man muß nicht raten, von woher. Man erkennt sie alle wieder, faul in der Sonne röstend, am Wank, auf den Kreuzeck- und Schneefernhausterrassen, beim Eckbauern droben und auf den zahllosen Sonnenbalkonen der Hotels unter Kramer und Wank. Viele dieser treuen Sonnengäste wollen sich der „Strapaze" des Skilaufenmüssens nicht unterziehen. Sei's drum. Garmisch-Partenkirchen samt allen seinen zähen Kurbeamten und Skigeschäftemachern soll hoch leben, wenn es nur endlich tut, was seinem Ruhme ansteht.

Die großen Skistationen der Alpen –
Österreich/Bayern, 1968

68 Zwischen München und Donau

Entgegen dem „Münchner Kompass", der ganz schön stur nach Süden zeigt, führt der dritte
Band der Reihe „Wer viel geht, fährt gut" vom Dachauer Hinterland über die Hollerdauer
Hopfengärten bis ins Altmühltal und an den Rand des Bayerischen Waldes. Ungeahnte
Schätze tun sich im Altbayern, dem „niederen" Bayern auf. Wenn wir es recht bedenken,
gilt das auch heute noch – das mit dem Kompass.

Die Großstädter, die auch hier gerne lärmend
nach Ruhe suchen, sind verstummt.

Wer länger braucht, hat den doppelten Genuß.

Gottesgarten an der unteren Altmühl
Tour 48 Anfahrt 109 km – Wanderung 13 km – 3 Std. – mit Badesachen!

Das Altmühltal ist in der Tat ein Gottesgarten für Wanderer, Angler, Maler,
Kletterer, unglücklich Verliebte, und für Berliner Sommerfrischler mit wenig
Diridari. Der moderne Tourismus erstickt hier im Vielzuviel der Laubwälder
und Felsentürme – außerdem ist es hier für Allerweltstouristen stinklangwei-
lig: ich finde kein besseres Wort ... kurz und gut: hier hat der Liebhaber der
grünen Bücherln sein „Gäu", hier findet er genau, was er sucht. Unser Kurs
ist simpel: Von Essig am Hochufer nach Schloß Prunn und dann Hand in
Hand mit der Altmühl wieder zurück, zuletzt oft am Treidelweg von anno
dazumal: denn vor 100 Jahren wurden hier die Kähne nicht mit PS, sondern
mit roher Pferdekraft gezogen. – Auf der reizenden „Piazza" in Essing
marschieren wir nicht fort, ohne uns genau umzusehen. Da zwängt sich
alle Gemütlichkeit zwischen Fluß und Felsgewänd, da muß man sich mit
einer Enge abfinden, der mit Sprengstoff und viel Beton wahrhaftig leicht
abzuhelfen wäre. Nein, es ist herrlich eng und gemütlich ringsum. Das
niedliche Rathaus samt Treppengiebel hat freilich Platz und auch der alte
Brucktorturm. Durch ihn tritt man hinaus auf die hölzerne Altmühlbrücke.
Da sitzen dann die Sonntagsmaler herum, um die Natur auszubessern, und
malen die reizende Wasserfront des Marktes zum fünftausendsten Male. –
Aber nun endgültig fort: auf der Marktstraße Ö zur Kirche (dicht vorher
haben wir den guten Gasthof Schneider entdeckt), dann gleich nach der
Kirche bei Haus Nr. 59 links in einen Weg und gleich nochmals links auf
einen weiteren, der zur Burgruine Randeck leitet. Ein pfundiger, ein alpiner
Steig durch Kalkfels, mit Schlehdorn und Kiefern aufgeputzt: die größte
Gaudi also für die Kinder und kindhafte Papas. Oben gibt's eine Ritter-
schenke, dann die Mauern von Randeck. Im Hof vor der Burgbrücke fragt
man nach dem Burgwart, der von äußerst rauen Sitten aus der Verfallzeit
des Rittertums erzählen kann, - deshalb das Wort „ritterlich" im deutschen
Gemütsschatz. Burgverließ, die Reste der Wohngebäude und der Bergfried
bieten das bei toten Rittern Handelsübliche. Immerhin drei Flußschlingen
der Altmühl dazu und hinterm Wald südwärts einen blauen Glanz von

146

Donauwassern. – Dorf Randeck wird N der Burg auf der Teerstraße in
N-Richtung verlassen. Nun merken: bis Schloß Prunn bleiben wir auf der
Hochfläche überm Altmühlgraben, erst N, dann NW, dann rein westlich!
Nicht auslassen also! – Außerhalb des Ortes, bei einem Einzelhof, weg von
der Straße nach links, dann N am Feldweg weiter, links, westlich unter der
525 m hohen Kuppe des Litzelberges vorüber und leicht links zum Buchen-
wald. Dort W auf den Holzabfuhrweg, später auf einem Fahrweg durch
Fichtenwald und eine hübsche Lichtung abwärts zu einer Teerstraße im
Waldgrund. Diese schräg nach rechts überquert, dann folgt ein zwei Fuß
breiter MARKIERTER Wanderweg (Blau auf weißem Rechteck), der scharf
S den drüberen Hang anschneidet und dann wieder W durch Fichtenwald
zieht. Nach einer halben Stunde findet sich die Markierung längs eines
breiten Forstweges wieder, später auch am schmaleren Weg im Jungholz.
Endlich tritt man aus dem Randecker Wald heraus ins Freie und sieht schon
unterhalb den Bergfried von Schloß Prunn (5 km). Der wohlrestaurierte
Rittersitz wurde nach dem Ende des Mittelalters zum Schloß umgebaut.
Der Burgführer (in der Schenke fragen) leitet einen durch eine Reihe von
Räumen aus vier Jahrhunderten. – Dann über die Holzbrücke und den
Burggraben wieder aus dem Mittelalter und am steilen Weg hinab ins Dorf
Prunn abgestiegen, in die Neuzeit und zum Gasthof Lehner. Im Dorf kann
man sich noch die Kirche anschauen, dann geht's am Wiesenweg vom
Wirtsgarten weg S hinüber zur Altmühl. Da gibt es ein Flußbad. – Unser
Rückweg folgt nun immer O dem Wasser, wir bleiben bis Essing in den
Talauen. Kurz nach dem Bad am Stauwehr quert man den Fluß, gleich
danach bei der Schleuse den Kanal. Dieser Ludwigskanal, vor 100 Jahren
angelegt, führt vom Main bei Bamberg bis ins Altmühltal und zur Donau.
Von den Treidelwegen am Ufer her wurden die Lastkähne gezogen. Dieser
Betrieb ist längst erloschen, aber die alten Häuschen der Schleusenwärter
und die Schleusen selbst sind noch überall vorhanden. – Beim Weitergehen
ist der romantische Aufblick nach Schloß Prunn nicht zu vergessen, das
130 m über der Altmühl liegt. – Wir kommen nach Nußhausen (wieder mit
schönem Wirtsgarten und Flußbad), das drüben am anderen Ufer liegt und
wandern durch Einthal auf dem Teersträßchen weiter, also immer noch am
rechten Ufer. Gleich nach der Rechtskurve der Straße geht es wieder Ö in
die Auwiesen. Bald sieht man Randeck und man streift nahe am Wasser
durch die grüne Ferienlandschaft weiter, bis man am Brucktor in Essing
steht (+ 8 km). Die beste Karte: Topogr. Karte 1 : 50 000, L 7136 (Kehlheim)

Wer viel geht, fährt gut –
Band III „Zwischen München und Donau", 1968

„Fräulein Antje Graupner" wird von Walter
Pause für ihre übersichtlich gezeichneten Karten
bedankt. Liebevoll gestaltete Skizzen sind zum
Markenzeichen der Pause–Bücher geworden.

69 Mit dem Herrn Architekten im Wirtshaus

Am 12. Oktober 1968 wurde das „Almdorf Königsleiten" der Öffentlichkeit vorgestellt. Walter Pause war einer der Ersten, die sich ein Ferienhäuschen auf dem weiträumigen Gelände am Gerlospass kauften. Der Architekt Ottmar Beck erinnert sich, wie er das Gelände entdeckte und wie er er den bekannten Schriftsteller und eingeschworenen Kämpfer gegen die Übererschließung der Alpen von seinen Plänen überzeugen konnte.

,,

Ottmar Beck, Architekt, war Gesellschafter der Grundstücksverwertungsgesellschaft Merkur-Bau, die am 9. Februar 1966 in München gegründet wurde, um „die größte Skiübungswiese Österreichs" – so Skiexperte Prof. Stefan Kruckenhauser über die Königsleiten – nicht nur mit Liften, sondern auch mit Hotels und Ferienhäusern zu erschließen. Beck wurde später auch Hauptsponsor der Sternwarte Königsleiten.

"

Eine Hütte gegen Bücher

Schuld, dass ich in Königsleiten gelandet bin, sind die Tiroler.

Ich wollte von einem Bauern in Innerst das von fünf Studienkollegen und mir gemietete Hüttlein kaufen. Dieser Kauf wurde von der Tiroler Landesregierung abgelehnt und so bin ich auf die Suche nach einer Alternative gegangen. Auf meiner Reise habe ich zuerst in Kaltenbach im Zillertal mit dem dortigen Bürgermeister ein Grundstück besichtigt, das aber erst nach 2–3 Stunden Aufstieg zu erreichen gewesen wäre. Dies kam für meine Familie nicht in Frage, und auf der Weiterreise durchs Zillertal bin ich nach Königsleiten gekommen. Dort war ein Sandsträßlein, ein altes Wirtshaus und ein einfacher Sessellift. Bei meinem anschließenden Besuch bei der Gemeinde Wald hat der Gemeindesekretär Alois Hölzl die Chance erkannt, daß er hier mit meiner Hilfe zu Leuten kommen könnte, die den bereits existierenden Verbauungsplan mit Leben erfüllten. Zusammen mit meinen Kollegen Härtl, Fleischmann, Hubert haben wir dann zunächst dem Lift mit DM 600.000,- unter die Arme gegriffen, damit die drohende Versteigerung der haftenden Grundstückeigentümer abgewendet werden konnte. Voraussetzung dazu waren die Zusage der Salzburger Landesregierung, insbesondere von Herrn Landeshauptmann Herrn Dr. Lechner, daß die im Zweitgebiet liegenden Grundstücke an „Nicht-Österreicher" verkauft werden können. Mit unglaublich viel Vertrauen in unsere Firma Merkur-Bau haben die einheimischen Handwerker, insbesondere der Bauunternehmer Peter Empl, mit den ersten Hütten begonnen, ohne auch nur ein einziges Mal zu fragen, ob wir die auch bezahlen könnten.

Für die ersten Verkaufsversuche bin ich mit kleinen Modellen unter der heutigen Liftstation in der Baubude gestanden und habe über das österreichische Fernsehen Reklame gemacht. Zwei Jahre später bin ich dann von den gleichen Fernsehleuten abgefangen worden mit der überstürzten Frage, ob ich denn das, was ich hier mache, nicht für einen Ausverkauf Österreichs halte.

Ich habe ihnen erklärt, dass die Grundstücke in Österreich bleiben und sie keiner mitnimmt. (…)

148

Es war am Anfang nicht leicht, „Investoren" zu finden und ich kann mich bei dieser Gelegenheit nur nochmals herzlich für das Vertrauen bedanken und ich glaube, keinen einzigen Käufer enttäuscht zu haben. Jeder bekommt nach jahrzehntelangem Gebrauch und hoffentlich viel Freude mehr als er bezahlt hat. Herausgreifen will ich hier nur den Walter Pause; ich habe ihn in einem Wirtshaus kennengelernt, und nach drei Stunden harter Diskussion über die Erschließung der Alpen hatte ich am Ende alle seine Bücher gekauft und er eine der ersten Hütten auf der Königsleiten.

Ottmar Beck: Aufbau von Königsleiten, in:
Von der Alm zum Feriendorf

Einverstanden war Walter Pause mit den Ausbauplänen des Architekten Ottmar Beck nicht. Eine Hütte auf der Königsleiten kaufte er trotzdem.

70 Im Westen was Neues

Es gibt ja nicht nur eine Stadt mit Alpenkulisse am Horizont und massenhafter Bergsehnsucht unter hohen Dächern. Darum: Was für München gilt, kann für Zürich nicht ganz verkehrt sein. „Hausberge" gibt es hier wie dort – dass sie dort allerdings noch nicht gedruckt vorliegen, Seite für Seite durchnummeriert und mit festem Einband, ist entschieden ein Mangel. Natürlich kann es nur einen geben, der ihn endlich abstellt – wenn auch mithilfe eines Co-Autors.

„"
Im Simmental wird die Schweiz oberbayerisch.

"

Die 84 Zürcher Hausberge ...

... die dieser Band in Bild, Text und Skizze präsentiert, könnte ein talentierter Skeptiker leicht auf das Doppelte, wenn nicht gar auf das Dreifache erhöhen – so überreich ist die Schweiz an Bergen. Unsere Qual der Wahl war dementsprechend groß. Eine wesentliche Maxime verlangte, daß wir nur Touren aufnehmen dürften, die an einem Wochenende bequem durchgeführt werden können. Bejahrte Zürcher – oder Luzerner oder St. Galler – Bergfreunde könnten auch einwenden, der und jener weit von Zürich entfernte Berg, etwa der Haldensteiner Calanda oder die Cristallina, gehörten niemals in den engeren Kreis der „Zürcher Hausberge". Dem haben wir den großen Wandel entgegenzuhalten, den die Technik – auch Fortschritt genannt – in derlei Hinsicht mit sich gebracht hat. Die neuen schnellen Straßen und das Auto als allgemeines Verkehrsmittel haben den Zürchern viele schöne Berge nähergerückt, die einst in der Tat nicht zu ihren „Hausbergen" zählten. Andererseits soll gleich hier das Kuriosum erwähnt sein, daß der erfahrene Zürcher Bergsteiger beispielsweise den am weitesten von der Stadt entfernten Hausberg, die Cristallina jenseits des Gotthardpasses, nicht mit dem Auto, sondern bequem mit den Wagen der Schweizerischen Bundesbahnen anpeilt. Die Autokolonnen, die man an allen späten Sonntagnachmittagen auf den aus der Innerschweiz nach Zürich führenden Straßen sichtet, sind gefürchtet (...) Unsere Auswahl, gleichermaßen mit Bedacht wie wortwörtlich auch „nach Herzenslust" getroffen, wird im wesentlichen umgrenzt von Rhein und Vorderrhein, Gotthardpass, Haslital und Luzern. Im Norden wurde vier klassischen Zürcher Wanderzielen am See und im Zürcher Oberland noch die Jurawelle der Lägeren angereiht.
Im weiteren entfallen 7 Gipfel auf die Region zwischen Zuger- und Wägitalersee, 14 Gipfel auf die Zentralschweizerischen Voralpen, 9 Gipfel auf das Toggenburg und die Appenzeller Berge, 10 auf das St. Galler Oberland und Rheintal, 19 Gipfel auf das Glarnerland und 20 Gipfel auf die Urner Alpen und Tessin. Da man bei „Hausbergen" immer auch Familienziele vor Augen hat, wurden allgemein die Normalwege bzw. normale Überschreitungen bevorzugt. – Das bei jeder Tour angegebene Kindesalter „Mit Kindern ab ... Jahren" wurde mit Bedacht hoch gehalten, damit im Flachland 150

lebende Leser dieses Buches mit Kindern, die nicht regelmäßig in den Bergen wandern, nicht herausgefordert werden. Der regelmäßig in den Bergen wandernde Zürcher Familienvater darf demnach die Grenze für Kinder, wie sie hier vorgeschlagen wird, meist um 2 oder auch 4 Jahre herabsetzen. – Die am Kopf jeder Tour genannten Anfahrtskilometer beziehen sich zeitgemäß auf die Anfahrt im Auto ab Stadtkern Zürich. Die Zahlen sind ungefähr. Wichtiger ist, daß wir ausdrücklich empfehlen, sich vor jeder Tour zu fragen, ob man nicht besser mit der Bahn fahre, um sich den Ärger in den langen Rückfahrerkolonnen zwischen Gebirge und Zürich zu ersparen. Man muß hier genau abwägen, denn vielfach verkürzt das Auto den Anmarsch.

Alle Touren dieses Buches wurden, oft mehrfach, von uns abgelaufen und abgeklettert, und alles, was wir im Juni 1968 am Sockel des Gross Mythen schriftlich in die druckreife Form brachten, wurde von erfahrenen Schweizer Freunden nochmals durchgesehen. Selbstverständlich soll dieses Buch nur anregen oder schöne Erinnerungen wachrufen. Es soll und darf keinesfalls den Führer ersetzten und die Karte. Die SAC-Führer, der Säntisführer und andere sind, wo zuständig, bei jeder Tour genau verzeichnet, ebenso die Landkarten 1:25 000 und 1:50 000. Kritische Leser können vielleicht da und dort winzige Differenzen in den Höhenzahlen auffinden: ihnen sei gesagt, daß die Geringfügigkeiten auf die bekannten Differenzen zwischen den Landeskarten 1:25 000 und 1:50 000 zurückzuführen sind.

Da es beim Bergwandern um die Gesundheit geht, bitten wir, daß zumindest alle außerhalb der Berge lebenden Zürcher Gäste und Leser dieses Buches die rückwärts ab Seite 174 vermerkten „RATSCHLÄGE FÜR BERGWANDERER UND BERGSTEIGER" genau studieren. Es lohnt sich nicht nur, es ist wichtig! Das Hochgebirge ist wie das hohe Meer kein Tummelplatz für unerfahrene oder gar unzureichend ausgerüstete Besucher: die Zahl der tödlichen Unfälle in den sommerlichen Alpen mag deren relative Gefährlichkeit verdeutlichen. Im übrigen wünschen wir allen Begehern unserer 84 „Zürcher Hausberge" ein gutes Gelingen, und zwar nach dem Ausspruch von Josef Hofmiller: „Bergwandern ist eine Tätigkeit der Beine und ein Zustand der Seele."

Walter Pause und Hanns Schlüter, Zürcher Hausberge, 1968

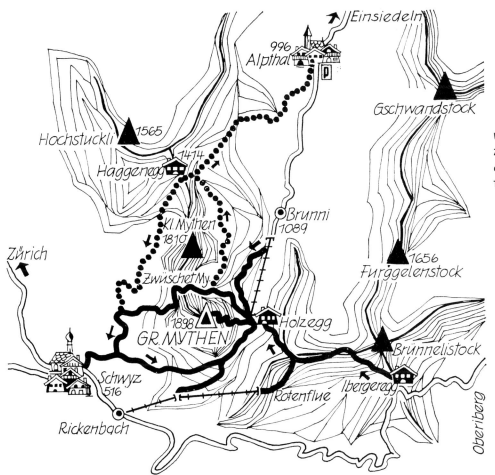

Was in München funktioniert, kann in Zürich nicht völlig falsch sein. Auch der alpine Abstecher ins Land Wilhelm Tells kommt vertraut-bayerisch daher.

71 Frommes Zufußgehen

Was kann Walter Pause mit den Farbwerken Hoechst AG zusammenbringen? Eine Reihe „Anregungen von Individualisten für den Urlaub des Arztes", ganz einfach. Der Individualist Pause verfasste einen Ratgeber und ein Rezept für die Gesundheit des Körpers und der Seele und lässt seinen Leser, den Kunden Arzt, durch das Schweizer Winterwunderland fernab vom schon damals vorhandenen Skizirkus wandern und genießen.

Winterwandern in der Schweiz

(…) Kurz und gut: körperliche Bewegung und geistige Frische haben also unerhörte Bezüge. Oder aktueller gesagt: das regelmäßige Zufußgehen ist für den vom zivilisatorischen Wahnsinn unserer Zeit noch nicht vollends geschlagenen Mann eine Selbstverständlichkeit. Vor allem, wenn man sich vorstellt, dass Nurautofahrer nach soundsoviel Generationen nur noch Kindeskinder mit Schrumpfbeinen hinterlassen … Jedenfalls empfehle ich deshalb hier und heute das schönste aller modernen Hobbys: das regelmäßige Zufußgehen, das regelmäßige Wandern!

Ich könnte nun meine Leser schön brav um den nächsten Häuserblock kreisen lassen, oder um den Starnberger See herum, oder im nächstbesten Sommerkurort von Kitschladen zu Kitschladen – doch nichts dergleichen! Ich empfehle eine Wanderschaft von kostbarer Exklusivität, sie heißt: Zufußgehen im hochalpinen Schweizer Winter! Ja, marschieren im Winter, und paradoxerweise dort, wo alle Welt skiläuft, wo die Schneehöhe mindestens zwei Meter fünfzig beträgt und die Höhensonne unsere glatte Haut mehr verbrennt als golden bräunt. Fahren Sie ebendorthin, ins Oberengadin, ins Bündner Land, in die Berner Alpen und hoch, hoch hinauf auf die Sonnenterrassen über dem Rhônetal, fahren Sie im Winter in die nächste Nähe dieser weltberühmten Skistationen – aber bringen Sie wie zum Hohne keine Skier mit! … Und dann gehen Sie, zehntausend Skifahrern zum Trotz, kreuz und quer durchs hochalpine Skiland, gehen Sie langsam, ganz langsam, gehen Sie mit ruhigem Gewissen, und gehen Sie ziellos dahin, denn um so gewisser kommen Sie in jenem urseligen Behagen an, das letztlich den Gipfel aller wirklichen Erholung an Leib und Seele bedeutet.

Was jene Wintergäste ohne Skier in St. Moritz oder in Grindelwald betrifft, so sind natürlich nicht alle passionierte Schneeläufer, Zufußmarschierer und Winterwanderer. Keine Rede, ein Gutteil wandert ab zu Eislauf und Curling, oder auch zum faulen Rösten im Pferdeschlitten und zum fleißig betriebenen Flirt. Immerhin bleiben genug übrig, die ihren Gliedern gehorchen und zu Fuß gehen. Auch die schönsten Damenbeine sind letztlich zum Gehen da … Ich höre meine Leser heimlich meutern: Aber dann doch lieber auf Skiern! –

152

1968 Richard Nixon wird neuer US-Präsident (5. November) – Die Brenner-Autobahn wird geöffnet (22. Dezember) – „Apollo 8" umkreist zehnmal den Mond und landet wohlbehalten im Pazifik (27. Dezember) – Tupolew TU-144 durchbricht als erstes Passagierflugzeug die Schallmauer (31. Dezember)

Dazu habe ich ohne Heimlichkeit zu antworten, daß ich recht gut Bescheid weiß, daß ich ein passionierter Skiläufer von Jugend auf bin, Skitouren- und Pistenfahrer in einem. Ich habe alle Stufen der sich immer schneller entwickelnden Skitechnik mitersteigen müssen, bin mit Telemark und Kristiania tapfer gegen den normalen Bewegungsablauf des Menschenkörpers gefahren, haben aber auch brav auf die Außenschulter des modernen Fahrstils umgelernt – und habe am Ende auch jene Form von Hektik erfahren, wie sie der Massenpistenlauf unserer Tage erzeugt. Ich predige das fromme Zufußgehen auf winterlicher Gehpiste mit Überzeugung, und als ich in den beiden letzten Jahren – einem schweren Beruf zu liebe – erst alle Schweizer, dann alle österreichischen Pisten abgefahren bin, habe ich dann und wann nachmittags meine Frau allein auf die Pisten geschickt und bin nicht zum x-ten Male Kandahar, Olympia oder National hinabgerast, sondern ganz langsam, still und allein herumgelaufen, irgendwohin, allein auch mit meinen Gedanken, allein mit den hohen Bergen ringsum, die ja kein Pistenfahrer mehr wahrnimmt. Wie soll er auch …

Auch noch ein „technischer" Grund fürs regelmäßige Zufußgehen im hochalpinen Winter fällt mir ein: wer alpenfern wohnt, es muß nicht Castrop-Rauxel sein, und nur einmal im Jahr zu Winterferien kommt, lernt selten genug, um gut abzufahren, also mit Spaß und Genuß. Wer aber jedes Jahr aufs neue zum Skilehrer geht und dann in den Pisten fortwährend überrundet wird und allerlei große und kleine Ängste auszustehen hat (was doch oft mit dem mühsam erworbenen Prestige nicht mehr zu vereinbaren ist!) – der wird meinen Vorschlag zum Gehen akzeptabel finden.

Ich lade Sie also herzlich ein, der großen Skiwelt die Stirn zu bieten und in den schönsten der hochgelegenen Schweizer Skistationen auf eigens dafür gebahnten Wegen zu Fuß zu gehen – tagtäglich zwischen 10 und 12 Uhr, und dann nochmals am Nachmittag, immer schön langsam und gemütlich, aber ohne tausend Rasten. Die Dauer dieser Spaziergänge wird allein durch die lukullischen, meist ungeahnt umfangreichen Menüs samt „suppléments" bestimmt, das heißt: man speist dort, wo die feine Hotelküche überall vom braven Ehrgeiz weltläufiger Küchenmeister lebt, derart gut, daß man am Ende jedes Déjeuners und jedes Dinners nur zwei Möglichkeiten zur Rettung vor dem körperlichen Zusammenbruch sieht: 1. die stundenlange Flucht auf den schönen Winterwanderwege, oder 2. den Betrug am Hotelwirt. Im letzten Falle schwänzt man das folgende Sieben-Gänge-Rennen und begibt sich heimlich in die Bahnhofswirtschaft zu Linsensuppe. Ohne Würstchen …

A propos, ich darf hier weiterfahren: in der schönen Schweiz servieren sich Fendant, Dôle und Veltliner unvermischt, kommen als gute reine Weingeister auf die Tafel, und deshalb kommt in der Schweiz auch der Flirt nicht zu kurz, dessen ja auch der exklusive Fußwanderer keineswegs entraten soll. Flirt ist immer gut, weil er wieder vergeht, Flirt bestätigt das Selbstbewusstsein besser als der schönste Titel und den Flirt haben schlimmstenfalls nur ältere Semester zu büßen. Schlimmstenfalls? Nein. Wie kann man besser und bekömmlicher büßen als wandernd zwischen meterhohen Wällen glitzernden Pulverschnees und unter der Riesensonne der großen Alpenhöhe, die auch namhafteste Gipfel fröhlich mit satten blauen Schatten bemalt. Wenn sich da einem die reine strenge Winterluft in die Lungen presst, mischt sich alle Buße mit einem gewaltigen neuen Selbstgefühl. Probieren Sie es doch mal! Und was tut man bei Nebel und Schneetreiben? … Diese Zwischenfrage war

Spaziergänger und Müßiggänger unterwegs im modischen Chic von 1968 im Wintermärchen Engadin.

wohl nicht zu vermeiden. Meine Antwort: fürs erste hat man sich an den vielzuvielen Pistenfahrern zu trösten, denen es nicht besser geht. Im Gegenteil – denen es schlechter geht als uns. Schnelles Pistenfahren bei Nebel oder Schneetreiben verbietet sich von selbst, nicht aber das brave Zufußgehen. Falls man nur ausreichend verpackt ist in Überhose aus Perlon, Anorak, Kapuze, Handschuhe, Pelzstiefel und große Skibrille, ist Gehen in Nebel und Schneetreiben das reine Vergnügen. Man wird übrigens nicht mehr abgelenkt, man findet zu sich selber und manch einem tut es gut, sich just hier, allein in Nebel und Schneetreiben wandernd, Rede und Antwort stehen zu müssen. Man kann dieses Rezept ja schon im heimatlichen Stadtpark ausprobieren, wenn ihn Nebel, Regen oder Schneefall entleert haben.

154

Pontresina im Engadin

Pontresina im Engadin – illustriert von Ulrike Schramm mit dem Flair der 1960er-Jahre.

Wir haben auf unserer Ferienreise die Urnatur angepeilt, wir sind aufgebrochen jenes zyklopische Chaos der Hochalpen zu finden, diese „Oase der Ordnungswidrigkeit, in der wir von kleinen Reizen übersättigten Stadtleute endlich wieder mit den großen Dingen des Lebens konfrontiert werden, mit der Strapaze, mit der Gefahr" … Da haben wir's. Schneefall und Nebel, das hat wohl jeder schon im kleinen erfahren, vermögen das menschliche Gemüt wundervoll einzulullen und zu besänftigen, den Geist aber „im Rhythmus des gelassenen Ausschreitens zum Rhythmus guter Gedanken" zu bewegen – wenn nicht gar zu fruchtbarer Spannung –, das alles gibt es beim Skifahrer nicht. Der sieht, wenn er wie der Blitz zu Tal schießt, weder nach rechts noch nach links, der weiß heimkehrend nicht von lieblichen Idyllen oder gigantischem Chaos.

Spaziergänge im Schnee (Nr. 9 einer Serie der Farbwerke Hoechst AG, Jahrgang 1968)

72 Rückzug in die Einsamkeit

„Am Arm Adalbert Stifters" geleiten Walter Pause und Werner Heiss die Wanderer auf
84 Routen durch die Einsamkeit des Bayerwaldes. Natürlich führen die stillen Waldwege
am Rosenberggut vorbei, wo Stifter seine letzten Lebensjahre verbrachte, oder zum Plecken-
steinkamm, wo die Erzählung „Der Hochwald" spielt. Getrübt wird die Wanderfreude durch
die beginnende touristische Erschließung und durch die Nähe des „Eisernen Vorhangs",
bei dessen Anblick nicht nur dem Autoren-Duo eisige Schauer über den Rücken laufen.

„

Uns erwartet viel unverletzte Romantik: Die schwüle
Karl-May-Romantik für den schlichten Mann, Richard
Wagner'sches Nibelungen-Pathos für den Halbgebildeten
und ein stilles Zurücktreten ins eigene Innere im Geiste
Adalbert Stifters für ein beleseneres Menschenpaar.

"

Türme und Grate am Osser

Unter den „Bergwanderungen" im hohen Grenzkamm des Bayerwaldes
nimmt der spitze, doppelgipfelige Osser mit seinen 1292 Meter Höhe einen
besonderen Rang ein: er umhüllt seine Gipfelfelsen nicht mit einem Pelz aus
rauhnadeligen Kammfichten, sondern streckt sie auf „alpine" Manier mit
wuchtigen Türmen, Klippen und Scharten in den Himmel. Im scharf zeich-
nenden Licht der Höhensonne erlebt, oder auch in der Teufelsküche stür-
mender Wolkenfetzen – diese Osserfelsen werden dem Wanderer unvergeßlich
bleiben. Wir queren vom Lamer Winkel her durch die Südflanke des Osser-
zuges, steigen von Lohberg gerade hinauf zum Ostgrat; abwärts streichen wir
über den langen markanten Westkamm mit Stierwies und Maria-Hilf-Kapelle
hinab nach Lam, dessen Kirche unter einer dicken Zwiebel einen schweren
massigen Turm zeigt – alles sehr im Gegensatz zu dem heiter blühenden
Rokoko des Inneren. Bald liegt der Lamer Winkel als lichte wiesengrüne Oase
in der unabsehbaren Wälderschwärze unter uns. Der Aufstiegs-weg zieht sich
durch anfangs von Birken durchsetzten Fichtenwald und steilt sich bald auf.
Später beginnt der Boden rauh und steinig zu werden, Granittrümmer und
Wurzelwerk weichen Farnsträußen, bis plötzlich der felsige Grenzkamm
sichtbar wird. Wir bleiben erst unter ihm, dann steigen wir auf Felstreppen
und Bänken über den Gipfel hinweg zum Schutzhaus, das sich nördlich an
die Gipfelfelsen lehnt. Böhmische Fernen, der ganze Arber, Kaitersberg-
kamm und Hoher Bogen, und heller und weiter draußen noch die Kamm-
bögen des Oberpfälzer Waldes … Aber auf Schrittnähe auch die Grenze, die
schockierende Leere einer entvölkerten Grenzzone, ein eisiger Hauch.
Absteigend fasziniert uns wieder das chaotische Gewürfel des zerschundenen
und gesprengten Urgesteins ringsumher und später der schwere Waldgeruch,
der rauhe, ozonreiche, nach gebrochenem Holz riechende Lüftestrom, der in
satten Schwällen aus der Waldtiefe strömt. Welch ein Genuß, auch wenn der
Vorgang nicht ins Bewußtsein dringt! Bis zur aussichtsreichen Stierwies ist
das Absteigen ein Vergnügen. Man schaut sich satt, geht an der schräg auf-
fahrenden Felsplatte in den Forst hinein und steil bergab zum Wallfahrts-
kircherl Maria-Hilf und hintern Nebenkapellchen hinab nach Lam.

Walter Pause und Werner Heiss, Wandern im Bayerwald, 1970 156

Vom felsigen Gipfel des Großen Osser, einem
der alpinsten Ziele des Bayerwalds, ist der Blick
frei zum Großen und Kleinen Arber.

73 **Ein dienstlicher Begleiter**

Kaum jemand arbeitet Walter Pause, der angesichts seiner vielen Buchprojekte auf die Feldarbeit seiner Co-Autoren angewiesen ist, so eifrig zu wie Werner Heiss. Für das 1970 erscheinende „Wandern im Bayerwald" erkundet Heiss jeden Winkel des ostbayerischen Mittelgebirges. Walter Pause muss seine Recherchen „nur" noch in die passende Form bringen.

Walter Pause, erinnert sich Werner Heiss, habe seinem jüngeren Begleiter kaum eine Pause gönnen wollen. Der Autor musste ja auch nicht den Fotorucksack tragen.

Ein einziges Mal sind Walter Pause und ich miteinander in die Berge gefahren: ins Oberengadin. Es war nach vielen Wochen, in denen ich intensiv im Büro gearbeitet hatte, als er mir vorschlug, am nächsten Morgen loszufahren; er wolle hinter den Las Suors zu einem total einsamen See – und ich solle dort Aufnahmen machen! Gesagt, getan: Mit dem Peugeot durchs Inntal, mit der Bahn auf die Muottas Muragl, zu Fuß hinüber zur Segantini-Hütte, weiter zu diesem verträumten See. Während er dort rastete, machte ich die gewünschten Fotos, dann stiegen wir zum Munt de la Bes-cha ab. Ursprünglich hatte Walter Pause vorgehabt, mit dem Sessellift von der Alp Languard ins Tal zu fahren, fand aber, er hätte heute solchen Spaß am Wandern, dass er zu Fuß hinab-„bummeln" wolle.

Dabei hatte er „solchen Spaß", dass er ziemlich flott abstieg – und das ist ja ein ziemlich steiler Abstieg mit einem recht großen Höhenunterschied. Bald machte sich bei mir die absolute Untrainiertheit bemerkbar und ich bat, doch mal kurz rasten zu dürfen. Walter Pause aber war nicht zu halten. Selten noch war für mich Bergabwandern derart anstrengend, alle Muskeln schmerzten und mein Kamerakoffer wurde immer schwerer. Trotz bestem Willen fing ich an, etwas zurückzubleiben, er aber konnte sich nicht genug verwundern: „Jetzt stellen Sie sich nicht so an, Sie sind doch ein junger Mensch, jetzt machen's weiter; wir haben noch eine lange Heimfahrt!" Oh je, oh je! Von Pontresina marschierte er „fröhlich und unbeschwert" zum Auto in Punt Muragl, ich „auf den Felgen!"

Walter Pause, der keinen akademischen Abschluss besaß, betonte immer wieder, dass es keineswegs auf ein Diplom oder so was ankäme, sondern darauf, was ein Mensch wirklich könne und leiste. Wegen seiner völlig neuartigen „100er"-Bergbücher fühlte ich tatsächlich nur Dankbarkeit und Begeisterung, ihm bei seiner Arbeit unterstützen zu können. Aber dabei stellte ich auch fest, dass er schwierig sein konnte. Vor allem, da sein Denken auch von „schwarz/weiß"-Kategorien geprägt war. Walter Pause glaubte, ich könne überhaupt nicht schreiben. In seinem Urteil scheute er auch nicht vor drastischen Worten zurück: Seiner Ansicht nach lieferte ich oft einen „völlig

158

unbrauchbaren Schmarren" ab. Naja, ich wusste ja, dass es nicht so schlimm gewesen sein konnte. Immerhin diente meine Arbeit ihm als Grundlage für seine Texte.

Die entstanden übrigens unter erschwerten Umständen. Denn sobald sich der „Kalendermacher" (so bezeichnete er sich gerne) an die Arbeit machte, nette Geschichten zu schreiben, wuselten seine sechs Kinder um ihn herum. Es gab Streit, man störte ihn dauernd – kurz, Walter Pause kam kaum oder viel zu selten zum konzentrierten Arbeiten. Da dachte er sich, wenn ich mir ein eigenes Haus baue, dann muss das anders werden, und er beauftragte den Architekten, durch die Gestaltung des Hauses dafür zu sorgen, dass er beim Arbeiten seine Ruhe hätte. Im Irschenhauser Domizil liegen deshalb die Kinderzimmer am einen Ende des langgezogenen Baues, das Arbeitszimmer am anderen Ende. Natürlich fanden die Kinder immer wieder einen dringenden Grund, um trotz strengen Verbotes den arbeitswilligen Vater stören zu müssen – was bei Sechsen doch recht häufig geschah. Walter Pause litt weiter, konnte sich nicht konzentrieren und sann auf weitere Abhilfe. Diesmal beauftragte er seinen Architekten, ihm etwas abseits ein separates Arbeitshäusl zu bauen. Aber natürlich gab es doch immer wieder Gründe, die es absolut notwendig machten, den Papa schnell etwas zu fragen oder ihm etwas zu sagen oder etwas von ihm zu wollen – und das Ganze immer mal sechs!

Der „Kalendermacher" fand keine Ruhe. Daran änderte sich auch nichts, als er später ein kleines Häuschen weit weg von seinem Hauptwohnsitz, hoch oben im Gebirge hatte, denn da war es so schön, dass auch die Familie etwas von der Ruhe und Abgeschiedenheit haben, Wandern und Skifahren gehen wollte! Schließlich griff der Vater zur letzten List: Er mietete sich mal da, mal dort, weit weg in der Fremde, in Gasthäuser ein, um endlich ungestört arbeiten zu können. Doch selbst wenn es ihm mal gelungen war, seinen Aufenthaltsort geheim zu halten, hatte er nicht mit der Findigkeit seiner Kinder gerechnet. Und vor allem hatte er nicht bedacht, dass er sich viel zu einsam fühlen, dass seine Familie ihm fehlen würde, dass er so ganz alleine eigentlich nicht leben wollte.

Rückblickend bedauere ich, dass mein Aufenthalt im Hause Pause stets arbeitsorientiert war. Ich hatte wenig Anteil am „fröhlichen Treiben" der Familie. Eigentlich habe ich Walter Pause nie in seiner Freizeit erlebt. Denn ich empfand ihn ausschließlich als meinen „Arbeitgeber"!

So kann ich aber immerhin behaupten, Walter Pause anders als die meisten erlebt zu haben. Ich habe ihn enorm geschätzt und verehrt – und tue das heute noch! Trotzdem stieß ich mich häufig an seinen Ecken und Kanten. In jedem Fall war ich derjenige in seinem Umkreis, der ihn „dienstlich" wie kein Zweiter kannte.

Ein Versteck über dem Puschlav: In der Stille am Lago di Val Viola findet der gestresste Kalender- und Büchermacher seine Ruhe.

74 Alles fließt

Walter Pause macht ein Buch über Alpenflüsse und das Kajakfahren – und weil er klug ist, holt er sich mit Robert Steidle einen Wildwasserexperten ins Boot. Gemeinsam mäandern die beiden Autoren durch ihr Thema. Heraus kommt ein gut recherchierter, fließend geschriebener und wunderbar bebilderter wie illustrierter Band: Lehrbuch, Naturschutzpamphlet und Gebietsführer in einem.

Heute sind die Kajaks zwar nur noch halb so lang, die alpinen Wildwasserflüsse haben aber dennoch nichts von ihrer Faszination verloren. Kein Wunder, verlangen sie von mutigen Paddlern doch den „ganzen Menschen".

,,

Natürlich fließt jeder Fluß bergab, und jeder Fluß hat das Bestreben, alles zwischen Quelle und Mündung aus dem Weg zu räumen, was sich ihm entgegenstellt. Sein ideales Ziel, ein gleichmäßig abnehmendes Gefälle zu haben, erreicht er freilich nie. Er arbeitet fleißig an der Abtragung des Landes, er ist damit beschäftigt, die Alpen sachte, aber zuverlässig einzuebnen, und nebenbei schleppt er auch eine Riesenmenge gelöster und ungelöster Mineralien mit.

"

Alpenflüsse – Kajakflüsse

In den tausend Klammen, Schluchten, Tälern und Auböden der Alpen jagen und treiben die Bergwasser „zu Tal" – als Quelle, Rinnsal, Sturzbach, Fluß und Strom bestimmen sie das Schicksal der Berge. Seit Jahrmillionen ist das Abtragen der Alpenberge ihr einziger Beruf. (…) Was Kälte und Sonne mit der alljährlich millionenfach eingesetzten Sprengkraft des Frostaufbruches in der großen Höhe vollbringen, das bewerkstelligen die Wasser in der Tiefe. Ihr Wirken stellt sich als Europas erfolgreichstes „Naturkraftwerk" dar. Man kann es in allen Klammen der Alpen genau ablesen, in den Gorges du Verdon wie in der Breitbachklamm, in der Via Mala wie in der Stilluppklamm: in den „lächerlichen" Zeiträumen von einigen Millionen Jahren werden dicke Kalk- und Granitmauern ganz und gar durchsägt, ausgewaschen und ausgeschliffen. Und wer vom Zirlerberg bei Innsbruck hinüber auf das Mittelgebirge um Igls und Axams schaut, der kann genau feststellen, in welcher Höhe der Inn einstens floß, ehe er sich in seinen eigenen Kiesbetten (von einigen hundert Metern Stärke) wieder auf das Niveau der Maria-Theresien-Straße herabschliff, herabwusch, herabschlämmte. Waren es fünf oder fünfzig Millionen Jahre? Wir wollen nicht neugierig sein, wir wollen uns aller alpin-geologischen Historie entziehen und uns an die Ufer unserer Alpenflüsse begeben: zu den lebendigen Wassern.

In diesem Buche stellen sich allen Freuden der Berge, aber den Freunden des Kanusports im besonderen, die wichtigsten Alpenflüsse vor. In 64 Bildern, in fünfzig farbigen Flußpanoramen und in den 50 Abschnitten einer unkonventionell geschriebenen „Kajakschule" wird über alle Probleme der Flußwanderer und der Wildwasserfreunde geplaudert: vom Erosionszyklus der Alpenflüsse bis zur Technik der Überwindung einschlägiger Hindernisse, von den neuesten Tendenzen im Bootsbau bis zur präzisen Definition der Wildwassertechnik, von der modernen Ausrüstung bis zum Trainingsprogramm, von der Bergung bis zum Bootstransport – alles, was wichtig geworden ist im Zeitalter zwischen Faltboot und Kunststoffschale, zwischen stillem Flußwandern und rassigem Wildwasserslalom, wird angesprochen. Ob einer die Alpentäler im Kajak oder Canadier durchforscht, oder ob er ohne Boot als Kolumbus der Berge an den Ufern entlang streift, von Schwall zu Schwall, von Gumpe zu Gumpe, von einem kühlen Badeparadies zum anderen, – jeder, der am „Überfluss" quellfrischer Bergwasser seine Freude hat, der sollte auch an diesem auf so merkwürdige Weise zustande gekommenen Buche seine Freude haben.

Das Merkwürdige der Entstehung dieses Buches sei gleich gestanden. Niemand rings um die Alpen dachte im Mai 1968 an ein Buch über Kajakflüsse. Aber im Juni 1968 führte ein lächerlicher Zufall den alten Bergfreund und einstigen Flußwanderer Walter Pause mit dem jungen Münchner Bildhauer und Kajakfahrer Robert Steidle zusammen. Und es begab sich, daß der Junge von einem satirisch herausfordernden Büchlein über moderne Ski-Unsitten sprach. Aber kaum hatte der ältere Pause von der Kajakpassion des jungen Steidle gehört, da überließ er sich einer aus kräftigem Neckarwein aufsteigenden Inspiration und überfiel seinen ahnungslosen Besucher samt dessen Braut mit einem fertigen Plan für ein großes schönes Kajakbuch, ein Buch über Alpenflüsse und Kajakflüsse in einem, ein Buch mit fünfzig instruktiven Flußpanoramen, die weiß auf blauem Grund gedruckt werden müßten, ein Buch mit den neuesten Schwarzweißfotos von „Wassermenschen" in Aktion, ein Buch mit einer möglichst amüsanten, doch im Kern sachlichen „Kajakschule", und noch mit dem und jenem, was zur Perfektion so eines feinen Themas gehört. Erst verblüfft, dann begeistert machte der Jüngere mit, zeigte seine Kajakfotos – und schon kam der erste hübsche Streit: denn der Ältere fand fast alles schlecht. So mußte der Ältere den Jüngeren auf Monate in die Alpentäler schicken, damit ausreichend interessante und zugleich bildhafte Fotos zustande kämen: sie kamen alle. Und während Robert Steidle noch in den Gorges du Verdon, am Var und an der Durance mit Wettergöttern haderte, da zeichnete die Braut Ulla Schmidt, auch sie von Walter Pause freundlich überredet und angeheizt, die fünfzig Flußpanoramen. Elf Monate nach jenem reizenden Zufall hatte dieses gemischte Team alle Vorarbeiten beendet, der einstige Fluß-Bummler Pause hinkte korrekt mit dem Bearbeiten der vom modernen Wildwasserfahrer Steidle sachverständig vorgeschriebenen Texte nach und schrieb sich auch noch seinen Protest vom Leibe gegen die Zerstörung zahlloser Alpenflüsse durch Kraftwerksbauer, Energiekonzerne und Betonkanalkünstler, aber auch gegen die teils ahnungslos, teils verantwortungslos wirkenden Genehmigungsbehörden. Kurz von der „Atomkraftschwelle" mußten die herrlichsten Wildflüsse faulenden Stauseen weichen, das Grundwasser gefährlich senkenden Betonkanälen nicht zu reden von Flora und Fauna … Und es begann der Druck.

(…) Kajakfahren ist im alpinen Bereich ein sehr exklusiver Sport, der außer vielen Lehrjahren und einer gesammelten Disziplin auch einen ausgeprägten sechsten Sinn für die Bergnatur verlangt … Das Boot des modernen Wildwasserfahrers verwirklicht nämlich mit einfachsten Mitteln die vom Konstrukteur aufs Papier gebrachte Idee – es ist letztlich nur noch dünne Schale, der reinen Idee unglaublich nahe. Dafür ist diese kleine Bootsschale um so mehr vom menschlichen Können abhängig, sie verlangt durch ihre bis zum einfachsten abstrahierte Form den ganzen Menschen: seinen Mut, seine Geschicklichkeit, seine Abenteuerlust, seine Geistesgegenwart, seine Geduld, Ausdauer, Kraft, Kameradschaftlichkeit – und seine äußerste Besonnenheit. Wer all dies einzusetzen vermag, den belohnt ein Bündel an wahren Lebensfreuden.

Abschwingen – Landen

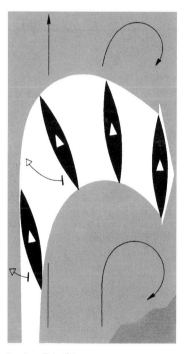

Landen rückwärts

Alpenflüsse – Kajakflüsse, 1969

75 „Wir müssen etwas tun, damit nichts passiert!"

Von seinem idyllischen Heim auf dem Isar-Hochufer aus sieht ein Mann dunkle Wolken aufziehen über Frauenkirche, Residenz und Altem Peter. Dort sitzen der bayerische Ministerpräsident Alfons Goppel und der Oberbürgermeister Hans-Jochen Vogel, ein Schwarzer und ein Sozi, und machen die Zukunft zur Baustelle. Die Landeshauptstadt als „kapitales Industriezentrum", als Zentrum des organisierten Zuzugs? Das ist anno 1970 schier unvorstellbar für den Autor der „Münchner Hausberge".

Ein Plan für das Münchner Oberland

Der Schritt in die Siebziger Jahre ist getan. Weil Zukunft ohne Silberstreifen nicht vorstellbar ist, wurde wild gefeiert, und unsere Wettermacher haben sogar eine funkelnde Morgenröte entdeckt. Vielleicht sind deshalb so viele Münchner in die Siebziger Jahre wie in eine Fata Morgana gestolpert! Denn sie hätten schließlich starke Gründe, an einer triumphalen Zukunft zu zweifeln. Schlimme Perspektiven liegen viel näher. Nicht weil die Olympiade über uns kommt – die wird von den Münchnern genau so verkraftet wie Wiesn, Fasching und Starkbierzeit. Aber was müssen wir alles lesen und hören von „Entwicklung", „Ballung", „Industrialisierung", „Zuzug"! So als wären das Naturereignisse. Oder schlimmer. Als wäre es geradezu wünschenswert, daß München zum kapitalen Industriezentrum wird. Als wäre eine Dunstglocke, die bereits dichter ist als die über dem Ruhrgebiet, als wären Verkehrsdichte und permanenter Baustellenlärm, ja selbst Krankenhausmisere und Schulraumnot ein bescheidener Preis für den Fortschritt.

Für den Fortschritt wohin?

Münchens Zukunft steht und fällt mit Münchens Ruf. München muß das große Kulturzentrum des Südens bleiben, die faszinierende Kunst- und Residenzstadt vor einer kostbaren Landschaft, leuchtender Vorort der nahen Alpen, der Stadt der Jugend, das begehrte Ziel der intelligenten, sportlichen und musischen Welt, die glücklich gefügte und aus der Substanz hoch begünstigte Stadt der heiteren Lebensart und vergnügten Festlichkeit. „Wo gibt es das noch!" jubeln Münchens Gäste, und genau das ist es. Es ist die – wie man uns versichert – einzigartige Komposition freundlicher Lebensbedingungen, deren wichtigste natürlich die Münchner selbst sind.
Münchner oder Zugereiste! Die Frage wurde von Münchens magischer Anziehungskraft ausgeräumt. Die Münchner – das sind auch die Zugereisten, die nirgends anders mehr leben wollen als hier. Schauen wir doch zurück: der Engländer Rumford, der Italienersproß Graf Pocci, der Ganzfranzose Cuvilliés und die Halbfranzösin Annette Kolb, der „Saupreuß" Klenze und der keineswegs alteingesessene Karl Valentin – wenn das keine Münchner sind! Freilich, die Assimilierungskraft Münchens ist nicht unerschöpflich.

162

1970 Ende des Biafra-Krieges in Nigeria (12. Januar) – Lawinenwinter in den Alpen: Allein in Val d'Isère sterben 39 Menschen (10. Februar) – Willi Daume, Präsident des Deutschen Sportbunds, startet die „Trimm Dich"-Aktion (15. März)

Fünf- oder zehntausend Neubürger pro Jahr lassen sich leicht und gern zu Münchnern machen. Aber doch keine dreißigtausend! Und schon gar nicht die fünfzigtausend, die uns das Jahr 1969 gebracht hat.

Jedenfalls müssen wir um Münchens Originalität kämpfen, statt sie den Interessenten zu überlassen – das heißt: denen, die sich nur für ihren eigenen Geldbeutel interessieren. Oder den wortgewaltigen und umtriebigen Politikern, für die Industrialisierung und Fortschritt dasselbe bedeuten. (…)

Erstes Fazit: der hochgerühmte, von tausend Maklern und Reisemanagern ausposaunte Freizeitwert Münchens, „höchster Freizeitwert aller deutschen Städte“, geht durch den irrsinnigen Zuzug verloren. Der Rekordwert ist wertlos, er hebt sich selbst auf. Gewinnen können nur Leute, denen die Zukunft Münchens und der Münchner gleichgültig ist. Die Menschen, die hier leben, können nur verlieren. Denn was bedeutet Freizeit in einer Millionenstadt, die keine Fluchtwege mehr ins Grüne hat?

II

(…)

Der Besiedlungsdruck aus München und – sagen wir es offen – aus der ganzen Bundesrepublik ist so stark geworden, daß über das endgültige Schicksal dieser Landschaft zwischen Stadt und Bergen nicht mehr lange debattiert werden kann.

Man denke doch, worum es geht! München besitzt links und rechts seines Isartales die bezauberndste Erholungslandschaft, die sich im Europa der akzeptablen Klimagrade finden läßt. Dies ist eine wahre Musterlandschaft für die Erholung körperlich und seelisch ausgeglühter Großstädter. Nicht ohne guten Grund kommen fast ein Viertel aller deutschen Ferienreisenden hierher. Dieser aus tausend Moränenhügeln, aus dichten duftenden Walddecken, stillen Moosböden und leuchtenden Seeaugen gewirkte Landteppich mit seinen wie Edelsteinen hervorblitzenden Barockkirchen, Kapellen und Klöstern ist seit je und noch heute das eigentliche Erholungsgebiet für München. Wie kostbar wird diese Landschaft als Naherholungsgebiet aber erst werden, wenn die Region München 2 oder 3 Millionen Einwohner hat? (…)

Die Seele dieser Idylle ist die Isar, und es bestätigt nur meine Begriffe von moderner Raumordnung, wenn Münchens führende Köpfe jetzt den kühnen Entschluß gefaßt haben, die aus dem tiefen Karwendel kommende Isar nicht mehr lange in einer faden Betonrinne, sondern wieder als schwellenden, frei fließenden Alpenfluß durch die Stadt zu führen. Ist dieser Münchner Plan zur Befreiung der Isarwasser ein erstes „Grünes Licht“ für eine neue planerische Initiative?

(…)

Die Münchner nehmen ihr Erholungsgebiet, vor allen den engeren Bereich zwischen Starnberger See und Hofoldinger Forst, immer intensiver in Anspruch. Die Verkehrsdichte im Münchner Ausflugsverkehr ist zu einem Alptraum geworden. Der noch vor kurzem fast ausschließlich auf die Berge und Bergtäler gerichtete Strom ist plötzlich gestoppt. Viele Tausende junge Münchner Familien mit Kindern scheuen die weiten Ausfahrten und mehr noch die überlangen Rückfahrten. Autoschlangen, Autoabgase, Autolärm, Unfallgefahr – und dies alle im Zeichen der „Erholung“! Nein, sie alle wollen heute nichts anderes als schnell hinaus aus der Stadt, auf kurzen Wegen, zwanzig, dreißig oder vierzig Kilometer nur rasch ins Grüne, an die Waldränder und Wiesenbuchten, an die Moostafeln und Seeufer, an die Kiesbänke der Isar und in ihre Auwälder – oder auch zu dem und jenem Bauern, der so klug war, ein paar Zimmer auszubauen und sie den Städtern als Wochenend-wohnung, als Wochenendzuflucht, als ihr sonntägliches „Hoamatl" zu vermieten. Dort – und nicht hundert und mehr Kilometer südwärts – wollen die Münchner heute ihre gespeicherten Stadtängste aushauchen. (…)

Fazit Nummer zwei: Die am schnellsten wachsende deutsche Stadt hat keine Zeit mehr zu verlieren. Sie muß sofort handeln, damit das kostbare Naherholungsgebiet im Süden erhalten bleibt. Zwischen Siedlerzäunen und Wohntürmen läßt sich schlecht spazieren gehen.

III

Durch eine schnelle und gezielte Planung von Staat, Stadt, Landkreisen, Gemeinden und zuständigen Behörden, aber auch unter Mitwirkung der längst vorausarbeitenden Vereine, muß ein großer Landschaftspark prokla-miert und geschaffen werden. Kein überdimensionaler Englischer Garten, der von beamteten Gärtnern gepflegt wird, sondern ein Naturpark, in dem die Landwirtschaft und die Forstwirtschaft den Charakter bestimmen. Dieser Naturpark gehört genau dorthin, wo die Interessen der erholungssuchenden Großstädter und die der Makler und der Baulustigen gegeneinander stehen: Zwischen Hofoldinger Forst und Starnberger See, zwischen Solln und Ostersee, zwischen Grünwald und Tölzer Isartal.

Diese bäuerliche Kulturlandschaft muß offen gehalten, mehr noch, sie muß auf die großzügigste Weise für die land- und lufthungrigen Großstädter weiter geöffnet werden. Natürlich: eine Abfall- und Unrat-, eine Massenzelt-Landwirtschaft ist damit nicht gemeint. Sondern ein Riesenpark, in dem sich auch Zehntausende noch verlaufen können.

Die in diesem Bereich liegenden Naturschutz- und Landschaftsschutzgebiete (Isarauen ober- und unterhalb Wolfratshausen, alle Isar-Hochuferkanten, Forstenrieder Park und Perlacher Forst) bilden den Kern dieser reinen Er-holungslandschaft. Selbstverständlich kann man die bestehenden Gewerbe- und Industriebezirke (wie Wolfratshausen, Geretsried, Sauerlach, Baier-brunn) nicht ausradieren: sie bleiben als Inseln mit fester Planung erhalten, die ihnen den vernünftigen Ausbau innerhalb gültiger Grenzen gestattet. Entscheidend ist, daß ringsum die bäuerlich naturnahe Wirtschafts-weise dominiert. Denn die Bauern haben dieses musterhafte Erholungsland-schaft geschaffen – sozusagen nebenbei, und auch sozusagen kostenlos. Wird man nicht für die Zukunft daran denken müssen, den Bauern ein Äquivalent für den Dienst an der Allgemeinheit zu bieten? Wenn die Bauern dafür sorgen, daß den emsigen Maklern Grenzen gesetzt werden, dann meine ich, muß sich der Naturpark für die Bauern lohnen! (…)

Der neue Naturpark „Münchner Oberland" könnte der „erfolgreichste" Naturpark werden, da er vom unmittelbaren Stadtrand ausgeht und straßen- und bahnmäßig ideal erschlossen ist. Hier die Grundprinzipien eines Naturparkes, knapp angedeutet, doch gleichzeitig für den besonderen Fall „München" modifiziert:

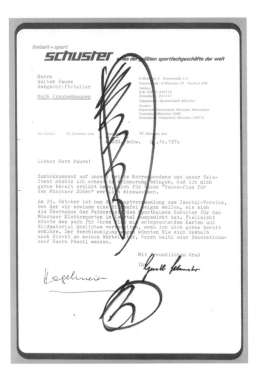

Von vielen Seiten kam Unterstützung für den Pause-Plan – auch vom traditionsreichen Sporthaus Schuster.

164

- Unbedingte Erhaltung von Wäldern und Forsten,
  ihre normale Nutzung vorausgesetzt,
- Verhinderung jeder weiteren Zersiedelung unter Rücksichtnahme
  auf lokal unerläßliche Baumaßnahmen der Gemeinden
  (die planmäßig festgelegt sein müssen),
- Ordnung an allen Gewässern im Interesse einer dauernden Erholungs-
  möglichkeit für die Städter; sorgfältige Trennung zwischen Bade- bzw.
  Erholungsbereichen, und solchen Uferstrecken, die im Interesse des
  Naturhaushaltes und des Landschaftsbildes in ihrem gegenwärtigen
  Zustand erhalten werden müssen,
- Erhaltung aller noch naturnah gebliebenen Bachläufe sowie aller noch
  intakten Moorlandschaften, zum Beispiel der weitläufigen Rothbachmoore
  im Nordwesten von Tölz und der Moose im Bereich der Loisach
  (bei Subventionierung der Mahd von Streuwiesen),
- Sicherung aller Naturdenkmäler (wie kostbarer alter Bäume, seltener
  Pflanzen, interessanter Gletscherschliffe, markanter Felsbildungen),
  ihre Kennzeichnung, Pflege und evtl. rücksichtsvolle Einbeziehung in
  das Netz der Wanderweg,
- Erhaltung und Pflege gesunder Strukturen in der bäuerlichen
  Kulturlandschaft bei planmäßiger Förderung von Bauern, die Zimmer aus
  bauen, Kinderspielplätze, Liegewiesen, Jausenstationen, Parkinseln anle
  gen, und an geeigneter Stelle Skilifte und Eisstockbahnen einrichten,
- Gestaltende landschaftspflegerische Maßnahmen in etwaigen
  „ausgeräumten" oder „ungegliederten" landwirtschaftlichen Bereichen,
- Großzügiger, aber auch vernünftiger Ausbau, sowie Pflege und Markierung
  von Wanderwegen, die alle von Bahnstationen oder von vorhandenen
  bzw. anzulegenden Parkplätzen ausgehen sollen.

„Wir müssen etwas tun, damit nichts passiert!"
Mit einem „Naturpark Münchner Oberland" will
Walter Pause auch die Isarauen retten.

Das also wären Grundidee und Ausgangspunkt eines modernen, staatlich
geförderten „Naturparkes Münchner Oberland". Großartig! Oder: Pfundig!
Werden die alten und die neuen Münchner Großstädter sagen. (…)
Ich gebe die Hand drauf, daß in der Riesenstadt München Abertausende junger
Familien mit Kindern nur darauf warten, draußen vor der Stadt, zwischen
Wald und Hügel, ein Zugehplatzerl zu haben, den „eigenen" Bauern, der
ihnen vom Feierabend ab ein sauberes Zimmer anbietet und dazu Kikeriki,
Kalb, Schweinchen und Tauben für die Kinder, und erstklassige Landluft,
erstklassige Landstille, Beerenfelder und Schwammerlwälder für die Eltern.
Kommen markierte Wanderwege dazu und freundliche Wirte da und dort,
dann kann man sich vom Zwiebelturm zu Zwiebelturm seinen eigenen stillen
Weg suchen – und ist abends genau so müde, wie es tiefer Schlaf braucht.
Fazit Nummer drei: Wir müssen etwas tun, damit nichts passiert! Niemand
von den Verantwortlichen darf sich den frommen Trost des Hinausschiebens
leisten. Wir appellieren an den Ministerpräsidenten Dr. Goppel, an unseren
Münchner Oberbürgermeister Dr. Vogel, an die Landräte, ohne weiteres
Zögern, ohne Eifersüchteleien in Aktion zu treten. Hat sich nicht jeder laut
und deutlich dazu bekannt, daß das südliche Münchner Oberland als Landschaft – und zwar als zugängliche Landschaft – erhalten und gehegt werden
soll? Den Bekenntnissen müssen jetzt Taten folgen. Es ist höchste Zeit.

Ein Plan für das Münchner Oberland, 1970

76 Pate eines Ministeriums

Jahrzentelang tippt Walter Pause Klagelieder und Protestaufrufe in seine Schreibmaschine, wettert gegen Zersiedelung und planlose Erschließung – und doch hält sich das Verständnis für diese Meinung in Grenzen. Erst mit dem Umdenken, zu dem Politik und Gesellschaft durch die 68er Ereignisse gezwungen wurden, rücken diese "neuen" Themen ins öffentliche Interesse. Und so erhält Walter Pause eines Tages hohen Besuch aus München. Erfahrung und Verstand neigen zur Skepsis, aber sein Herz ist schnell zu erweichen.

Ein „geborener CSUler" sei Walter Pause nicht gerade gewesen, erinnert sich Wolfgang Gröbl. In Fragen Naturschutz spielte Parteizugehörigkeit allerdings keine Rolle.

Es war die Aufbruchstimmung der bayerischen Politik zu neuen Ufern. In der CSU hatten Franz Josef Strauß und sein Generalsekretär Max Streibl meinen Vorschlag akzeptiert, einen eigenen Arbeitskreis Umweltsicherung und Landesplanung zu gründen. Keine andere Partei in Deutschland hatte einen solchen Schritt vorher gewagt. Im gleichen Jahr 1970 berief Ministerpräsident Alfons Goppel Max Streibl zum ersten Umweltminister in Deutschland. Ich hatte als Arbeitskreisvorsitzender die spannende Aufgabe, engagierte Fachleute zu suchen und zur Mitarbeit zu bitten. Professoren der Universität und der TH München für Wasser, Luft, Lärmschutz, Immissionen verschiedenster Art, Architekten mit Schwerpunkt Landschaftsarchitektur, Biologen, Geologen – sehr viele folgten schon bald unserem Ruf zur engagierten Mitarbeit. Journalisten wie Josef Otmar Zöller und Alfred Karbe, Naturschützer, Bauern und Forstleute kamen bald dazu. Doch einen mussten Max Streibl und ich in langen und interessanten Gesprächen sehr bitten mitzutun – Walter Pause. Etliche seiner Bergwanderbücher standen in meinem Regal. Er schuf mit seinen Wanderführern fast so etwas wie einen neuen Aufbruch der an der Natur Interessierten ins Gebirge. Sein gut lesbarer Stil zog sich auch durch die Tourenbeschriebe, die von seinen Helfern und Mitarbeitern erwandert und notiert wurden. Dazu die geschickte Bebilderung. Dieser Mann war für uns wichtig. Er war nicht nur berg- und naturbegeistert, er erreichte ein großes Publikum. Auch als Vortragsredner. Diesen Walter Pause brauchten wir als Bundesgenossen, insbesondere für unser erstes Meisterstück – den bayerischen Alpenplan.

So hab' ich einfach angerufen in Irschenhausen. Recht begeistert schien er anfangs nicht zu sein. Schließlich hatte er ja auch Gegner und viele Neider ob seines publizistischen und wirtschaftlichen Erfolgs. Aber dann sagte er zu, den CSU-Generalsekretär Streibl und mich bei sich zu Hause zu empfangen. Überrascht waren wir von der modernen, aber nicht modisch anmutenden Architektur, die uns eher an Skandinavien als an zentrales Oberbayern erinnerte. Schnell war die Phase der Beschnupperung überwunden, die feine Herzlichkeit der Eheleute Pause und die ungezwungene natürliche Art der Kinder hatten eine gute Atmosphäre geschaffen. Ein geborener CSUler war

Walter Pause nun nicht gerade. Er verbarg auch nicht seine Sympathie zu Hans-Jochen Vogel und einigen lokalen Persönlichkeiten der SPD und FDP. Aber unser Thema – Neuorganisation des Naturschutzes, neuer und großer Stellenwert des Umweltschutzes – interessierte und faszinierte ihn. Und als einer der Taufpaten des neuen Ministeriums zu fungieren, kitzelte seinen Ehrgeiz. Etliche Stunden durfte ich mit Walter Pause, dem bewanderten, erfahrenen und sehr sensiblen Naturschützer und Naturnutzer, verbringen – in Irschenhausen, im CSU-Hauptquartier in der Lazarettstraße und später im neuen Umweltministerium in Harlaching und dann im Arabellapark.

Glücklich, heiter, ja fast ein wenig ausgelassen erlebten wir ihn bei einem Abend in der Forstdiensthütte Neßlertal mit den Fischbachauer und den Roaner Sängerinnen und dem damals ganz neuen Schlierseer Viergesang. Da war die Welt für ihn in Ordnung. Musik und Menschen passten zusammen, und wir hatten nicht nur ein gemeinsames und hehres Ziels, sondern erlebten in dieser Hüttenatmosphäre eine wunderbare Harmonie für Geist und Seele. Mit rührenden Worten dankte er für „einen der schönsten Abende seines Lebens". Natürlich stand uns Walter Pause zur Stelle im Ringen um den Schutz des Rotwandgebietes. Auch er hat seinen Anteil am damals hart erkämpften Erfolg – nicht nur an der Rotwand.

Walter Pause – eine wegweisende Persönlichkeit im Oberbayern der sechziger und siebziger Jahre. An seinem 100. Geburtstag denke ich dankbar an ihn und seine großartige Frau. Die beiden haben mir viel mit auf meinen Weg gegeben.

Wolfgang Gröbl
Landrat a.D., Parlamentarischer Staatssekretär a.D.

Für seine Münchner Hausberge kämpfte Walter Pause unermüdlich: Der Schutz des Spitzinggebietes – Abenteuerspielplatz seiner Jugend – lag ihm besonders am Herzen. Auch in der voralpinen Bilderbuchlandschaft, für die Wolfgang Gröbl als Landrat zuständig war, gilt das Hochtal als Glanzpunkt.

77 Ein Vermittlungsversuch

Walter Pause war ein interessierter Beobachter des Expeditionsgeschehens. Als nach der Nanga-Parbat-Expedition von 1970 heftiger Streit zwischen dem Expeditionsleiter Karl Herrligkoffer und dem damals nur in der Bergsteigerszene bekannten Südtiroler Teilnehmer Reinhold Messner ausbrach, wurde der Erfolgsschriftsteller um eine Vermittlung gebeten – eine Aufgabe, die er mit großer Leidenschaft anging. Ein Erfolg blieb ihm allerdings versagt – und wie sich 37 Jahre später behaupten lässt, bestand dazu wohl niemals eine Chance.

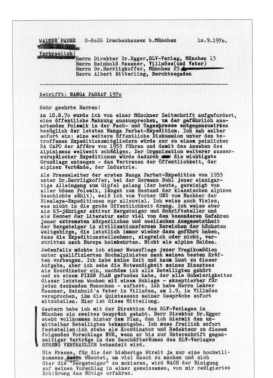

Herrn Direktor Dr. Egger, BLV-Verlag, München
Herrn Reinhold Messner, Villnöss (und Vater)
Herrn Dr. Herrligkoffer, München
Herrn Albert Bitterling, Berchtesgaden

Betrifft: Nanga Parbat 1970

Sehr geehrte Herren!

Am 18.8.70 wurde ich von einer Münchner Zeitschrift aufgefordert, eine öffentliche Mahnung auszusprechen, um der gefährlich ausartenden Polemik in der Fach- und Tagespresse entgegenzuwirken bezüglich der letzten Nanga Parbat-Expedition. Ich sah selber sofort ein: eine weitere öffentliche Diskussion unter den betroffenen Expeditionsmitgliedern würde nur zu einem peinlichen DA CAPO der Affäre von 1953 führen und damit das Ansehen des Alpinismus weltweit schädigen. Der Organisation weiterer außereuropäischer Expeditionen würde dadurch die wichtigste Grundlage entzogen – das Vertrauen der Öffentlichkeit, der alpinen Verbände, der Industrie.

Als Presseleiter der ersten Nanga Parbat-Expedition von 1953 unter Dr. Herrligkofer, bei der Hermann Buhl jener einzigartige Alleingang zum Gipfel gelang (der heute, gereinigt von aller bösen Polemik, längst zum Bestand der klassischen alpinen Geschichte zählt), weiß ich vom Vorher UND vom Nachher der Himalaya-Expeditionen nur allzuviel.
Ich weiß auch Vieles, was nicht in die große Öffentlichkeit drang. Ich weiß aber als 63-jähriger aktiver Bergsteiger und Schriftsteller und als Kenner der Literatur sehr viel von den besonderen Gefahren jener extremsten körperlichen und seelischen Ausgesetztheit der Bergsteiger in zivilisationsfernen Bereichen der höchsten Weltgebirge, die letztlich immer wieder dazu geführt haben, daß die Expeditionsteilnehmer, siegreich oder nicht, verstritten nach Europa heimkehrten. Nicht als alpine Helden.
Jedenfalls möchte ich einer Neuauflage jener Tragikomödien unter qualifizierten Hochalpinisten nach meinen besten Kräften vorbeugen. Ich habe

168

keine Zeit und kaum Lust zu dieser Aufgabe, aber ich sehe die Notwendig-keit meines Einsatzes als Koordinator ein, nachdem ich alle Beteiligten gehört und zu einem FIXEN PLAN gefunden habe, der alle Schwierigkeiten dieser letzten Wochen mit einem Schlage – akzeptierbar für jeden denkenden Menschen – aufhebt. Ich habe Herrn Messner, Reinholds Vater in Villnöss, am 1.9. in Villnöss versprochen, ihm die Quintessenz meiner Gespräche sofort mitzuteilen.

Hier ist diese Mitteilung. Gestern habe ich mit der Direktion des BLV-Verlages in München ein zweites Gespräch gehabt. Herr Direktor Dr. Egger steht vollkommen hinter dem Plan, den ich hiermit den unmittel-bar Beteiligten bekanntgebe. Ich muß freilich sofort feststellen: ich stehe als Koordinator und Redakteur zu diesem folgenden Vorschlage NUR, wenn er bis zur Unterschrift gegenseitiger Verträge in den Geschäftsräumen des BLV-Verlages STRENG VERTRAULICH behandelt wird.

Die Presse, für die der bisherige Streit ja nur eine hochwillkommene Sache bedeutet, um viel Rauch zu machen und sich über die „Bergsteiger" zu mokieren, wird NACH der Einigung auf meinen Vorschlag in einer gemeinsamen, von mir redigierten Erklärung das Nötige erfahren.

Mein Vorschlag:
1. Die in diesem Briefe angesprochenen Herren, soweit sie der Expedition angehört haben, stellen mit sofortiger Wirkung alle gegenseitigen Beschuldi-gungen ein, unterlassen vorläufig jede Verbreitung von Nachrichten, auch auf Betreiben gerichtlicher Auseinandersetzungen.

2. Im Einvernehmen mit der Leitung des BLV-Verlages in München wird die schnellstmögliche Herstellung ZWEIER Nanga-Parbat-Bücher vorbereitet, die möglichst gleichzeitig im FRÜHJAHR 1971 erscheinen sollen:

a. ein großformatiger Bildband (25,5 x 21,5 cm, wie Pausebücher) der „Stiftung", ausgestattet mit dem besten Farb- und Schwarz-Weiß-Bild-material der Expedition 1970. Mit einem zusätzlichen 20 Seiten-Text von Dr. Herrligkoffer, der eine knappe Darstellung des Gesamtablaufes bringt. Dazu kommen besonders sorgfältige und ausführliche Bildkommentare. Die Redaktion besorgt Walter Pause, der im Buchtitel nicht aufscheint.

b. ein kleinformatiges Lesebuch, das heißt ein moderner kleiner Textband von Reinhold Messner, der den nüchtern und diszipliniert geschriebenen reinen „Erlebnisbericht" bringt, die „Dokumentation" der Vorgänge der Besteigung mit allen ihren unmittelbaren Folgen, geschrieben im einfachen Ich-Stil. Aus Verkaufsgründen werden 8, 12 oder 16 einseitige Schwarz-Weiß-Fotos eingeschaltet, die möglichst unmittelbar eine Illustration von Messners Bericht bedeuten sollten. Wegen des verloren gegangenen Materials wird dies evtl. schwierig sein.

3. Der Sinn meiner persönlichen Einschaltung ist kein anderer als der, dem Wunsch des Verlages zu entsprechen, daß mittels Koordination ein sofortiges Ende des Streites erreicht wird und die Durchführung beider Buchpläne in einem Stil, der endlich einmal das normale (bisherige) Himalayabuch-Image ablöst. Ich möchte nicht nur für die Redaktion beider Buchtexte sorgen (die im engsten Einvernehmen mit beiden Autoren vorgenommen wird), sondern vor allem auch für die richtige Bildauswahl, für die Ausstattung der Bücher, die moderne Typographie usw.

Ich möchte auch gleich hier auf das Phänomen meines Buches „Der Tod als Seilgefährte" verweisen (Bruckmann, 1951, 4. Auflage 1969) – in dem ich 33 meist berühmte Bergsteiger zu Wort kommen ließ, die EIGENE FEHLER eingestehen. Ich habe dieses Buch redigiert, das meiste nach Unterlagen bzw. mündlichen Berichten in der knappsten (also am besten lesbaren) Form niedergeschrieben. Dazu ließ ich von Hans Hintermeier, der auch kein unbekannter ist, sogenannte „Lehrsätze" verfassen, also kritische Kommentare, die eine „Lehre" bedeuten. Man lese das Vorwort dieses meines Buches – das eine eindeutige Lehre für jeden Alpinist bedeutet, auch für Himalaya-Alpinisten. Ich werde, wenn ich Reinhold Messners Einverständnis habe, sogar in der 5. Auflage dieses Buches (1972/73) auch seinen besonderen Fall Nanga Parbat 1970 bringen … wenn bis dahin die Zeit reif ist. – Ich habe bereits ein Nanga Parbat-Buch umgeschrieben, ich habe 40 Lehrjahre als schreibender Mensch hinter mir. Ich glaube, ich könnte den Gordischen Knoten dieser neuesten Nanga Parbat-Verstrickung mit verschiedenen Talenten durchschlagen, und ganz sicher zum Nutzen aller Beteiligten.

4. Mit der Durchführung des 2-Buch-Vorschlages (zur gleichen Zeit und im gleichen Verlag) würde die „Stiftung" dem in jedem Sinne am schwersten betroffenen Teilnehmer der Expedition eine verdiente Ausnahmestellung einräumen und ihm ein Ausnahmerecht gewähren, was den Paragraph 5 des Teilnehmervertrages betrifft.

Die Einzelheiten der gegenseitigen finanziellen Abrechnung sollten freundschaftlich im Sinne des von jedem Teilnehmer unterschriebenen Vertrages geregelt werden.

5. Die „Streitpunkte" über den Verlauf der Expedition, wie sie in meist nicht zu verantwortender Weise in der Presse gebracht wurden, sollten aus Vernunftgründen NICHT MEHR diskutiert werden. Erstens: um die gierige Presse nicht zu neuen Eskalationen der gegenseitigen Anschwärzung zu treiben und zweitens: um sich selbst die so UNERSETZLICHE Zeit ruhiger Besinnung zu gönnen.

6. Wenn sich alle Beteiligten – zunächst mir bzw. dem BLV-Verlag gegenüber – prinzipiell mit meinem Vorschlag einverstanden erklärt haben, dann werde ich am darauffolgenden Tage eine Presseerklärung abgeben, von der JEDER beteiligte Herr eine Abschrift bekommt. Ich bin gegebenenfalls bereit, diese Presseerklärung (die ganz und gar auf vernünftige und einleuchtende Beruhigung abzielt und keines der Streitthemen berühren wird) in einer kurzen Gesprächsrunde im Verlag oder bei mir im Hause zu diskutieren, also zu warten, bis die Beteiligten hier in München zur Verfügung stehen.

Meine sehr geehrten Herren! Ich halte diesen meinen Vorschlag für die einzige Lösung. Es gibt keine Alternative dazu (außer der peinlichen Fortsetzung des Streites, der NIEMANDEM einen Vorteil bringt).
Ich bitte Sie, meinen Vorschlag nicht vorschnell abzulehnen. Wenn Sie ihn ablehnen, werde ich zu keiner Zeit und in keiner Form mehr zu den Ereignissen Stellung nehmen. Ich habe mehr Aufgaben am Halse, als mir lieb und meiner Gesundheit bekömmlich ist. Dass ich den BLV-Verlag für die Übernahme beider Bücher gewinnen konnte, ist keine Taktik, eher eine Fügung. Wir alle hätten die Chance, erstmals zwei nicht hausbackene, sondern moderne, lesbare Himalaya-Bücher mit zweifelsfrei sehr guten Verkaufschancen zu bekommen. Vergessen Sie nicht: mit 2 - 3 Ausnahmen waren die (bisher mindestens 40) Himalaya-Bücher KEIN Geschäft. Nicht für den Verlag, nicht für die Autoren.

Mit freundlichen Grüßen
Ihr Walter Pause

Die Rupalflanke des Nanga Parbat war 1970
Schauplatz großer Leistungen. Die wahre
Tragödie begann erst nach ihrer Durchsteigung.

78 Die Rettung der Rotwand

Skibergsteiger, Seilbahnunternehmer, junge und alte Liebhaber, Bayrischzeller, Angeber...
Wer sich so alles rumtreibt am schönen Spitzingsee! Dass seine Sympathie vor allem den
Erstgenannten gilt, daran lässt der Autor keinen Zweifel. Sein Buch über die „Münchner
Skiberge" ist kaum erschienen und schon ein Klassiker. Sein Tipp, „rings um die Rotwand"
zu touren, wird sogar bald so klassisch sein, dass die Zahl der Skibergsteiger dort an schönen
Wochenenden reicht, einen mittleren Konzertsaal zu füllen.

Walter Pause
**Münchner
Skiberge**

Tour 12 Rings um die Rotwand
Die Lieblingstour aller Münchner

Die Rotwand ist als Tourengebiet gerettet, die Bayerischzeller Pläne sind
gescheitert. Die Münchner Skibergsteiger haben den Münchner Pistenfahrern
das Spitzingrevier zwischen Firstalm, Stolzenberg und Taubenstein endgültig
zugestanden, der Preis heißt: unversehrte Rotwand für alle Zukunft.
Die Baupläne der Bayerischzeller hätten den Kern des kostbaren, noch heute
stillen Skiwandergebietes um Groß- und Kleintiefental, Auerspitz und
Rotwand vollkommen zerstört. Die Spitzingunternehmer dürfen die Grenze
Taubensteinsattel, Untere Wallenburgeralm niemals mehr überschreiten …
Unsere klassische Rotwandtour bedeutet für den besinnlichen Mann eine
reizende Folge romantischer bis dramatischer Effekte. Gut abgefahren wird
sowieso! Man wendet sich also vom Spitzingparkplatz nahe der Wurzhütte
sofort südostwärts zum Rotwandweg. Die Skier hat man an den Rucksack
geschnallt. Dann umrundet man den Saugraben, schaut vom Weg auf die
Valeppschlingen hinab, umrundet andersherum den Schwarzenkopf und
kommt zur Winterstube. Dort zweigt 50 Meter weiter der Rotwandweg
rechts ab. Kaum sind wir ihm 300 Meter nachgestiegen, enthüllt sich
rechter Hand das Schinderkar, das Herz wird einem warm. Ein paar kurze
Waldstücke stauen die Spannung, erste Felsbrocken am Wege, dann ein
scharfes Eck nach links, und wie ein Gemälde steigt das Hintere Sonnwendjoch vor uns auf. Sakradi! möchte man ausrufen vor Überraschung. Eine
breite blaue Felsmauer von rechts bis links, ganz nah. Nochmals ein Trumm
Wald, neue Ausblicke, der Wilde Kaiser lässt sich sehen, und dann wird alles
frei. An der Wildfeldalm inszenieren letzte Stufen den Knalleffekt: plötzlich
taucht gegenüber das Rotwandhaus auf, plötzlich schauen wir auf die Hohen
Tauern. Zugegeben, das allerletzte Stückerl würde man sich gern tragen lassen, oder die Skier einem Diener übergeben. Aber dann schafft man es doch
und nimmt bei der Rotwandwirtin ein Bier an, erlaubt sich in Gott's Namen
eine Brotzeit, und ein Schlaferl in der Sonne dazu, gleich hinterm Haus …
Drüben, ganz nah, wartet der Auerspitz, daneben strecken uns die Ruchenköpfe ihre pralle, glatte Südwand entgegen. Nur wer einen gußeisernen
Charakter hat, steigt jetzt noch auf den hohen Gipfel und fährt den Südhang ab. 172

Die Bescheidenen entfernen sich unauffällig, fahren die kuriose Querung zur Kümpfelscharte ab und steigen – welch ein Charakter! – in 20 Minuten auf den Auerspitz. Das Schicksal belohnt sie mit dem schönsten Schneeteppich an der Rotwand, dem Riesen-Parsenn-Hang hinab ins Großtiefental (allein schon gute 400 Meter!). Ende März klettern junge und alte Liebhaber blitzschnell über Westgrat und Weiberschreck auf die Ruchenköpfe, und schnallen wieder die Skier an. Der Zwischenanstieg vom Großtiefental, wo man laut auf die Bayrischzeller schimpfen darf, zum Miesingsattel kostet 25 bis 35 Minuten Schweiß. Angeber zählen nur 16 Minuten. Eine reizende Abfahrt ins Kleintiefental, noch ist die Welt still und leer, und dann geht es einfach zum Taubensteinhaus und weiter zum Sattel: und da kommt die Piste, da ist alle Zukunft frei von Zwischenaufstiegen, der Strudel hat uns wieder. Nichts gegen schnelle Pisten, erklärt einem der kalte Verstand, und so schwingen wir begeistert den Oberen und den Unteren Lochgraben ab – fast 600 Höhenmeter. Mit dem allerbesten Gewissen.

Münchner Skiberge, 1970

Wie viele Münchner Skibergsteiger diese Skizze studiert haben, weiß keiner. Doch das „stille Skiwandergebiet" um die Rotwand ist fast vier Jahrzehnte später eine nette Erinnerung.

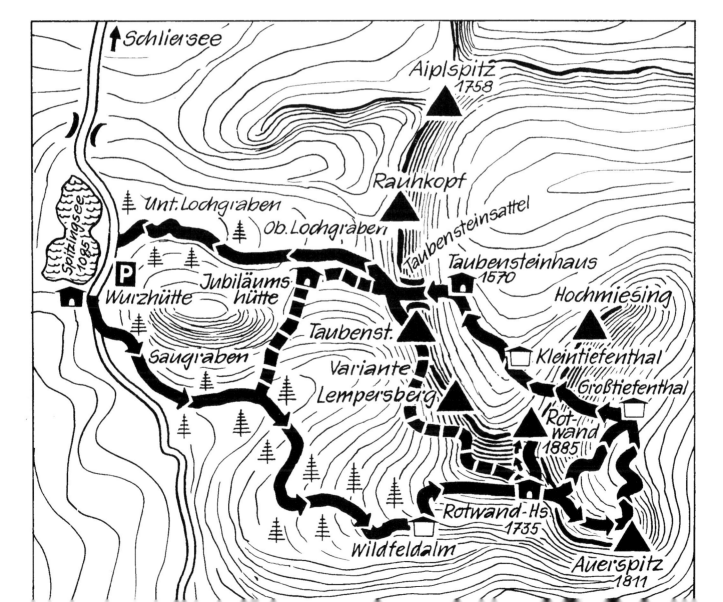

79 Keiner zahlt, wenn nichts passiert

So begeistert Walter Pause selbst vom Skifahren ist, so skeptisch verfolgt er doch die Entwicklungen, die er zum Teil alles andere als gutheißen kann. Zum einen sind da die Bergbahnen, die ihm mit eisernen Seilen so manche einst prächtige Tour vermiesen. Zum anderen aber der Rennsport, der, angestachelt von Medien, Funktionären und Zuschauern, immer extremer wird und die Athleten zwingt, die Grenze des Machbaren zu überschreiten und ihre „gesunden Gliedmaßen dem Skilauf zu opfern".

Die Zeiten, die in großen Skirennen gelaufen werden, werden immer kürzer. Die Abfahrtstechnik hat an diesem „Fortschritt" den Hauptanteil. Guy Perillat heißt der blutjunge ‚Erfinder' des Froschstils, und er und der verwegene Adrien Duvillard und Jean Vuarnet und Charles Bossons und wie sie alle heißen, fahren diesen Stil des geringsten Luftwiderstandes. Er ist vom unübertrefflichen Toni Sailer inspiriert und im Windkanal wissenschaftlich ausprobiert und ausgereift. Und prompt haben die französischen Rennläufer die Spitze im alpinen Rennsport eingenommen, und die Österreicher sind über Nacht zurückgeworfen.

Kalendergeschichten, 1962

Funktionäre stürzen nicht

Wenn Fremdenverkehrsprospekte nicht lügen, dann verspricht Skilaufen im Hochgebirge höchste Lebenswonnen. Weil aber auch der Philosoph Friedrich Nietzsche höchste Lebenswonne als den Preis gefährlichen Lebens verheißt, so ist man versucht, seine gesunden Gliedmaßen dem Skilauf zu opfern. Als Mitteleuropäer (dies unter uns!) muß man schließlich dann und wann gefährlich leben – warum also nicht beim Skilaufen? Weltkriege dürfen wir neuerdings nicht mehr führen. Die Gefahr, unsere Kräfte verkümmern zu sehen, ist offenbar. Woran sollen wir Kampferprobte künftig unsere inneren Waffen schärfen – Mut, Standhaftigkeit, die Fähigkeit zu entbehren, die Fähigkeit, Niederlagen hinzunehmen? Also kann ich mit bestem Gewissen empfehlen: Wer gefährlich leben will, der fahre Abfahrtsrennen!

Moderne Abfahrtsrennen werden auf Betonpisten ausgetragen! Dies sind drei Tage vor dem Ereignis festgetretene Schneepisten, die beim offiziellen Training durch die Stahlkanten der Fahrer so zuverlässig vom letzten lockeren Schneerest gereinigt werden, daß nur noch harte Eisplatten übrig bleiben, gefrorene Erdflecken und Steine.

Die Devise beim modernen Abfahrtsrennen lautet zufällig genauso wie beim modernen Klettern: Suche die Direttissima! Zwangstore sollen dabei oft die Rennläufer zu feigem Abbremsen zwingen. Versuchen Sie, dieses Handicap durch raffiniertes Anschneiden dieser Tore auszugleichen. Es ist erwünscht, daß Ihre Geschwindigkeit oberhalb der sogenannten Risikogrenze liegt. Erstens verbürgt dies allein den höchsten Grad der Wonnen des gefährlichen Lebens (was die Rennleitung natürlich nicht weiß!), zweitens müssen Sie an das Interesse der Zuschauer denken (was die Rennleitung weiß!). Kein Zuschauer bei Abfahrtsrennen bezahlt gerne Eintrittsgeld, wenn hinterher nichts passiert. Aus diesem Grund ist es Ihnen auch untersagt, auf der Rennstrecke ausgefallene Skikünste zu zeigen wie Schwingen oder gar Stemmen. Nur die Schußfahrt gilt. Alles andere hat man den Afghanen zu überlassen, den Persern und Spaniern, die zu solchen Rennen als Repräsentanten anderer Länder eingeladen werden und die dafür zu sorgen haben, daß der geballten Dramatik des Kampfes um die Bestzeit ein versöhnliches komisches Moment beigefügt werde.

Wichtig für Sie: Rekorde müssen fallen – und fallen müssen ab und zu auch Rennläufer. Publikum und Presse sind in dieser Hinsicht unnachgiebig. Doch zuerst wird die Rennstrecke „abgenommen". Das heißt, sie wurde von mehreren Grüppchen offizieller Funktionäre vom Start bis zum Ziel abgefahren. Funktionäre sind besonders rührige Skipioniere, die mangels einer anderen Alterspassion fromme Verbandsdienste betreiben. Jene Herren Funktionäre schwangen in bemerkenswert hübschen, sachte angestemmten Bögchen von Betonbuckel zu Betonbuckel herab, vorsichtig, vorsichtig, langsam, langsam, und dann machten sie sehr oft kleine Rasten und nickten einander wohlmeinend zu. Famos, sollte das heißen, famos, eine durchaus akzeptable, eine ideale Rennstrecke. Keiner fiel hin. (Funktionäre stürzen nicht!) Und jeder blieb völlig ahnungslos. Denn bei ihrer Schönfahrt hatten sie keine Gelegenheit zu begreifen, daß die abgefahrene Rennstrecke, im 80-km-Tempo ohne Schwung durchrast, selbstverständlich tödliche Gefahren aufweisen konnte.

Skispuren – Glücksspuren, 1959

„Höchste Lebenswonne als Preis gefährlichen Lebens." Was Friedrich Nietzsche recht ist, ist Rennläufer Walter Pause noch lange nicht billig.

80 Schwitzen wird modern

Zwei leidenschaftliche Langläufer, „der eine jung, der andere alt", machen Ende der 1960er-Jahre gemeinsame Sache und schreiben ein Buch für Langläufer. Der junge, Franz Wöllzenmüller, ist für die Theorie zuständig. Der Ältere (natürlich Walter Pause) versucht – wie so oft in seinen Büchern – zu verführen: Der Leser soll am besten sofort die Langlaufski anschnallen und in eleganten Bewegungen durch die tief verschneite Landschaft gleiten.

„
Der moderne Langlaufsport entwickelte sich ab 1800 in der norwegischen Provinz Telemarken. Der Hauptort dort heißt „Skien" – aus diesem Namen und dem Wort „ski" = Scheit ergab sich der Name Ski wie von selbst. Weshalb es auch ein herrlicher Unfug ist, wenn alpine Leuchten und selbst ganze Alpenvereine krampfhaft die Verdeutschung „Schi" durchzusetzen versuchen. „

Skilanglauf für alle von 8 bis 80

Langlaufen statt Pistenlauf? Die europäische Skiwelt steht Kopf. Es wird Proteste hageln: diese Revolution darf nicht stattfinden! Besinnen wir uns doch! Seitdem die Masse Mensch, immer mehr von den Wundern der Technik verwöhnt, zur äußersten Bequemlichkeit drängt, wartet man auf eine Gegenbewegung. Das Autopolster lähmt mit wohliger, aber auch mit erschreckender Gründlichkeit alle Muskeln. Und der Fernsehstuhl tut ein übriges und lähmt die gesunden Sinne mit. Von dem fröhlichen Rhythmus guter Gedanken, die nach Goethe doch nur im Rhythmus guter Gedanken des gelassenen Gehens und Ausschreitens ankommen, davon ist keine Rede mehr. Wir sind in diesen siebziger Jahren des 20. Jahrhunderts auf einem Höhepunkt des Fortschritts angelangt, aber auch auf einem Höhepunkt körperlicher und geistiger Trägheit. Und ausgerechnet jetzt sollte die große Wende kommen? Sollen wir wirklich von dem ach so bequemen und munteren Pistenfahren auf den anstrengenden Skilanglauf umsatteln müssen!
Es geht nicht ohne Rückbesinnung: wie kamen wir denn zum Skilaufen? Seit dem Beginn des großen Ski-Booms in den Alpen verstand man unter „Skilaufen" nur noch den Pistenlauf, das zwar von Bahnen, Liften und kühlen Warteschlangen abhängige, aber sonst durchaus lustige, schnelle, elegante – und vielfach auch riskante – Rasen, Schwingen und Wedeln auf gewalzten Pisten. Die Sturzäcker von einst waren schnell vergessen. Ungeheure Sympathien flossen diesem Pistensport zu. Und weil er nicht in Hallen und Stadien stattfindet, sondern im Freien und in der frischen, reinen Luft der Berge, und weil er überdies jeden Anhänger zur körperlichen Aktion zwingt, so setzte er sich als strahlend weißes Ideal vor allem bei ausgeräucherten Großstadtmenschen durch. Binnen 25 Jahren stieg die Zahl der deutschen Skifahrer von 100 000 auf mehrere Millionen: eine ungeheure Eskalation seit C. J. Luthers Pionierzeiten! Eine Eskalation anderer Art auch bei den Ski-Unternehmern, den Fabrikanten von Skiern, Zubehör, Kleidung, beim alpinen Gastgewerbe: ein Boom auch hier, aber die Beute wurde mit vielen guten Erfindungen und technischen Fortschritten bezahlt.
Vom Langlauf aber sprach kein Mensch mehr. Außer ein Georg Thoma gewann eine Olympiamedaille oder wurde Holmenkollensieger, oder ein

176

Der Diagonalschritt ist die gebräuchlichste Schrittart und bildet die Grundlage für die gesamte Lauftechnik. Also muß dieser Normalschritt am Anfang im Mittelpunkt stehen. An diesem Anfang freilich muß das Bewegungsgefühl auf den schmalen Skiern schon so gut entwickelt sein, daß man beim Gleiten nicht mehr überlegen muß, ob oder wie Arme und Beine im Laufrhythmus zusammenpassen.

,,

Walter Demel sammelte fantastische Bestzeiten – ohne älter zu werden. Dennoch erinnerte sich niemand mehr, daß der Skisport mit dem Langlaufen begonnen hatte. Man sprach einfach nicht vom Langlauf. Das roch nach Schweiß und Anstrengung. Und man fürchtete die Not, im Trainingsanzug statt im Bognerdreß auftreten zu müssen. Das schadete dem Prestige … Man lachte über den Langläufer, während man über Alpinpisten stürmte. Die Rache der Natur folgte buchstäblich auf dem Fuße. Und dabei waren es nicht einmal die Ärzte, die den vom Streß überforderten Großstädtern und den Nurautofahrern – aber auch den Nurpistenfahrern! – jenes Stichwort zuriefen, das dann viele Zehntausende binnen weniger Jahre veranlaßte, sich dem Skiwandern und dem Skilanglauf zuzuwenden. Ein Rest von gesunder Natur war es, ein Rest von frischem jugendlichem Lebenswillen, der nach einer Veränderung verlangte, nach einer harmonischen Verbindung von Skilaufen und Wandern, von Leistung und Naturgenuß. Plötzlich – wir alle haben es staunend erlebt – beteiligten sich viele Tausende an Langlaufveranstaltungen in und außerhalb der Alpen. Niemand mehr belächelt die Narren, die am 90-Kilometer-Wasalauf teilnehmen, alle streben jenen nach. Was ist Skilanglauf? Was heißt Skiwandern? Vergeblich, es mit Worten ausreichend zu erklären. Man muß es einmal versucht haben, muß einmal gespürt haben, wie der Körper mit allen Muskeln dem federnden, schwingenden Rhythmus des Laufens und Gleitens in der pulverigen Schneespur gehorcht. Wie die harte, reine Winterluft die Lungen sprengt, das pulsierende Blut trommelnd durch die Adern jagt.

Walter Pause und Franz Wöllzenmüller,
Skilanglauf – Skiwandern, 1970

,,
Was Rauchen und Alkohol betrifft, so versteht sich wohl von selbst, daß beides schadet und nicht nur die körperliche Leistungsfähigkeit beeinträchtigt. Ausnahme: Alkohol in Form von Bier (dieses Buch wurde in München geschrieben).

,,

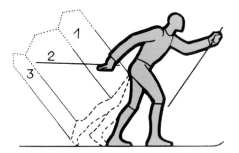

81 Extrem erfolgreich

Seit Beginn der 1970er-Jahre ist der „Extreme Fels" die Gute-Nacht-Lektüre der alpinen Kletterszene. Zusammen mit dem Fotografen Jürgen Winkler und mit Hilfe der Bergsteiger Lucien Devies, Manfred Sturm, Pit Schubert und Dietmar Ohngemach entstand ein ganz besonderer „Hunderter", der auch heute noch der Klassiker schlechthin ist (und von dem einige Routen der Erosion zum Opfer gefallen sind). Erst 36 Jahre nach der Veröffentlichung gelingt es einem Tiroler Kletterer, alle Touren der Zusammenstellung „abzuhaken".

Tour 11 Grand Jorasses 4208 m

Kein Zweifel mehr: Der „Walkerpfeiler" ist auch heute noch das begehrteste Ziel für alle Bergsteiger unter den Extremkletterern. Schon unser Bild erklärt das Phänomen: Hier ist ein wahrer Pfeiler aus Urgestein, der als kolossale Säule auf breiter Basis aus den Eisdecken des Leschauxgletschers bricht, um in eindeutig gerader Linie, nach oben immer schlanker werdend, zum höchsten Punkt der schwarzen Riesenmauer aufzusteigen. Welch ein Bild! Obwohl es nichts als lebensfeindliche Härte ausstrahlt, nennen wir es schön. Wie sonst keiner in den Alpen wirkt der gewaltige Pfeiler bestürzend und begeisternd hoch, mächtig, drohend – unmittelbar über seinen Rücken drängt eine klare Führe ohne Umwege zur Gipfelwächte. Es ist die große, die klassische Granit-Eis-Führe der Moderne. Noch vor 39 Jahren zählte der Pfeiler zur „Epéron Walker" zu den drei letzten Problemen der Alpen, heute übertrifft sein Ruhm den aller Welzenbach-Wände in den Berner Alpen und den des Eigers dazu. Der Ruhm des Walkerpfeilers strahlt, an dem des Eigers gemessen, etwas ungemein Seriöses aus. Was nichts gegen die tapferen Erstversucher und Erstbegeher sagt, nicht gegen die Kurz und Hinterstoißer, die Heckmair, Harrer, Vörg und Kasparek … Man sollte beide Führen gar nicht vergleichen. Es geht beim Walkerpfeiler, der von objektiven Gefahren relativ wenig bedrängt ist, gar nicht so sehr um die höchsten Schwierigkeiten. Die findet der moderne Spitzenkletterer nur selten, obwohl der Pfeiler alles andere als leicht ist. Aber da setzt sich nun einmal der wahre Hochalpinist im Kletterer durch, der, dem sich hier die höchste Vorstellung von der Erkletterung eines Berges verwirklicht, der, dessen Elan vom Fehlen noch größerer Schwierigkeiten gar nicht mehr beeindruckt wird. Dietmar Ohngemach schreibt: „Die Besteigung der Grandes Jorasses über den Walkerpfeiler bedeutet ganz eindeutig die Erfüllung, sozusagen das große Finale einer alpinen Leidenschaft." Das ist sicher richtig. Und eben dies bestätigt im Grunde auch die beträchtlich angewachsene, beinahe ausschließlich lesenswerte, oft stark faszinierende Literatur über diesen Pfeiler. Dazu gehört der Bericht des führenden Erstbegehers Riccardo Cassin, aber auch Walter Bonattis Schilderungen von der ersten Winterbegehung: Beide lesen sich wie Dramen, so sehr erschüttern sie uns. Wiewohl der eine, Cassin, in der „Österreichischen

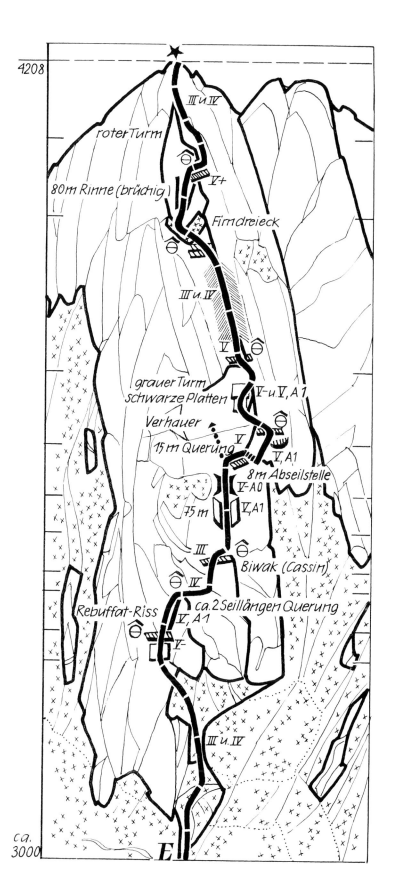

4208

roter Turm

80 m Rinne (brüchig)

ॻ u. Ⅳ

Ⅴ+

Firndreieck

ॻ u. Ⅳ

Ⅴ

grauer Turm
schwarze Platten

Ⅴ− u. Ⅴ, A 1

Verhauer

15 m Querung

Ⅴ

Ⅴ, A 1

8 m Abseilstelle

Ⅴ− A 0

15 m

Ⅴ, A 1

ॻ

Biwak (Cassin)

Ⅳ

Rebuffat-Riss

ca. 2 Seillängen Querung

Ⅴ, A 1

Ⅴ−

ॻ u. Ⅳ

ca. 3000

E

22 Stunden und 1200 Meter extremer Fels –
„... wie sonst keiner in den Alpen wirkt der gewaltige
Pfeiler bestürzend und begeisternd hoch..."

Alpenzeitung" (Mai/1949) einen beinahe
bedächtigen, in epischer Breite dargestellten
Bericht von den ebenso schrecklichen wie
bravourösen Vorgängen gibt, während der andere,
Walter Bonatti, als brillanter Journalist schreibt,
trocken fact an fact reiht und doch die Erschütterung erzeugt, die uns in Bann schlägt. Man
sollte dies alles lesen, um sich den eigenen Begriff
vom Bergsteigen zu schärfen. Das macht die
Talwiesen grüner, den Wein süßer und Filippos
Tafel in Entrèves schöner.
Walter Pause und Jürgen Winkler,
Im extremen Fels, 1970

82 **Ein neues Bild der Alpen**

Die Idee des Bücher- und Kalendermachers lebt stets von der richtigen Mischung: Seine Texte sollen die Leser unterhalten und Lust machen auf das Bergerlebnis, müssen dabei jedoch auch die wichtigsten Informationen enthalten. Den gleichen Anspruch stellt er an die Illustrationen – und gerät gelegentlich in tiefe Verzweiflung. Zu viel Kitsch breitet sich auf seinem Schreibtisch aus. Dennoch beweist er bei seiner Suche nach den jungen Fotografen mit einem modernen Bildverständnis Ausdauer – und hat auch dabei Erfolg.

Bergführer und Fotograf Jürgen Winkler hatte den „richtigen Pause" am Seil. Dessen berühmtestes Buch – „Im extremen Fels" – wurde durch seine Bilder einmalig.

Lang ist es her, ich wohnte noch in Frankfurt a. M., als ich in einem SKI- und BERGKALENDER von Walter Pause auf der Rückseite eines Kalenderblattes die Aufforderung las: „Wenn Sie ähnlich gute Fotos haben wie dieses, dann schicken Sie mir welche." Vielleicht ist dies nicht genau der Wortlaut von damals, doch die Botschaft war klar. Die Aufnahme von Hans Truöl war ein Superbild – vielleicht das beste im Kalender. Es zeigte Toni Sailer abseits der Piste mit einer riesigen Schneefahne im Gegenlicht. Längst nicht alle Bilder im Kalender waren von dieser Qualität. Ich entschloss mich 1963 deshalb, eine kleine Auswahl nach Icking zu schicken. Damit begann eine lange und gute Zusammenarbeit.

Walter Pause schickte mir 1964 diverse Bildlisten, teilte mir sein Vorhaben mit, ein Buch mit den besten und schwierigsten Kletereien im Alpenraum auf die Beine zu stellen, zeigte mir die wenigen für dieses Projekt gesammelten Fotos und meinte, dass die kaum zu gebrauchen wären. So machte ich spontan den Vorschlag, die Bilder für dieses Buch zu machen. Walter Pause war begeistert und versprach, meinen Namen mit auf den Titel zu nehmen.

Als ich mich zu Beginn des Sommers 1965 per Anhalter und mit der Bahn auf den Weg in die Alpen machte, war mir nicht bewusst, auf welches Abenteuer ich mich da eingelassen hatte. Zwei Jahre später waren von der aktuellen Liste der 100 extremen Touren nicht einmal die Hälfte der Fotos im Kasten. Walter meinte, ich solle ein Auto kaufen, und er würde bei der Finanzierung behilflich sein. So weit, so gut. Was nutzt aber ein Auto, wenn der Fahrer keinen Führerschein besitzt. Anfang März nahm ich die erste Fahrstunde und Ende Mai hatte ich, dank des Vorschusses vom Verlag, mein erstes Auto.

Die Liste mit den 100 Kletereien wurde mehrmals geändert. Von Kletterern aus dem In- und Ausland bekam Walter immer wieder neue Vorschläge, welche Touren unbedingt in so einen Band hineinmüssen und welche nicht. Mehr als zwanzig Routen waren so am Ende nicht mehr auf der ursprünglichen Liste, mit der ich mich 1965 auf den Weg gemacht hatte. Eine weitere Schwierigkeit kam aus dem BLV-Verlag. Einige Herren hatten die irrige Idee, nicht die gewohnten 100, sondern nur 80 Touren ins Buch zu nehmen. Ihrer Ansicht nach hätte der Band keine guten Absatzchancen, weil die Zahl der extremen Kletterer doch ziemlich gering sei im Gegensatz zu den Heerscharen der Wanderer und Skifahrer. Das Argument, die Herstellungskosten zu reduzieren, um einen vertretbaren Ladenpreis zu erzielen, konnte nicht überzeugen, schon gar nicht einen Walter Pause. So machte einer seiner gefürchteten Briefe an den Verlag das Maß 100 wieder voll. Im Jahre 1970 erschien dann endlich „Im extremen Fels". Es wurde zum meistdiskutierten Pause-Buch, diese Bibel der Extremen, wie es oft genannt wurde.

„... wir haben den Pause dabei"
Ende September 1966 erhalte ich ein Telegramm von Walter Pause:
„Bitte komme morgen nach St. Ulrich, Hotel Engel. Dein Walter Pause"

Einen Tag später steigen wir durchs Val Lasties hinauf zum Piz Boe. Walter ist in guter Verfassung, er geht leicht und sicher; immerhin ist er schon 59 Jahre alt. Den Aufstieg am nächsten Tag über die Schuttreißen zur Langkofelscharte schenken wir uns und damit auch den tiefer liegenden Einstieg am Ballen, den heute kaum noch jemand benutzt. Die Seilbahn verschönt nicht das Landschaftsbild, spart aber Zeit und Energie. Walter Pause hat zwar viel Energie, aber selten Zeit; und Zeitnot ist auch seine Krankheit, wie bei vielen seiner Zeitgenossen. Zum Einstieg ist es nicht weit. Jeder nimmt ein Seilende, bindet sich ein (Brustgurt, Klettersitz und Abseilachter gibt es noch nicht), und schon geht es los im herrlich griffigen Kalkgestein. Beim Nachsichern kommt mehrmals die Frage herauf: „Hast du mich gut?" Und der Hinweis: „Du musst verstehen, ich habe sechs Kinder und eine Frau zu ernähren." Dass wir den Gipfel erreicht haben, muss nicht groß erwähnt werden, wohl aber die Seilschaft auf der falschen Abstiegsroute.

Seillänge um Seillänge sichere ich meinen prominenten Freund hinunter. Nicht weit entfernt hören und sehen wir eine Seilschaft, die versucht abzusteigen – aber wohin nur? Als ich mich dann neben Walter am Haken sichere, rufe ich den anderen zu, dass sie da drüben falsch seien, dass hier die Abseilhaken sind, die runter führen in die Langkofelscharte. „Nein, wir sind richtig, so ist's doch im Pause drin!", kommt es zurück. „Nie und nimmer steht's so im Pause", antwortet Walter überzeugt mit lauter Stimme. „Ja, aber wir haben doch den Pause dabei!", tönt es von der anderen Seite. „Ich habe ihn auch dabei, aber den richtigen!", erwidere ich lachend mit großem Vergnügen.

Walter ist schon am nächsten Haken, und während ich das Seil um Schenkel und Oberkörper lege und hinunterrutsche, queren die anderen über den Ballen in unsere Richtung. Später, unten in der Scharte, beim Demetz in der Gaststube trafen wir uns. Walter spendierte einen Roten und ich konnte den beiden endlich den richtigen Walter Pause vorstellen.

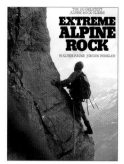
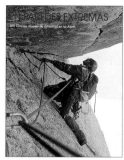

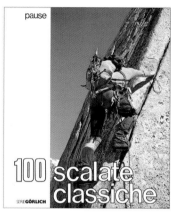

„Im Extremen Fels" ist heute der Klassiker für Kletterer. Seinerzeit wurde er sogar ins Englische, Französische und sogar Italienische übersetzt.

Walter Pause über Jürgen Winkler
Komisch, der Bursche wird einfach nicht eingebildet! Dabei hat der heute etwa 28jährige Jürgen Winkler das vollbracht, was ich lang Jahre von anderen, sogenannten prominenten Fotografen erwartet habe: er hat ein völlig neues Alpenbild geschaffen, so einfach, so stark, so streng wie das Motiv – und ‚schön' auch nur durch Einfachheit und Kraft!

Hier ist der lang erwartete moderne Bergfotograf, er könnte den ganzen süßlichen Bergkitsch in der Bergfotografie unserer Tage ausräumen – und er wird es tun. Gott helfe ihm dabei und – der Kalendermacher Walter Pause.

Ski Heil, 1958

83 Die Seilschaft der Extremen

Es ist für einen Führerautor mehr oder weniger unmöglich, alle Touren eines Buches aus eigenem Erleben zu kennen – das gilt auch für Walter Pause. Umso wichtiger ist es, als Zuträger von Informationen absolute Experten und Gebietskenner zu finden. Auch dabei ist Pause höchst erfolgreich. Seine Anfragen zu einer Mitarbeit sind durchaus als Auszeichnungen zu verstehen, denen sich nur wenige verschließen. Und seine Helfer wundern sich dann gelegentlich, dass der rastlose Autor auch ein erfolgreicher Gipfelsammler ist.

Niemand animierte seine Mitmenschen so erfolgreich zu einem Besuch in den Bergen wie Walter Pause. Dafür, sagt Manfred Sturm, habe er jede Auszeichnung verdient.

Wie ich als noch relativ junger Mensch zu dem Buch gekommen bin, weiß ich nicht. Ich habe es jedenfalls mit großer Begeisterung gelesen und es heißt „Mit glücklichen Augen". Verfasst hat es ein gewisser Walter Pause, dessen Namen damals niemand kannte. Erst zehn Jahre später sollte sein Stern aufgehen, als er mit seinen Bänden über die „100 Schönsten und Besten" auf der Erfolgsleiter aufsteigt. Als Autor und „Erfinder" einer völlig neu konzipierten Serie von Auswahlführern sollte er berühmt werden. So gab es wohl nach 1960 kaum einen alpinen Bücherschrank im südlichen Deutschland, in dem nicht mindestens ein „Pause" zu finden war.

Bedauerlicherweise hat es später jeder Gesundheitsminister versäumt, ihn für seine Verdienste auszuzeichnen, denn in den 60er und 70er Jahren des vergangenen Jahrhunderts ist es sicher keiner Einzelperson gelungen, derart viele Menschen davon zu überzeugen, ihren Körper wieder in der Natur zu bewegen. Und das Jahrzehnte vor irgendeiner Fitness- oder Wellnesswelle. Eines Tages passierte es: Ich „kleines Würsterl", auch wenn als Bergführer in alpinen Dingen nicht ganz unerfahren, bekomme eben von diesem Walter Pause eine Einladung, an solch einem „100er-Werk" mitzuarbeiten. Es sollte „Im extremen Fels" heißen, ausgestattet mit Schwarz-Weiß-Bildern des damals unstrittig besten Bergfotografen Jürgen Winkler.

Wir trafen uns zu einem ersten Gespräch in Walter Pauses Domizil in Irschenhausen bei Icking. Dabei waren Jürgen Winkler, Pit Schubert (der spätere „Sicherheitspapst der Bergsteigerei") und Dietmar Ohngemach, alles Alpinisten, die trotz ihrer Jugend schon mit vielen extremen Klettertouren aufwarten konnten. Zunächst wurden wir ins Wohnzimmer an einen langen Ahorntisch gebeten, auf der der Hausherr persönlich eine großartige Brotzeit zauberte – Hunger hatten wir damals immer. Anschließend wurde konsequent und konstruktiv gearbeitet, nur hin und wieder unterbrochen durch die zierliche, charmante Frau Pause, die wissen wollte, ob es uns auch an nichts fehle. So verliefen viele Abende, bis die Touren- und Bildauswahl getroffen, die Begleittexte abgestimmt, die Skizzen gezeichnet und korrigiert waren. Ich habe mich immer auf die Gastfreundschaft der Familie Pause gefreut, auf den

Meinungsaustausch mit den Kameraden, vor allem aber auf den Grand-seigneur Walter Pause, dem es schließlich zu verdanken war, dass aus den vielfachen Vorschlägen und Änderungswünschen ein harmonisches Gesamt-werk wurde, das übrigens nach mehr als 35 Jahren bei den Extremen immer noch einen hohen Stellenwert besitzt.

Walter Pause, der sich selbst als romantischen Bergsteiger bezeichnete, war einer derjenigen, der in den Jahrzehnten nach 1945 seine Mitmenschen überzeugen konnte, dass es über den blanken Existenzkampf hinaus noch andere Werte gibt. Er hat den vielen Menschen, die noch die schrecklichen Kriegsjahre in Erinnerung hatten, wieder die Freude an der Natur und mehr als viele Politiker wieder den Glauben an die Heimat, die Schönheit unseres Landes und vor allem Zuversicht vermittelt.

Bis heute besitzt „Im extremen Fels" unter Kletterern Kultstatus. Auch wenn niemand mehr so abseilen würde wie hier am Fuß der Civetta.

84 Zwischen Schlafsack und fünf Sternen

Der Skilauf boomt und mit ihm die Skiorte. Wie sie sich entwickeln, hat Walter Pause immer skeptisch unter die Lupe genommen, ebenso wie die Gäste dort. Während seiner unzähligen Aufenthalte in winzigen Bergnestern und noblen Skiorten hat er fast überall übernachtet: mal im Schlafsack im Heustadel, mal im Fünf-Sterne-Hotel.

"

Was Ideal und Dekadenz betrifft, so wohnen beide in Zürs dicht beieinander. Die Gäste von Zürs sind normalerweise schon so viele Generationen reich, daß ihnen der Reichtum längst zum Halse heraushängt. Sie haben ihn satt und verbergen ihn deshalb. "

Wir werden wieder zünftig – oder: der neue Chaletstil

In der Schweiz beginnt sich ein neuer Stil von Skidörfern zu entwickeln: Dort hatte ich es staunend erlebt – wird das „Zünftige" wieder modern. Nicht, daß man in engen Skihütten lebt, nein, aber man lebt auch nicht mehr in Hotels: man mietet sich ein Chalet und spielt selber Wirt und Wirtin. Keine Vermieterin kümmert sich mehr um einen. Man hält sein Bett und Zimmer in Ordnung, kocht in der stets vorhandenen, modern eingerichteten Küche (die man zuweilen mit Nachbarn teilen muß), spült selber auch ab – kurz: man ist vor und nach dem Skilauf sein eigener Herr. Überall gibt es elektrischen Kochstrom, fast überall in Küche und Bad heißes Wasser. Während die Faulenzer „Plumeaustunde" halten, besorgen die fleißigeren Kollegen die Küche. Sehr oft hat man in der Schweiz Franzosen oder welsche Schweizer oder Holländer als Chaletnachbarn, oft entwickelt sich da ein munteres, kleineuropäisches Chaletleben, ein lustiges Improvisieren nicht nur beim Parlieren. Dieses beinahe zünftige Skitreiben setzt sich an Orten wie Zermatt etwa auch in großen Höhen fort, denn dort gibt es in 2600 m Höhe zwei moderne Selbstbedienungsrestaurants, wo das raffiniert in eine blaue Bogneruniform verpackte tiefbraune Negergirl genauso Schlange steht wie Mademoiselle Jaqueline aus Genf oder Herr Doktor Gsodschneider aus München. Man holt sich einen Bon und stellt sich dann sein Bier, seine Ovomaltine oder sein Kleinmenu aufs Tablett, schaukelt damit in die Sonne und schmaust hemdärmlig – ohne Ober, ohne Etikette, hundsgemütlich. Das ist ein gewaltiger Schritt vorwärts, ein Schritt ganz im Sinne des gesunden Skilauftreibens, und es ist ein überdeutliches Beispiel für unseren überzüchteten und vielerorts schändlich ausgenützten Hotel- und Pensionsstil alter Art.

Kalendergeschichten, 1962

Obergurgl ohne Frack

Der Skibergsteiger, der gerne zünftig lebt (oder auch ungern zünftig leben muß, weil er über keinen dicken Geldbeutel verfügt), braucht keineswegs zu resignieren, wenn von den Glanzpunkten des berühmten Ötztals, von Obergurgl, Vent oder Hochsölden die Rede ist. Er muß nur findig sein und ein guter Europäer. Denn er wird vielen Engländern, Franzosen und Schweizern begegnen. Auch solchen weiblichen Geschlechts wird er begegnen

(für Augenkranke bemerkt, denen der Arzt den Anblick schöner Frauen verschrieb). In Obergurgl kann man also getrost ohne Frack und Abendkleid
ankommen und vortrefflich leben und essen. Natürlich bleibt ein Teil Ober-
gurgels in sehr gewisser Weise das Reservat derer mit den größten Kartoffeln.
Aber soll ein anderer deshalb auf das Nonplusultra des Skialpinisten verzichten
müssen? Keineswegs. Die neue Bergbahn, die von der Gaisbergbrücke auf die
Hohe Mutt führt, ist ja wie geschaffen, um wie ein Magnet all jene anzuzie-
hen, denen man in Gottes schöner Natur nicht allzu gerne begegnet.
Ansonsten ist man in dieser schönen Eiswelt ganz unter sich und auch die
vielen Ausländer entpuppen sich, wenn sie drei und vier Stunden gestiegen
sind, als Menschen unseresgleichen, von einem unbändigen Gipfeldrang und
noch schlimmerem Durst geplagt.

Kalendergeschichten, 1955

Im Schlafsack

Aus verhangenen Bewußtseinsgründen treten blanke Gedanken hervor und
stehen mit körperhafter Deutlichkeit vor meiner Seele, die Brust bebt und
öffnet sich dem lautersten Behagen... Lieber alter Schlafsack! In Paris wur-
dest du gekauft, um mir in Krieg und Frieden hundert sanfte Nächte zu
bescheren, und auch warme Nächte, nicht zu vergessen. Damals im Stein-
bruch an der Orne, unter dem alten Apfelbaum vor der Seinemündung, auf
den Rebhügeln im Elsaß, im Latschenversteck unterm Hochwanner, im hin-
tersten Valser Tal, am Plumser Joch, im Latschengewirr der Reiter Alm, ach,
und gestern bei Corvara und heute über Cortina: überall lag ich zufrieden an
Deiner Daunenbrust, müde vom Wandern, müde vom Klettern, und oft auch
müde von den Menschen ... Jetzt ist's wieder so weit: ist's früh, ist's spät, ich
weiß es nicht. Das Fehlen alles Zivilisatorischen ist so eindringlich, daß man
sich wie in eine wonnereiche Nacktheit versetzt fühlt mit Sinnen, die nie so
rein, nie so hellhörig waren. Die Stille scheint sich abermals zu verdichten,
das Dunkel aber erhellt sich mit tröstlichen Bildern, weit über alles Sichtbare
hinaus. Das Ende ist, daß man betet. Hier in der Einsamkeit lernt sich's wieder, einmal ohne Not, lernt sich's betend danken, weil man sich nicht mehr zu
helfen weiß vor der Fülle, Gott ist nahe, Gott ist ringsumher.

Kalendergeschichten, 1956

Das ABC der Wohnkultur

Wer je als Bergfreund eine Beziehung zu den Bergmenschen und ihrem
Leben gewann, und wer sich auch nur ein einziges Mal in einer alten Tiroler
Wohnstube wohl fühlte, der gehe ins Innsbrucker Volkskunstmuseum (…).
(…) Dort, wo man einige Dutzend echte alte Tiroler Bauernstuben, aber
auch Räume aus Bürgerhäusern und Schlössern von der Gotik bis herauf ins
späteste Barock findet, habe ich die Freude an der guten Proportion gelernt.
Und die ewig quellende Lust am schönen Dekor. (…) Um beim abendlichen
Schoppen auf die simple Weisheit zu kommen, daß auch die Menschen, die
dies schufen, einen wohlproportionierten Geist und im Herzen das edle
Dekor frommer Einfalt und gläubiger Liebe besaßen.

Kalendergeschichten, 1956

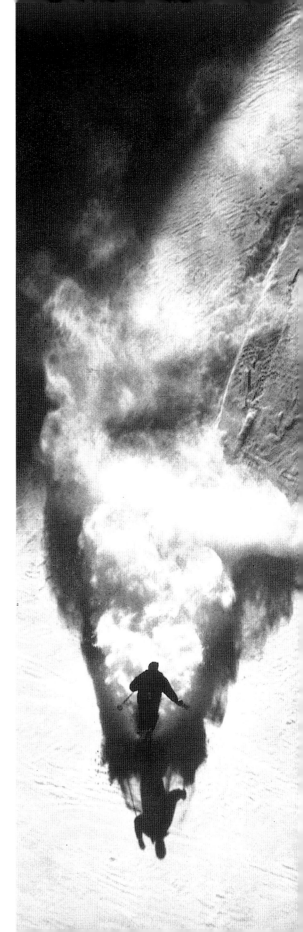

**Perfekter Pulverschnee am
Arlberg, perfekt fotografiert
von Hans Truöl (1964).**

85 „Schreiben ist nun mal schwer"

Es überrascht nicht, dass dem Erfolgsautor Manuskripte zur Prüfung vorgelegt werden. In den Unterlagen erhalten ist eine Stellungnahme, die Pause Anfang der 70er Jahre in einem besonders schwierigen Fall abgibt. Seine Kritik ist klar, seine Formulierungen sind voller Leidenschaft. Um Persönlichkeitsrechte zu wahren, veröffentlichen wir den Brief hier in anonymisierter Form.

Per Eilboten!

Lieber Herr xy!

Schon wieder in dringlicher Terminarbeit steckend, schreibe ich Ihnen diesen leider verzögerten Brief. Eben fahre ich mit der Schreibmaschine nach Gerlos, da muß er also noch zur Post. Ich schreibe ihn in völliger Übereinstimmung mit dem XY-Verlag, genauer: in dessen Auftrage.

Der Verlag hat mir Ihr Manuskript für ein XY-Buch gegeben, vielmehr die Kopien eines Teilmanuskriptes, sichtbar erster Fassung, nicht druckreif. Immerhin habe ich es zum größten Teil gelesen und glaube es richtig beurteilen zu können. Auch Herr xy vom Verlag hat es gelesen. Wir sind beide einer Meinung: als BUCH ist es so nicht möglich. Man würde dem Ruf des Autors und dem des Verlages schaden, wenn man es etwa so drucken würde, wie es jetzt vorliegt. Dagegen spricht – innerhalb der sogenannten alpinen Literatur nicht – dass es vielleicht ein anderer Verlag sofort zu drucken bereit ist. Was das bedeutet wissen Sie, sehen Sie aus dem, was man in den letzten Jahren als Schnellschüsse produziert hat: es ist keine Literatur. Schreiben ist nun mal schwer. Wer sich schämt, schreiben erst lernen zu müssen, darf nie schreiben. Schreiben ist immer eine Qual, eine Suche des stillen geduldigen Dabeibleibens, vor allem aber der geistigen Disziplin. Wer SCHREIBEN kann, ist bereits ein Mann. Mißverstehen Sie diesen mit großem Bedacht hingeschriebenen Satz nicht.

Sie, lieber XY, haben einen so guten Ruf, dass ich Sie, ein vielerfahrener, in diesem besonderen Fall sehr verantwortlich denkender Teilhaber an der soge-nannten alpinen Literatur, – schützen möchte, bewahren möchte vor einer Art Jugendstreich. Denn ein BUCH ist eine Tat, es steht im literarischen Raum und ist, auch wenn's einen noch so reut, nicht mehr aus der Welt zu schaffen. Es bestimmt das BILD, das man sich von Ihnen macht, von Ihrer körperlichen Hochleistung befähigt hat. Kurz und gut: das vorliegende Manuskript, auch wenn man den Versuch der ersten 20 Seiten einmal ganz

__per Eilboten!__

Herrn ▓▓▓▓▓▓▓▓▓▓▓▓

Lieber ▓▓▓▓▓▓▓▓▓

Schon wieder in dringlicher Terminarbeit steckend, schreibe
ich Ihnen diesen leider verzögerten Brief. Eben fahre ich
mit der Schreibmaschine nach Gerlos, da muss er also noch
zur Post. Ich schreibe ihn in völliger Übereinstimmung mit
dem ▓▓▓▓▓▓▓ genauer: in dessen Auftrage.

Der Verlag hat mir Ihr Manuskript für ein ▓▓▓▓▓▓▓▓-Buch
gegeben, vielmehr die Kopien eines Teilmanuskriptes, sichtbar erster Fassung, nicht druckreif. Immerhin habe ich
es zum grössten Teil gelesen und glaube es richtig beurteilen
zu können. Auch ▓▓▓▓▓▓▓▓▓▓▓ hat es gelesen. Wir sind
beide einer Meinung: als BUCH ist es so nicht möglich. Man
würde dem Ruf des Autors und dem des Verlages schaden, wenn
man es etwa so drucken würde, wie es jetzt vorliegt. Dagegen
spricht - innerhalb der sogenannten alpinen Literatur nicht -
dass es vielleicht ein anderer Verlag sofort zu drucken
bereit ist. Was das bedeutet, wissen Sie, sehen Sie aus dem,was
man in den letzten Jahren als Schnellschüsse produziert hat:
es ist keine Literatur. Schreiben ist nun mal schwer. Wer
sich schämt, schreiben erst lernen zu müssen, darf nie
schreiben. Schreiben ist immer eine Qual, eine Sache des
stillen geduldigen Dabeibleibens, vor allem aber der geistigen Disziplin. Wer SCHREIBEN kann, ist bereits ein Mann.
Missverstehen Sie diesen mit grossem Bedacht hingeschriebenen
Satz nicht.

Sie, lieber ▓▓▓▓▓▓▓▓▓ haben einen so guten Ruf, dass
ich Sie, ein vielerfahrener, in diesem besonderen ▓▓▓▓ Fall sehr
verantwortlich denkender Teilhaber an der sogenannten alpinen
Literatur, - schützen möchte, bewahren möchte vor einer Art
Jugendstreich. Denn ein BUCH ist eine Tat, es steht im
literarischen Raum und ist, auch wenn's einen noch so reut,
nicht mehr aus der Welt zuschaffen. Es bestimmt das BILD, das
man sich von Ihnen macht, von Ihrer körperlichen Leistung, mehr
noch: von dem Geist, der Sie zur körperlichen Höchstleistung
befähigt hat. Kurz und gut: das vorliegende Manuskript, auch
wenn man den Versuch der ersten 20 Seiten einmal ganz
abgläst, ergibt es KEIN Buch. Das ist mir, ▓▓▓▓▓▓▓
▓▓▓▓▓▓ auch schon mal geschrieben worden. Mehrmals, früher...

Ich sage Ihnen nun als Berg- und Schreibkamerad ganz offen,
und mit freundschaftlichen Empfindungen, was geht, was nicht
geht, und wie Sie zu einem GUTEN Buche kämen - das Ihren
Namen für dauernd, ja für immer, in einen Rang erhebt, der
in der alpinen Literatur selten ist. Leider. Ich bin völlig
offen, wie gesagt, ich erspare Ihnen keine Enttäuschung, ich
rechne mit Ihrer bewiesenen Intelligenz, NICHT mit Ihren
augenblicklichen Gefühlen.

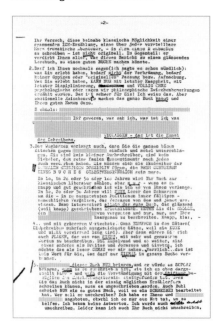

wegläßt, ergibt so KEIN Buch. Das ist mir, lieber XY, auch schon mal geschrieben worden, mehrmals, früher …

Ich sage Ihnen nun als Berg- und Schreibkamerad ganz offen, und mit freundschaftlichen Empfindungen, was geht, was nicht geht, und wie Sie zu einem GUTEN Buche kämen – das Ihren Namen für dauernd, ja für immer, in einen Rang erhebt, der in der alpinen Literatur selten ist. Leider. Ich bin völlig offen, wie gesagt, ich erspare Ihnen keine Enttäuschung, ich rechne mit Ihrer bewiesenen Intelligenz, NICHT mit Ihren augenblicklichen Gefühlen.

1. Es gibt für ein gutes, für ein Erfolgs-Buch viele Formen. Im gegebenen Falle ist nur die reine Erzählung möglich, die knappeste Form einer Nach-Erzählung. Also im Ich-Stil! Ihr Versuch, diese beinahe klassische Möglichkeit einer spannenden ICH-Erzählung, eines über jedes vorstellbare Maß grammatische Abenteuer, – in Form eines Drehbuches zu schreiben – ist nicht originell. Im Gegenteil: er verdirbt Ihnen alles, was diesen Bericht zu einem glänzenden Lesebuch, zu einem guten BUCHE machen könnte.

2. Darf ich Ihnen nochmals sagen (ich sagte es schon mündlich): was Sie erlebt haben, bedarf nicht der Verbrämung, bedarf keiner üppigen oder „originellen" Fassung bzw. Aufmachung. Was Sie erlebt haben, KANN NUR mit letzter Knappheit, mit letzter Disziplinierung, und VÖLLIG OHNE psychologische oder sagen wir philosophische Zwischenbemerkungen erzählt werden. Das ist schwer für Sie! Ich weiß das. Aber emotionelle Zwischenrufe machen das ganze Buch kaputt und Ihren guten Namen dazu.

3. (…) Sie müssen sich als Akademiker der NORMALEN GEISTIGEN DISZIPLIN fügen, die BEIM SCHREIBEN EINES B U C H E S SELBSTVERSTÄNDLICH sein muß.

In 10, in 20 oder 50 oder 100 Jahren wird Ihr Buch zur klassischen Literatur zählen, aber n u r – wenn es so knapp und gut geschrieben ist wie ich es von Ihnen verlange. In 10, 20 oder 50 Jahren will KEIN Leser den Schmarren um die – in so ausgesetzten Positionen immer fälligen – menschlichen Verhalten, das Versagen von dem und jener usw. wissen. Dann interessiert allein das gute Buch, das glänzend (weil knapp) geschriebene Erlebnisbuch. Hätten Sie die GRÖSSE, den Namen XY zu vergessen und nur, nur, nur Ihre XY-Tragödie haargenau zu beschreiben. Knapp, klar, … und mit größerem Wortschatz. Ganz EINFACH in den Sätzen (Sie schreiben mehrfach ausgezeichnete Sätze, weil sie KURZ und nicht verwirrend lang sind). Aber dann müssen Sie sich auch PLAGEN, das was man SIEHT, mit mehr und genaueren Worten zu beschreiben. Die XYwand und so weiter, sind etwas anderes als Droites und Jorasses und Civetta, ich möchte das als Leser GENAU vor mir sehen. „Herrlich" … das ist kein Wort für Sie, das darf nur EINMAL im ganzen Buch vorkommen.

188

5. Der XY-Verlag kann dieses Buch NUR bringen, und er würde es SOFORT bringen, wenn es so geschrieben ist, wie ich es eben dargestellt habe – und wenn die Verständigung mit der Stiftung bezüglich des Erscheinungstermins stattgefunden hat. Wenn Sie das Buch nicht in der einzig möglichen Erzählerform schreiben können, muß es umgeschrieben werden.
Auch Buhl schrieb NUR ein so gutes Buch, weil es ein SCHREIBER bearbeitet hat. Wer soll es umschreiben? Ich habe es Ihnen (…) angeboten, obwohl ich es nur aus Not tat, um zu helfen. Ich bekam keine Antworten. Ich werde auch deshalb nicht umschreiben. Leider kann ich auch Ihr Buch nicht umschreiben, obwohl mir dies bestimmt auf Anhieb gelänge. Dazu haben mich viele der REIN ERZÄHLENDEN Passagen in Ihrem Manuskript doch zu stark beeindruckt.

(…)

Lieber XY! Vielleicht lachen Sie nur über diesen meinen Brief. Es ist ein unangenehmer Brief für Sie, aber später einmal werden Sie anders darüber denken. Tun Sie, was Ihnen Ihr Inneres befiehlt. Ich grüße Sie und wünsche Ihnen alles Gute! Ich kann Sie nicht nochmals beschwören, von allen sogenannten Beratern und Beraterinnen abzulassen und allein zu entscheiden, wenn es um ein Buch, in Ihrem späteren Namen geht.

Ihr
Walter Pause

86 Über „das Wesen aller Meisterschaft"

Seit 20 Jahren sortiert Walter Pause Bergfotografien, um massenweise Spreu vom seltenen Weizen zu trennen und so Jahr für Jahr brillante Bergkalender zu gestalten. Leidliche Erfahrungen, die aus dem Optimisten einen Skeptiker machen, denn lernfähig sind „seine" Fotografen nur begrenzt: „Jedem habe ich einen kurzen Brief geschrieben, präzise, oft flehentlich im Ton. Doch diese ‚Fotoakademie' hat wenig gefruchtet." Trotzdem gibt Pause die Hoffnung nicht auf, aus einigen Dilettanten Meister der Bergfotografie zu machen.

,,

Der Mensch im Gebirge mag ein Abenteurer sein oder ein Feigling, ein Schwärmer oder ein armer Tropf, schön oder hässlich, abstoßend verschroben oder auch komisch bis zum Gernhaben – gut fotografiert ist er interessant.

"

Zwanzig Jahre Erfahrung – und 5 Gebote

Zwanzig Jahre Umgang mit Bergfotografen haben mir, dem Optimisten, eine tiefe Skepsis gegen die Bergfotografie eingebracht. In der Tat waren es von mehr als tausend Bergfotografen kaum zwanzig, die meinen Glauben an echten Fortschritt – zum „Bildhaften" – aufrechterhielten.

Die 5 Gebote:

1. Das Foto muß als Motiv einfach sein und stark wie ein Plakat.
2. Das Foto muß bildhaft sein, gut komponiert, mit Diagonalen im Viereck, mit spannungsreichem Vordergrund oder faszinierend durch die besondere Struktur von Fels, Firn, Eis, Schutt und Flora.
3. Das Foto soll kräftige Kontraste aufweisen, es soll entschieden schwarzweiß sein und nicht grau.
4. Es soll, wo angebracht, stets den „Menschen in Aktion" zeigen, jedenfalls immer „natürlich bewegt" – weil nur so eine Bildspannung entsteht, auf die unser rascher Geist von heute nicht mehr verzichten will.
5. Das Foto muß entzücken – oder bestürzen! Das simple Abbild der schönen oder schrecklichen Hochgebirgsnatur ist nur fotogen, wenn es mit dem Esprit einer reichen Phantasie gesehen ist, womöglich aufgeladen mit Witz und Humor.

Albrecht Dürer und die Bergfotografen

Natürlich gibt es eine Zauberformel, die alle Probleme des Fotografierens löst. Nur wenige Dutzend von Abermillionen Fotografen kennen diese Formel. Sie heißt: Erst der Funke Kunstverstand zündet den Schnappschuß. Oder anders gesagt: Jedes Kameraauge erblindet, wenn es nicht vom geschärften inneren Auge des Menschen geführt wird. Es geht um den sogenannten Kunstverstand. Denn Fotografieren, sagt man, habe mit Kunst zu tun. Ich selber halte es für möglich, kein Dilettant wird es leugnen. Aber wenn Kunstverstand unerläßlich ist, weshalb wird er dann beim Kauf einer Kamera nicht gleich mitgeliefert? Dann wäre der fromme Werbevers „Fotografieren ist einfach" wahr und keine bombastisch aufgepumpte Lüge ... Aber den Kunstverstand muß man sich in jedem Fall erst mühselig

190

erwerben. Das kann ein halbes Leben dauern – und davon spricht kein Filmprospekt. Fotografieren ist schwierig und teuer, solange es Dilettantensache bleibt, solange es ohne Kunstverstand geübt wird.

Der fehlende Kunstverstand wird gerne mit technischem Verständnis verwechselt. Das ist natürlich verhängnisvoll. Technischer Verstand ist leicht zu erlernen beim Fotohändler, aus Prospekten, aus Büchern. Zudem ist die große Fotoindustrie im besten Schwange, uns auch das technische Verständnis vollends zu ersparen, indem es die Perfektion der Apparate auf die letzte Spitze treibt.

Eine ärgerliche, aber notwendige Lektion für den Bergfotografen: Kunstverstand, der unersetzliche, erwirbt sich allein durch Schulung des Geistes und Schärfung des Auges. Man muß mit den bildenden Künsten und mit der Literatur sozusagen verwandt werden, muß geistig dort daheim sein, ehe man ernsthaft zu fotografieren beginnt. Man muß Kunst von Manier scharf unterscheiden können, man muß feste Maßstäbe besitzen, ehe man fähig ist, aus Schnappschüssen – „Bilder" zu gestalten. Kunstverstand ist auch mehr als Kunstverständnis. Das letztere ist Sache des kritischen betrachtenden Kunstgenießers, Kunstverstand aber kann schöpferische Potenzen zur Entfaltung bringen. Kunstverständnis ist Sache des Verstandes, und – das ist kein Spiel mit Worten – Kunstverstand wird daraus erst, wenn Esprit und Witz dazukommen, das Feuer der engagierten Persönlichkeit. Aber diese Ingredienzien beschert uns nur gelebtes Leben.

Man spricht wirklich von „Foto-Kunst", man bringt das Fotografieren im Gebirge tatsächlich mit der Bergmalerei zusammen – den Schnappschuß mit ehrwürdigem Kunstschaffen. Ist das ein hoffnungsloser Anspruch? Ich selber bekenne, Bergfotos gesehen zu haben, die absolute Kunstwerke darstellen. Ich betrachte auch ohne diesen Beweis die Bezüge zwischen Bergmalerei und Bergfotografie als evident. Auch wenn Koch, Calame, Richter, Hodler, Waldmüller oder Segantini viele Tage über einem Gemälde gesessen sind, dessen Motiv ein „langsamer" Fotograf unserer Zeit in 1/100 Sekunde einfängt...

Tage oder Sekundenbruchteile, Bergmaler oder Bergfotograf, wer nach einem Kunstwerk trachtet, der hat sich an Albrecht Dürers stolzen Satz zu halten: „Wer sie heraus kann reißen aus der Natur, der hat sie" – die Kunst. Diese zunächst beinahe simpel klingende „Gebrauchsanweisung" für jeden bildenden Künstler, aus mittelalterlicher Geistestiefe aufbewahrt und von dem Nürnberger mit großartig goethescher Freiheit hingeschrieben, läßt sich vielfältig kommentieren, aber nie leugnen. Sie stimmt immer. Und Picassos Ausspruch: „Ich suche gar nicht nach Kunst, ich finde sie", spricht nicht dagegen... Die Natur um uns in allen ihren Formen bietet eine berstende Fülle an, die Hochgebirgslandschaft zumal: zuviel der Fülle, zuviel des Rohen und Ungereimten. Da muß man „es" mit Dürer sehen, „es" mit Picasso finden: das einzig mögliche Motiv, muß es erkennen und herausreißen aus dem Vielzuvielen, und dann blind bleiben für alles Überflüssige und nach Goethe handeln. „Dreingreifen, packen", hat er einmal geschrieben, „ist das Wesen aller Meisterschaft."

Walter Pause und Hanns Hubmann, Bergfoto heute, 1971

Mutiger Blick in den Abgrund: exponierte Kletterei an der Südostkante der Großen Bischofsmütze.

87 Zwischen München und Allgäu

Wandern zwischen München und Bodensee – das bedeutete für Walter Pause „Wandeln in der bezauberndsten Erholungslandschaft, die sich im Europa der akzeptablen Klimagrade finden läßt", wie er es zitiert. Einmal mehr führt ein grünes Bücherl durchs Voralpenland, diesmal bis ins Schwäbische hinein. Manchmal eine lange Anfahrt in Kauf genommen, wird der Leser zur gern angenommenen „Buße" sechs bis sieben Stunden wandernd ins schöne Allgäu geschickt.

,, So kann man noch heute jedem alten Bau den Geist der Menschen ablesen, die ihn schufen. **"**

,, Der Kunstgenuß ist der ideale Kontrapunkt zum Naturgenuß. **"**

Vor diesem fertigen vierten und letzten grünen Bändchen (Anm. Redaktion: es sollte noch ein fünftes folgen) und nach dem letzten leisen Fluch ziehe ich die Bilanz aus aller geduldigen Plage beim Gehen, Suchen, Brotzeiteln, Notieren, Umplanen, Schreiben und Korrigieren – und sie bündelt nichts als Liebe, nichts als heftige Liebe zur erwanderten Heimat. Ich habe eine Hohe Schule des Wanderns, Schauens und Erkenntnis hinter mir – und begreife nicht ohne freundliche Gefühle, wie dicht die Kenntnis ist aus den 60 Lebensjahren, die ich „in der bezauberndsten Erholungslandschaft, die sich im Europa der akzeptablen Klimagrade finden läßt" verbummelt habe. So sind diese Büchlein zugleich auch vier Zeugnisse für gelebtes bayrisches Leben, deren Noten meine Leser erteilen. Übrigens kommen wir diesmal von Altbayern ins Schwäbische, sozusagen, ins „Ausland". Aus den geliebten Zwiebeltürmen werden mehr und mehr solide Satteldächer, aus ekstatischem Barock und jodelnder Lebensfreude wird ein bedächtig abgewogenes Schmunzeln. Das schwäbische Element drüberhalb des Lech, ostwärts gern als nüchtern verrufen, präsentiert mit ebensoviel Grazie wie Selbstbewußtsein viele bedeutende Kunstdenkmäler, die auch in der Nachbarschaft des „Pfaffenwinkels" bestehen: Ottobeuren, Maria Rain, den Schnitzaltar von Bad Oberdorf, den gotischen Freskenzyklus von Gestratz, St. Alban über Gerwangs, Maria Steinbach an der Iller, die Blasiuskapelle in Kaufbeuren und gleich daneben die Schiffskanzel von Irsee, St. Ulrich in Seeg, St. Georg auf dem Auerberg. Das sind aber erst Kirchen und Klöster, dazwischen gibt es ein Dutzend „Peißenberge", die nicht nur 988 Meter hoch sind, sondern über seriöse 1000 Meter. Weil die Schwaben besser zählen können ...
Die vielen Lechschleifen teilen das Altbayerische und das Schwäbische in zwei Hälften. Die erste Hälfte hat die Riesenstadt München im Nacken, die andere die Kultur- und Industriestadt Augsburg. Beide Buchautoren garantieren, daß man sich bei den meisten dieser 50 Wanderungen noch in Stille und absoluter Einsamkeit verlaufen kann. Nicht nur im März, April und Mai, oder im September, Oktober und November ... Nein, selbst im Hochsommer, bei der Hitz, die man eigentlich nur den „Fremden" gönnen sollte ...

Wer viel geht, fährt gut –
Band IV „Zwischen München und Allgäu", 1971 192

Zu Beginn der 70er Jahre war die österreichische
Enklave Jungholz noch ein idyllisches, stilles
Bergdorf zu Füßen des Sorgschrofens.

88 Der standhafte Naturschützer

Als ob die Fließbandproduktion von Büchern ihn nicht schon genug Zeit und Nerven kosten würde, engagierte sich Walter Pause in Naturschutzfragen – als Überzeugungstäter. Meist als Einzelkämpfer ließ er sich und seinen Namen auch gelegentlich von Bürgerinitiativen und Interessensgruppen einspannen. Wenn er auch geschmeichelt war von der Aufmerksamkeit, die ihm Politik und Behörden schenkten, legte er stets größten Wert auf seine Unabhängigkeit. Ministerielle Streicheleinheiten konnten ihn nicht von seinen Zielen abbringen.

"

Der langsame Tod

Die Erschließung der Alpen – dieses vor 100 Jahren schwärmerisch begrüßten „play ground" der europäischen Jugend – folgt seit wenigen Jahrzehnten die totale „Erschließung" des Geschäfts- und Amüsierobjektes „Alpen". Ein dichtes Netz von über 3500 Bergbahnen und Liften hat den hochgestimmten Geist der alpinen Jugend in Frage gestellt, denn jede Bahn hat mit peinlicher Automatik den Bau von Hotels und peinigender Rummelplätze nach sich gezogen. Die Regierungen, auch die bayerische, vervielfacht aber die österreichische Regierung, sehen im Bahnenbau „Erschließung" und „Fortschritt" – die Herren „erschließen" in der Tat, aber sie erschließen nur Rummel und Lärm, Spekulation und glatten Schwindel. Und sie verderben mit ihrer verlogenen „Erschließung" zugleich das Grundkapital ihres gemeinen Alpengeschäftes. Man kann die Alpennatur nicht mit einem Schlag in den Zustand der Unschuld zurückversetzen, aber es muß heute – zum allerletzten Termin – unbedingt möglich sein, in einem strengen Alpenplan wenigstens die Grundnatur zu sichern. Europa ist ein Rummelplatz für die ganze Welt geworden, neben den alten Kunststätten brillieren auch die Alpen als Traumlandschaft erholungsbedürftiger, in Autodünsten gesotener Großstädter; können sich denn die beteiligten Regierungen und Alpenvereine aller Alpenländer nicht endlich zusammensetzen und Gesetze produzieren anstelle von schalen Proklamationen?

"

Naturschutz auf bayrisch

Während ich dies schreibe, liegt neben mir ein „Akt" mit sehr freundlichen Briefen hochgestellter deutscher und italienischer Menschenfreunde – Minister, Parteibosse, Industrielöwen – die, komme was wolle, sofort eine längst fällige, die Welt begeisternde QUERALPENSTRASSE MÜNCHEN–VENEDIG in „Autobahnformat" fordern.

Natürlich auf einer zentralen hochalpinen Trasse, vorbei am Achensee, durchs ganze Zillertal, durchs ganze Ahrntal, und weiter im Südenstrom durch die östlichen Dolomiten bis zum Po-Ufer und – vor den Markusplatz. Der Segen der Bayerischen Staatsregierung liege bereits vor (keine Pressesache!)... Wir Naturschützer haben dieser bayerischen Regierung den ersten und einzigen deutschen „Umweltminister" abgezwungen – aber ausgerechnet zu ihm wurde ich vor 3 Jahren als Gast eines offiziellen Empfanges bestellt, an dem die Gruppe italienischer Großindustrieller teilnahm. Man arrangierte eine kurze Besprechung im neuen Ministerzimmer – und schon wurde ich von Italienern und bayerischem Umweltminister gebeten, für den „modernen Fortschritt" zu sorgen, als Naturschützer beizustehen, daß sich Italia und Germania mittels einer großen ALPEN-AUTOBAHN bis Venedig vereinen könnten ... Nur wir „Naturschützer" wären diesem bedeutenden Fortschritt noch im Wege! ...

Natürlich habe ich mich an diesem Abend – und an einem zweiten, der ebenfalls diesem Ziel galt – verweigert. Ich lehnte es ab, und zwar auch im Namen aller Naturschützer und Menschenfreunde des Alpenbereiches, die Alpen durch Querautobahnen zu zerreißen, für alle Zeit zu zerstören. Ich erhielt trotzdem noch ein Glas Sekt! Dann aber legte man den Naturschützer bekümmert zu den Akten. Ich ging heim.

Kalendergeschichten, 1979

194

Der Zustand der Unschuld liegt Jahrzehnte zurück. Walter Pause beklagt die Verbauung der Alpen – und fordert Gesetze zu deren Schutz.

89 Streifzüge jenseits der bayerischen Grenze

Für den fünften Band seiner Reihe „Wer viel geht, fährt gut" hat sich Walter Pause mit Kurt Gramer einen Urschwaben ins Boot geholt. Das sei notwendig, da er zwar ein Schwaben-freund, aber noch lange kein Schwabenkenner sei. Der Co-Autor, der sich als Fotogenie ent-puppte, hat sich deshalb selbst auf den Weg gemacht und Walter Pause Fakten und Bilder geliefert. Der wachte mit scharfem Auge darüber, alles „kurz und gut" niederzuschreiben und in bewährter Pause-Manier in Buchform zu bringen.

"
Ich kenne das württemberg-badische Land nur aus der frühesten Jugend, also schlecht. Und doch gut, weil ich es reisend oft und oft erforschte, und dies mit jenen glücklichen Augen, die mir, dem unverbesserlichen Naturfreund, alles offenbaren, was eine Heimat an verschwenderischem Reichtum anbietet – Landschaft, Kunst, den eingeborenen Menschen. **"**

Tour 24 Glei bei Blaubeura ... Geschichte, Geschichten und die „Historie von der schönen Lau"

„Glei bei Blaubeura leit a Klötzle Blei" und der Blautopf und das alte Kloster. Aber da gibts auch den Knoblauchfelsen, das Rusenschloß, die Zementfarbrik und graue Dächer, eine Küssende Sau, die Brillenhöhle ... und feine stille Pfade, im Wald, am Trauf, rund um die Stadt herum. Der Blautopf mißt ca. 33 m im Durchmesser, ist 20,6 m tief, hat die Form eines Trichters, durch den 350 – 26 200 l/s fließen. Das Wasser ist tiefblau durch die Eigenfarbe bei großer Sichttiefe, grün, oder erdig gelb nach starkem Regen. Gut. Aber da ist auch ein heiterer romantischer Reiz, man sollte Mörike lesen, die „Historie von der schönen Lau", und da sein wenn es ruhig ist: am Morgen, am Abend, wenn der alte Mond scheint wie anno dazumal ... Der Hochaltar ist eine Gemeinschaftsarbeit der „Ulmer Schule" – ohne Namen, ohne Zeichen der Meister! Steigen wir hinauf zum Blaufels: Da steht man hoch und dicht über der Stadt. Rechts der Knoblauchfels: Aussicht, auch für feine Nasen. Dann das Tor, altes Gewölbe, Stufen, wir sind auf dem Rusenschloß, auf einem schmalen felsigen Kamm. In Abschnittwällen fand man Keltisches.
Wir sehen die Ach von Ursprung herkommen, die Blau von ihrem Topf – ins Urtal der Donau! Der steile Steig führt zur „Großen Grotte": welch eine Zeit, als hier nur alle 10 000 Jahre ein paar Menschen rasteten! Weiter auf dem Pfad bergab, am Waldrand, über die Blau, am Damm entlang zum Bahnhof. Schräg rechts über die nächste Straße, den Weiler Steig hinauf, geradeaus zwischen Gärten auf den Pfad ins Forchenholz. Bald steht rechts der hohe Kreuzfelsen. Vor dem gehts steil zur Brillenhöhe: ein tiefes, rundes Gewölbe, durch zwei Deckenfenster hell beleuchtet. Prof. Riek fand Kultur-reste aus dem Magdalénien ... Wir sind im Felsenlabyrinth: Achtaler Fels, die ewig Küssende Sau, die Felsbank ... Dann wirds still, weiter bergauf. Droben links am Saum zur Günzelburg, eine wohl im 13. Jh. vom Weiler Ortsadel erbaute Burg. Wieder am Saum links hinunter zur Stadt und geradeaus hindurch: das „Große Haus" (1615), das Rathaus (1593), der Marktbrunnen (16. Jh.) ...

Walter Pause und Kurt Gramer, Wer viel geht, fährt gut Band V,
„Zwischen Stuttgart und Donau", 1972 196

1972 Dauerläufer: Über 15 Millionen VW „Käfer" (17. Februar) – Uneingeschränkter Luftkrieg der USA gegen Nordvietnam (30. März) – Misstrauensvotum gegen Bundeskanzler Willy Brandt scheitert im Bundestag (27. April) – Ostverträge mit Polen und der UdSSR gebilligt (17. Mai)

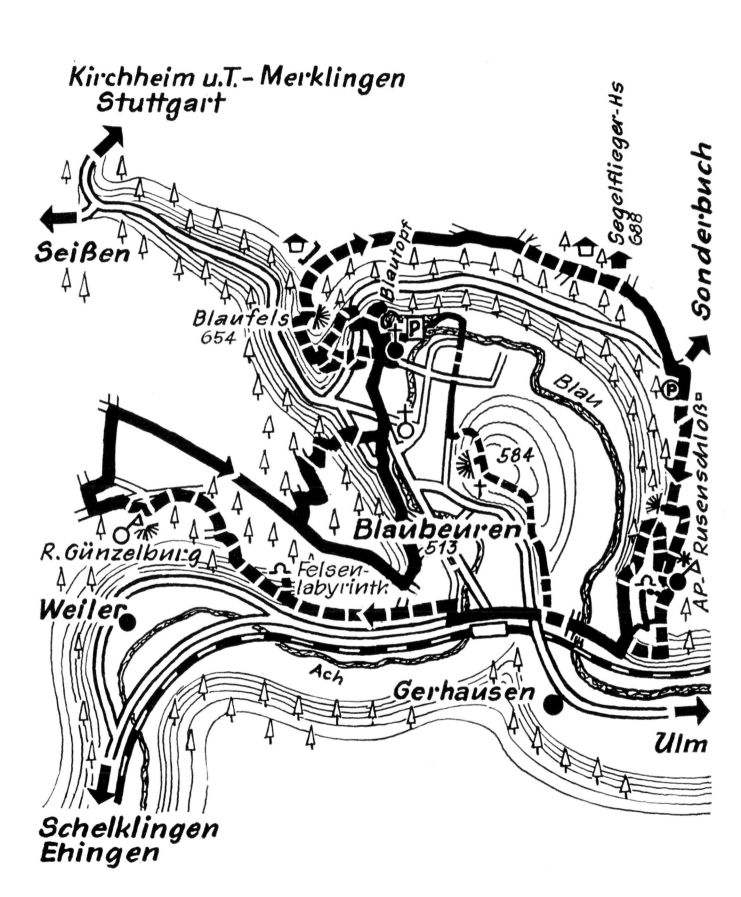

90 Ein guter Grund zum Feiern

Haus, Terrasse und Rasen auf der Irschenhauser Schmotzenwiese – so die anfangs auf Beharren des Hausherrn genutzte Adressbezeichnung – sind ideal geeignet zum Feiern größerer Feste. Daher versammeln sich an jedem runden Geburtstag dieses Hausherrn Familie, Verwandt- und Nachbarschaft sowie ein großer Freundeskreis, um dem Jubilar zu huldigen. Niemand will bei diesen Festen fehlen. Der Geehrte ist gerührt und dankt den Gratulanten herzlich – und schriftlich.

Liebe Freunde, verehrte Leser, teure Staatsdiener,

Ich danke für alle Glückwünsche, die mir zu meinem 65. Geburtstag zugekommen sind! Jeder Glückwunsch hat mich gefreut, oft gerührt, nicht jeden Glückwunsch habe ich verdient. Ich weiß, daß ich von jetzt an im letzten Wagen sitze und irgendwann abspringen muß – aber solange ich mitfahre schaue ich fröhlich zum Fenster hinaus und lobe die Natur, und verketzere jeden, der sie gierig oder ahnungslos zerstört.

UNTER UNS FÜNFUNDSECHZIGJÄHRIGEN ...

Kommt man als Büchermacher in die Jahre, dann passiert es immer öfter, daß einem die Kinder Vergeßlichkeit nachsagen. Peinliche Vergeßlichkeit! Einmal sanft und liebreich, einmal schonungslos ins Gesicht bemerken sie, daß es in meinem Kopf zu rieseln beginne. Du vergißt wirklich alles! ... Ja, weißt du denn nicht mehr, daß ...! Und dann mit himmelwärtsverdrehten Augen: Jetzt bist du aber wirklich alt, Papa!

Ich bin in gewisser Hinsicht alt, aber keineswegs verdattert unter solch wüsten Verdächtigungen. Ich schäme mich meines Alters nicht. Im Gegenteil: Ich triumphiere heimlich. Schließlich kann ich gewaltige Summen ziehen ... So sage ich den Kindern laut und deutlich – und in feineren Tönen auch der lieben Frau – daß ich froh sei, allen Schutt aus fünfundsechzig Jahren abgeworfen zu haben, allen flüchtigen Ballast aus weiß Gott wie beiläufigen Begegnungen und Erlebnissen, dazu elende Daten und Namen, dazu vergilbtes Schulwissen ... endlich vergessen. Denn, füge ich dann hinzu, würde ich all dieses überflüssige Halb- und Nebenwissen behalten wollen, dann müßte ich zuletzt einen Schädel haben vom Umfang eines Bierfasses. Und der stünde mir schlecht! ... Seltener sage ich, daß ich herzlich froh sei ein Alter erreicht zu haben, in dem ich nur noch das Wichtige und Wesentliche behalten dürfe aus allen Wandlungen, Stationen und Einsichten. Wenn ich heute schreibend in meiner langen Vergangenheit schürfte, dann hätte ich nach dem Gold trächtigen Wissens nicht mehr im dicken Schutt zu suchen, nein, es läge mir obenauf bereit, und zehntausend

198

kostbare Lebensdaten stünden deutlich, ja greifbar vor meinem Geiste …
Und keine reife Traube hinge mir zu hoch, teure Kinder!

Freilich, welcher Fünfundsechziger wollte seinen Kindern derlei erklären!
Kindern, die erst mit fünfzig Jahren jenes unermeßliche Wissen besitzen
könnten, das sie sich heute in erschütternder Naivität zuschreiben.
Das wäre dann Wissen, zur Reife geronnen. Das wäre Wissen, um fällige
Revolutionen siegreich durchzusetzen – oder sie weise modern zu lassen
in den Abfallkübeln der Zeiten …

Unter uns Fünfundsechzigjährigen: Altern ist keineswegs schrecklich!
Altern heißt Erfahrung häufen, denn gehäufte Erfahrung führt zu permanenter Schärfung des Geistes, wird also zu einem perfekt funktionierenden
Ausleseapparat: sagen wir, zu einem geistigen Schüttelsieb, das alles Unbe-
kömmliche aussondert und so die geistige Verdauung regelt … Es ist nur
natürlich, wenn die Jugend noch nicht derlei verläßliche Siebe besitzt.
Es ist aber auch nur natürlich, daß sich nicht alle Fünfundsechziger einen
guten geistigen Verdauung erfreuen.

So also klaffen die Generationen liebend und klagend auseinander,
es kann nicht anders sein. Oh, diese Kinder! Oh, diese Eltern!

Dahoam is dahoam …
Ein zufriedener Hausherr auf der Schmotzenwiese.

91 Leidenschaft gegen Lethargie

Der erfolgreiche Widerstand gegen den im Süden Münchens bei Hofolding geplanten Großflughafen gab den Naturschützern Auftrieb. Walter Pause hatte sich mit zahllosen Aufrufen und Artikeln in Fahrt geschrieben. Im Frühjahr 1971 greift er erneut seine frühe Berufsphase als „Korrespondent" auf: Diesmal verfasst er einen geharnischten Brief an das Münchner Stadtentwicklungsreferat und verlangt einen fairen Umgang von Behörden und Vereinen bei der Behandlung des im Jahr zuvor veröffentlichten Naturparkplans.

"

An Isartalverein
Herrn Fischer, H. Dr. Abress/Stadtforschung
Region Schutzkreis München/Wachinger,
Dr. Roth + F. Reichhold

Naturpark-Isartal

Die Firma SPORT-SCHUSTER (Herr Gustl Schuster, zuständig Frau Hagelmeier, bzw. Herr Leibl, Herr Pöschl) hat uns zum zweiten Male angeboten, sich in ihren Schaufenstern für den „Pauseplan" einzusetzen. Auch auf der Hauptversammlung wollte man eine große Tafel mit dem Geo-Plan zeigen, aber dafür ist es sicher zu spät.

Auf den heutigen Anruf von Frau Hagelmeier habe ich geantwortet, dass von uns Vorschläge kommen. Ich hatte Herrn Schuster bereits am Telefon gesagt, wir müssten das in der SZ gezeigte Bild, das heißt die Geo-Karte in FARBEN, raffiniert und plakativ umgesetzt auf eine 1.50 bis 2 m hohe Tafel, im Schaufenster zeigen, um einen ANFANG zu machen mit der doch unerlässlichen Werbung im großen Publikum. Ich würde dazu zwei längliche Schrifttafeln vorschlagen, auf denen in nicht mehr als 3-4 Sätzen (aber stark, einfach, wie Bibeltexte) der Zwang zum Münchner Naturpark links und rechts der Isar überzeugend dargelegt wird. Ich bitte um allgemeine Unterstützung dieses Angebotes von Herrn Schuster, das in seiner Art einzigartig ist. Wir können uns nichts Besseres wünschen als diese Werbechance im Zentrum Münchens. Da ich vor 5.11. keine freie Stunde habe, muss ich meine Mitarbeit bis dahin zurückstellen. Aber an jenem Tage könnte ich die Vorschläge für jene KERNSÄTZE zur Verfügung stellen.

Walter Pause

"

8026 Irschenhausen, 27. März 1971

An die Landeshauptstadt München
Referat für Stadtentwicklung und Stadtforschung
8000 München 2, Sendlingerstrasse 1

Betrifft: Naturpark = Erholungsgebiet Isar-Loisach

Herrn Dr. ABRESS und Herrn OV-Direktor Fischer

Sehr geehrte Herren!

Ich danke Ihnen für Ihr ausführliches Schreiben vom 1. März (das verspätet in meine Hände gelangte) und für die ihm beigelegten Unterlagen bezüglich der Organisation des Vereins „ERHOLUNGSLANDSCHAFT ISAR-LOISACH e.V." Nach genauer Lektüre Ihrer Unterlagen kann ich Ihnen versichern, dass ich keinen Einwand gegen Ihre Organisationsplanung sehe. Auch meine Freunde aus dem „Schutzkreis Region München" verstehen nach Kenntnisnahme Ihrer Darlegungen, dass Vereine als ideelle Urheber des Naturparkgedankens im Süden Münchens in der Tat in den BEIRAT des Vereins passen. Wir haben ja keinerlei falschen Ehrgeiz. Andererseits ist auf Seite 9 Ihres Exposés lediglich „ein Vertreter des Isartalvereins" für den Beirat vorgesehen – und wir müssen uns fragen, wer wohl dieser Vertreter sein könne.

Diese meine Frage ist zu begründen: Sie wissen aus unseren Gesprächen im Rathaus und in der Sendlingerstrasse, dass ich und damit der „Schutzkreis Region München" zwar Mitglieder des ISARTALVEREINS sind, dass wir es aber allein waren, die – aus Gründen der Fairness für den hochverdienten ISARTALVEREIN agierend – den Gedanken des Naturparkes aufgriffen, ergiebig diskutierten und über die „Süddeutsche Zeitung" und den „Münchner Merkur" unter die Leute brachten. Sie wissen von dem orkanartigen Widerhall meines damaligen Artikels: alle

200

Minister, Herr OB Dr. Vogel allen anderen voran, viele hohe Staatsbeamte, Parteimänner und so fort haben mir geschrieben, haben mich eingeladen – und das denkende München samt Oberland hat mir stumm die Hand gedrückt. Die Presse fand das Stichwort „Pause-Plan", Sie selbst haben es aufgenommen, die Parteien haben es ausnahmslos bis zur Wahl verwendet, nach der es freilich im Rauch wieder aufging. Genau da aber hatten bereits Sie, meine Herren, die Initiative in die Hand genommen, noch genauer: bis dahin hatte sich erwiesen, dass Herr OBD Frank vom Isartalverein die Initiative Pause-Plan ALLEIN für sich und seinen Verein beanspruchte, dass er aber nichts geschehen ließ.

Herr OBD Frank ist aus sehr persönlichen Gründen nicht gegen uns und nicht gegen mich, wohl aber gegen jegliche Mitwirkung eines von uns an der Naturparkplanung. Er wird sich zweifelsfrei auf den Stuhl im Beirat setzen. Wir haben nichts dagegen. Aber wir möchten als DIE EIGENTLICHEN INITIATOREN, die allein – ohne Isartalvereinshilfe! – mit Zeit, Geld und Ideen eingesprungen sind, um unserer Bürgerinitiative zum Erfolg zu verhelfen, nicht sozusagen ausgeladen werden. Es geht nicht um mich persönlich, darf ich dies noch mal unterstreichen: ich selber wie alle meine Freunde im Schutzkreis Region München, wir haben unsere Berufe, wir haben keine Zeit, – aber wir wollen sehen, und wollen genau sehen, was aus UNSERER IDEE wird. Das hat nichts mit Ehrgeiz und schon gar nichts mit Eifersucht zu tun.

Wir sind seit dem Fall Hofolding, bei dem wir allein, nicht der Ayinger Schutzkreis, nicht der Isartalverein, den Erfolg gegen Herrn Dr. Schedl erzwungen haben, aktiv. Dem Naturpark zuliebe haben wir auch, abermals mit viel Arbeit und viel Geld für Anzeigen, den Planungsminister durchsetzen helfen. Von anderen Initiativen nicht zu reden. Würde unser Kreis angesichts dieser Tatsachen in dem vorgesehenen BEIRAT nicht vertreten sein, dann müssten wir uns in der Tat als Mohr verstehen, der seine Schuldigkeit getan hat. Eben dies aber sollte Ihnen, meine Herren, zu denken geben. Gelegentlich einer Hochzeit in Florenz hat mir im September 1970 ein Frankfurter Stadtplaner bei der gegenseitigen Vorstellung gesagt: „Ach – der Pause sind Sie! – Von dem reden wir Frankfurter immerzu … wir planen genauso schön wie andere, aber nichts wird durchgesetzt, was uns Jahre kostet, WEIL ES NIEMAND UNTER DIE LEUTE BRINGT! Sie haben das für München famos gemacht …" Und so fort.

Wie Sie wissen, bin ich kein Fachmann. Aber ich habe die Fähigkeit einer gewissen Zusammenschau und ich kann schreiben. Ich habe niemals etwas anderes gewollt als für eine gute Sache zu schreiben. Im Falle Hofolding, in den Fällen Ammergauer Alpen, alpiner Naturschutz, von Finck'scher Flughafenplan, beim Kampf um den Planungsminister, immer und überall habe ich geschrieben. Ich will keinen Sessel, weder für mich noch für einen Freund unseres Kreises. Aber es wäre mir lieb, wenn Sie sich Gedanken machen könnten, wie wir als die EIGENTLICHEN URHEBER DES NATURPARKPLANES und als dessen EIGENTLICHEN PROPAGANDISTEN an der endgültigen Verwirklichung des Isar-Loisach-Parkes teilhaben können.

Mit freundlichen Grüßen
Ihr Walter Pause

An die Landeshauptstadt München
Referat für Stadtentwic
8000   München 2, Sendlingerst

Betrifft: Naturpark = Erholun

Herrn Dr. ABRESS und Herrn OV-

Sehr geehrte Herren!

Ich danke Ihnen für Ihr ausfü
(das verspätet in meine Händ
beigelegten Unterlagen bezügl
Vereins "ERHOLUNGSLANDSCHAFT

Nach der genauen Lektüre Ihre
versichern, dass ich keinen E
tionsplanung sehe. Auch meine
Region München" verstehen nac
dass Vereine als ideelle Urhe
Süden Münchens in der Tat in
Wir haben ja keinerlei falsch
auf Seite 9 Ihres Exposés led
Isartalvereins" für den Beira
uns fragen, wer wohl dieser V

Diese meine Frage ist zu begr
Gesprächen im Rathaus und in
ich und damit der"Schutzkreis
der des ISARTALVEREINS sind,
die – aus Gründen der Fairnes
TALVEREIN agierend – den Geda
ergiebig diskutierten und übe
den "Münchner Merkur" unter d
habe mich vor genau 14 Monate
abgequält, während mir meine
mine in den Ohren lagen.

Sie wissen von dem orkanartig
Artikels: alle Minister, Herr
voran, viele hohe Staatsbeamt
haben mir geschrieben, haben
denkende München samt Oberlan
drückt. Die Presse fand das S
haben es aufgenommen, die Par
bis zur Wahl verwendet, nach
wieder aufging. Genau da aber
Herren, die Initiative in die
bis dahin hatte sich erwiesen
talverein die Initiative Paus
Verein beanspruchte, dass er
Wir haben Herrn Frank noch au
Isartalvereins(in Gegenwart m
lich gebeten, sich mit der Or
zu beeilen. Wir bekamen nicht
"Da kann ma halt nix machen!"

92 ... mit Bewährung

Aus dem unbekannten Kalendermacher der 1950er-Jahre ist 1974 ein erfolgreicher Bergbuchautor geworden. Doch die Ski- und Bergkalender gibt es nach wie vor, sie haben eine treue Anhängerschaft. Und diese fordert mit Nachdruck, die „als fliegende Blätter meist in Papierkörben endenden Kalenderseiten" in einem Buch zusammenzufassen. Das neue Werk beginnt mit einer Lebensgeschichte, „die mir zu einer heiteren Lebensbeichte geriet", und wird vervollständigt von zahlreichen Kalenderessays.

„

Meine nachdenkliche Frau stellte fest, daß die besseren Texte nicht 1972, sondern 1952 geschrieben wurden. „

Salz in die Freude

Das war im Sommer 1946: ich hatte mit meiner jungen Frau Partenkirchner und Leutascher Dreitorspitzen überschritten und kam ungeschoren durch die Eisrinne aufs Platt und vor die Meilerhütte. Die letzten Schritte machten wir glücklich, aber auf den Knien vor Anstrengung, die Hüttentür stand wie eine Himmelspforte offen ... Unser Durst brannte in der Kehle, aber die Bedienung erklärte uns mit abweisender Gleichgültigkeit, „Teewasser" gäbe es erst nach 18 Uhr. Wir warteten und wir hätten dabei den Durst gerne verflucht - aber dazu waren wir schon zu schlau. Durst darf nur durch Trinken sterben ... Als das Teewasser endlich auf den Tisch kam, schütteten wir zitternd vor Begierde den mitgebrachten Tee und dann den Zucker hinein. Aber der Zucker war Salz. Der erste Schluck traf uns wie ein Donnerschlag. Der Tee war völlig ungenießbar und wurde dennoch geschlürft, wir waren den Tränen nahe. Arme kleine tapfere Frau! Ich gedachte ihr so vieles Gute zu bieten - und nun dies! ...

Anderntags standen wir schon vor 5 Uhr auf dem Kamm zu den Törlspitzen, das böse Salz war vergessen. Wir hatten uns vorgenommen, den überlangen Wettersteingrat bis zu seinen Sockel vor Mittenwald zu begehen: Törlspitzen, Musterstein, die Drei Scharten, Wettersteinwand, Wettersteinspitzen, Gamsanger – ein langer Tag. Bei der Rast vor der ersten großen Scharte hinter dem Musterstein ziehe ich meinen einzigen Proviant aus dem Rucksack, eine Pfefferwurst minderer Güte aus einem feinen Garmischer Laden, vor deren Kauf mich meine Frau dringend gewarnt hatte. Die schlechte Wurst schmeckt dennoch, schmeckte gut. Der Heißhunger wollte es so. Aber diese Teufelswurst brachte mir binnen weniger Minuten einen solchen Höllendurst ein, daß ich in den folgenden Stunden jedes Firnfleckerl besuchte, um Schnee zu essen. Ungesund? Natürlich. Aber gut, wenn man etwas Zucker dazunimmt und einige Tropfen Zitrone ... Natürlich hatte ich keinen Führer dabei, und so umkletterten wir einen Turm an den Scharten rechts, ausgesetzt in brüchiger Wand, Haken schlagend, um die nächste Schlucht zum Grat zu erreichen, – während es links nördlich des Grates famos abgelaufen wäre. Freilich, gefährlich leben hat auch seinen Vorzug, das erlösende Hinterher.

202

1974 | Uri Geller verbiegt Gabeln (17. Januar) – Alexander Solschenizyn aus der UdSSR ausgebürgert (12. Februar) – „ABBA" singt „Waterloo" (6. April) – „Nelkenrevolution" in Portugal (25. April) – Willy Brandt tritt wegen „Guillaume-Affäre" zurück, neuer Bundeskanzler wird Helmut Schmidt (6. Mai)

Fototermin im Gebirge: Mit Jacket, Hut und
Pelzstiefeln bewegten sich Walter und Rosemarie
bestenfalls für einen Fototermin in die Berge.

Nach vielen Stunden gelangten wir bis dicht unter die obere Wetterstein-spitze, sahen schon das Gipfelkreuz – da holte uns doch noch ein Gewitter ein, das überm Leutaschplatt auf uns gelauert hatte. Blitze wetterten über den Felsgrat, Donnerschläge krachten in unsere Nervenstränge, und wir wagten es nicht mehr, uns dem mit Drahtseilen gesicherten Kreuz zu nähern. Was nun? Die Dämmerung setzte bereits ein. Da entschloß ich mich kurzer-hand, rechts weglos in die Leutasch abzusteigen. Meine Frau vertraute mir wohl nur, weil sie meine Wenigkeit und Schlauheit bereits kannte. Ich glaube nicht, daß sie in mir einen Helden sah. So oder so, es eilte sehr, und so flüch-teten wir samt unserem nagenden Dauerdurst südwärts hinab, durch steile brüchige Felsrinnen, zu Geröllrampen, die sich aber immer wieder als kurze Terrassen vor neuen Felsrinnen erwiesen, hinab, hinab. Die Frau turnte gewandt an meinem kurzen Seil. Aber es fehlte am Tageslicht. Und damit kam Leichtsinn ins strenge Spiel. Wir erreichten zwar noch die Sandreißen unter den Wänden, aber auch ihnen folgte ein Felsabsatz – unübersehbar in der eingefallenen Nacht. Die Finsternis fiel so rasch ein, daß wir den Grund, auf dem wir wie festgenagelt verharrten, ertasten mußten. Natürlich hatte es vom Grat bis hierher geregnet. Das hatte den ungeheuren Vorteil, daß ich meinen windigen Vorkriegsanorak kräftig und lange auszeln konnte und so meinen Durst stillte. Ich dachte dabei an das Hofbräuhaus, an das Tegernseer Bräustüberl, an die Bierburg Andechs oder an den Hoislbräu hinter den Osterseen.

Was tun? Biwakieren konnten wir nicht, weil wir weder Schlafsack noch Bergzelt hatten. Wir wußten nicht einmal, wo ein ebenes Plätzchen gewesen wäre. Wohin uns die Nachtschwärze gestellt hatte, da blieben wir, an einem steilen Hang, an dem uns nur drei Latschenbündel sicherten. Darüber war ich nicht wenig froh. Ich versuchte, meiner kleinen Frau erträglich zu machen, was sie hier durchzustehen hatte. Aber sie lamentierte nicht, das war auch nicht ihr Wesen. Dagegen ließ sie mich lamentieren, und ich nützte derge-stalt die lange Zeit bis zum allerersten Grau. Die Dämmerung kam. Da sahen wir, die wir stehend oder schlecht sitzend die Nacht verbracht hatten, daß der Abbruch vor uns eine hohe Wand versteckte und daß in kaum zehn Meter Entfernung ein rundes, ebenes Felskacherl lag, in dem wir gut hätten liegen können.

Die ersehnte Quelle war nicht in fünf Minuten erreicht, sondern erst nach zweieinhalb Stunden steilen Abstiegs. Die ganze Südflanke schien ausgebrannt. Keine Quelle, kein Wässerlein. Erst im Talboden unten, am ebenen Ufer der Ache, tranken wir, tranken und schauten uns dabei im Wasserspiegel zu.

Aber jetzt in den nächsten Gasthof! Im ersten, den wir erreichten, war kein Mensch. Alles war in der Kirche, alle Türen standen offen, auch die Küchen-türe. Und von den Kirchgängern irgend etwas nehmen, das vermochten wir nicht. Also nochmals auf die Straße, nochmals zwei Stunden hinausgetrottet bis in die schöne alte Geigenmacherstraße von Mittenwald. Dort gab es einige

Pfund saftiger süßer Birnen zu kaufen. Birnen essend und schlürfend erreichten wir gerade noch den letzten, völlig überfüllten Zug nach München. Dann standen wir abermals zwei Stunden, schauten hinauf zu unserem kolossalen Wettersteingrat, wie er langsam entschwand.

Glück oder Genuß

Neuzehn von zwanzig Menschen verwechseln Glück und Genuß. Genuß ist aber nur ein Schatten des Glückes. Der Genuß lebt vom Überfluß, das Glück stirbt daran; Diogenes war kein Genießer, er war glücklich. Das Glück hat zwei Namen – der eine heißt „Zum ersten Male". Das Glück des ersten Males ist die Schwester des Zufalles und besitzt allen Schmelz des Jungfäulichen. Wenn es uns mit den Wonnen eines heiligen Rausches ankommt, erröten auch Diebe und Dirnen; aber es kenn kein Dakapo, so oft wir auch danach rufen. Von zwanzig Menschen, denen sich das Glück schenkt, verderben sich's neunzehn; der zwanzigste aber raubt ihm einen Schauer der Freude und bewahrt ihn lebenslang, dieser Schauer wird noch den Alternden laben.

Das andere Glück heißt „Zum goldenen Lohne". Es will umworben sein wie ein kluges Frauenzimmer gesetzten Alters, das seine Ansprüche stellt und über Sturm und Drang nur noch lächelt. Neunzehn von zwanzig Menschen weicht es aus, dem einen kommt es halben Weges entgegen. Dieses Glück des tätigen Menschen ist nur über steile Wege zu erreichen – das Glück der Liebe durch das Opfer der Liebe, das Glück der Gesundheit durch die Enthaltsamkeit, das Glück des Feierabends durch die Freude am Tagwerk, das Glück des Glaubens durch die Verbannung des Zweifels!

Der Genuß trägt nur das Gewand des Glückes; sonst sind Glück und Genuß so unterschiedlich wie Körper und Geist. Der Genuß sättigt, das Glück beseelt. Der Genuß will besitzen, das Glück kann entbehren... Nichtsdestoweniger können sich Glück und Genuß auch einmal vereinen, doch dieser Fall ist so selten wie der einer guten Ehe.

Lebenslänglich alpin, 1974

Ein Soldat im Glück – fern ab vom Kriegsgeschehen kann Walter Pause sein „Literaturstudium" bewältigen.

93 Literatur – oder Nichtliteratur

Walter Pause fällt sein Urteil mit deutlichen Worten: „Alpine Literatur" – man beachte die Anführungszeichen – gebe es nicht, habe es auch nie gegeben. Der Autor gibt seinen bergsteigenden Kollegen daran die Schuld: Sie würden ihrem gewaltigen Gegenstand, den Bergen, nicht gerecht. Das ist aber auch kaum möglich, wurde der Gegenstand doch seit dem 18. Jahrhundert kontinuierlich überhöht.

Bergbücher und Sektenliteratur? Das klingt böse. Aber ich weiß wirklich keinen passenderen Ausdruck für eine „Nichtliteratur" wie diese „alpine", diese immer nur engste Kreise ziehende und zumeist ein peinliches l'art pour l'art betreibende Schreiberei. Sie lebt allein von der Protektion ihres gewaltigen Gegenstandes: von der großartigen, gerade noch vom zivilisatorischen Schlamm verschonten Urwelt der Alpen.

Millionen verehren diese Urlandschaft, geben sich ihr wandernd und kletternd hin, aber sie lesen kaum „alpine Literatur". Weshalb gibt es keinen Bergschriftsteller, der in der Literatur ernstgenommen wird! Bergschriftsteller? Das ist beinahe ein Schimpfname. Weshalb? Kein schreibender Bergsteiger hat die ausreichende Distanz zum übermächtigen Pathos der Berglandschaft. (…) Wer viel klettert, schreibt gut! denken viele Bergsteiger. Aber das ist falsch. Die alpine Schreiberei ist als „alpine Literatur" eben deshalb abgestürzt und zur Sektenliteratur verkümmert. Es schreiben fast ausnahmslos Nur-Bergsteiger, womit ich weniger die Extremen meine. Immer geschieht es dann, daß die hochgestimmten Schreibenden ihres gewaltigen Gegenstandes nicht Herr werden – daß sie zu keiner adäquaten Form der Aussage finden. Der „gewaltige Gegenstand" sind die Alpen, ist das unerhörte hochalpine Erlebnis, das beinahe automatisch zum Pathos verführt – und damit zum peinlichen Kitsch. Pathos ist die klassische Fußangel schreibender Bergsteiger. Das Große und Unerhörte legitim darzustellen, sei es als Schreibender, sei es als Maler, ist immer äußerst schwierig. Das Hehre, Hohe, das Übermenschliche scheinen jene Stilmittel zu verbieten, die allein Schreiben zu Literatur machen, vielleicht sogar zu Kunst: strenge Kühle, Witz, Esprit, Ironie … Diese Stilmittel bekommt natürlich keiner geschenkt, sie müssen lebend und lesend erworben werden, müssen als kritische Elemente in unser Wesen eingegangen sein, dort wo das Herz sitzt.

Ja, auch das Herz ist ein Betriebsstoff des Schreibens, und nie wurde dies deutlicher als heute, wo Herztöne verpönt sind und alle Kunst aus dem kalten Intellekt destilliert wird (…) Das Herz bestimmt den Pulsschlag des schreibenden Mannes, – Verstand, Esprit und Selbstironie regulieren den Puls.

Lebenslänglich Alpin, 1974   206

„Das Große und Unerhörte"
darzustellen, verführe automatisch zum Pathos. Dieses
aber sei, sagt Walter Pause,
„die klassische Fußangel
schreibender Bergsteiger".

94 Die große Bergfamilie

Hermann Magerer hatte schon in frühen Jahren seine Begeisterung für die Berge entdeckt und war ein Käufer und Leser von Walter Pauses Büchern. Als dieser eines Tages in einer Sendung des Bayerischen Fernsehens zu Gast war, bat ihn Kameramann Magerer um eine Widmung. 1975 hatte er, inzwischen Sportredakteur geworden, die Idee zur Sendereihe „Bergauf-Bergab". Er wurde damit ähnlich populär wie Walter Pause – dessen Sohn Michael er 1998 nach jahrelanger Zusammenarbeit Schreibtisch und Sendung übergab.

„Mit gekonnter Unschuld", sagt Hermann Magerer, habe Walter Pause sein Publikum in Bergsteiger und Andere sortiert – und ihm selbst aus der Seele gesprochen.

Zur Mitte des vergangenen Jahrhunderts erschienen die ersten Bücher von Walter Pause. Unsere Generation hatte da gerade angefangen, sich in den Frieden einzuleben. Es ging auf- und aufwärts. Unsereins stürzte sich blauäugig ins Familien-, Berufs- und Bergabenteuer. Wir fingen an, die Freizeitgestaltung „Bergsteigen" ein bisserl zur Lebensauffassung zu überhöhen. Walter Pauses „100 schönste ..." waren, wenn schon nicht Anstifter zum alpinen Auftrieb, dann zumindest mitschuldig daran. Wie er, mit gekonnter Unschuld, sein Publikum sortierte, das machte ihn erfolgreich und beförderte ihn, im besten Sinn, vom Autor zum Literaten, vom Journalist zum Dichter:

„Ob sie ihre Gipfel über steile Wände oder fromme Steige erreichen, ist gleichgültig. Alle verdammen die Trägheit, alle loben Mühsal und Gefahr. Mag es dabei Eigenbrötler und Narren geben, insgesamt bilden diese Bergsteiger immer noch eine mutige Vorhut der Menschlichkeit; und wie alle wesentlichen Minoritäten unserer Gesellschaft, wie Krankenschwestern, Hausmusiker, Büchernarren oder tätige Christen, schützen sie uns ein wenig vor der Sintflut der Gewöhnlichkeit."

Zugegeben, wir haben solche Sätze damals überlesen. Anregungen, Bilder, Skizzen und sachliche Informationen – die in erster Linie – waren uns wichtig. „Die klassischen Alpengipfel" und Walter Pauses Kletterbücher verlangten unsere ganze Aufmerksamkeit. Dabei entging uns, dass das Spektrum seiner Schreibkunst ein ganzes alpines Jahrhundert repräsentiert. Er sprach den Gleichgesinnten von gestern und heute aus der Seele. Der Walter Pause dieser Tage würde zum Beispiel das alte Wort „Freude" ebenso wirken lassen wie den neuen Begriff „Fun", aber er würde die „Verkürzung" vom einen zum andern bedauern.

In meinem Bücherschrank gilbte „Berg Heil", ein Hochzeitsgeschenk von 1958, einsam vor sich hin. Das ändert sich ab sofort. Gestern bewanderten wir die Tour Nr. 60 „Rontal – Tortal". Jahrzehntelang fühlten wir uns für „so etwas" zu jung. Jetzt sind wir dankbar, dass wir dafür nicht zu alt sind.

Tour Nr. 60 in „Berg Heil": Nicht nur Hermann
Magerer wandert in Ron- und Tortal im Karwendel
auf Walter Pauses Spuren.

95 Weihnachtswünsche

In der fast mehr aus Zufall entstandenen, aber höchst erfolgreichen Zusammenarbeit mit dem Bayerischen Landwirtschafts-Verlag trüben gelegentlich Meinungsverschiedenheiten die Stimmung. Walter Pause schickt aus dem Irschenhauser Schmollwinkel heraus statt heißersehnter Manuskripte gefürchtete „böse Briefe" nach München. Das Verhältnis zum langjährigen Geschäftsführer Dr. Eggert bleibt über alle Differenzen hinweg aber immer herzlich, so dass sich alle Streitigkeiten schließlich friedvoll beilegen lassen.

am 12. Dezember 1975   An BLV Direktion Müchen

Sehr geehrter Herr Doktor Egger!

Sie waren so liebenswürdig, meiner Frau und mir – trotz eines gewagten Hürdenlaufes in unseren Beziehungen des Jahres 1975 – wieder eine spezielle Weihnachtsfreude zu machen: à la Dallmayr! Das hat uns überrascht, aber noch mehr gefreut.

Dennoch protestiere ich: denn meine Frau sagt, gescheit und ausgewogen wie sie ist, es wäre erstens ein nicht mehr passender Luxus, unseren Weihnachtstisch, so gern wir ihn voll sehen, abermals mit teuren Dallmayr'schen Pretiosen zu schmücken. Sie ist mehr für das einfache Leben, in die derlei Leckerbissen nicht mehr passen… Aber: dieselbe Frau sorgt sich seit vielen Monaten (mit mir) um eine Ausgabe, die uns um unseres Hauses willen auferlegt war. Ich habe nämlich auf Bitten meiner Frau für unser seit 14 Jahren bewohntes Haus eine neue Bodenbelagflur bei Böhmler bestellt, denn der alte Belag war schäbig und ausgetreten. Dazu haben wir aus dem gleichen Material einen teppichartigen Belag unter Andrea's Flügel gekauft, der immer ganz dünn geschebbert hat auf dem Steinboden…
Kurz und gut: meine liebe Rosmarie wagt es nicht auszusprechen, aber ich tue es – wenn Sie uns anstelle der Dallmayr-Pastetchen und leckeren Dinge einen kleinen Scheck über die von Ihnen anerbotene Summe senden – dann wäre das eine Sache, die uns, und ganz besonders meine Frau, glücklich macht. Bitte, lieber Herr Doktor Egger, senden Sie – falls Sie mit diesem Vorschlag einverstanden sind – dieses kostbare Scheckchen in einem Sonderkuvert an die Dame meines Hauses: Rosmarie, geborene Medicus, Beruf (seitdem die Kinder groß sind) Bergsteigerin und Beraterin des Bergbuch-Autors W. Pause!
Darf ich noch anfügen: ich habe zu Ihnen nur Ja gesagt zu Ihrem liebenswürdigen Vorschlag, weil ich unsere Einigung, mit oder ohne Vertrag, vor Augen habe. Sie wissen, wie wenig ich von Verträgen verstehe, und wie sehr mir die

210

Zusammenarbeit am Herzen liegt. Ich bin ein Mann von Herz und schreibe als solcher. Vertragssätze sind mir ein Greuel. Da ich zur Zeit vor 7 (in Worten SIEBEN) BLV-Büchern sitze, die ganz neu gemacht, oder weitgehend, oder auch weniger weitgehend zu überarbeiten sind, so verstehe ich mich zum BLV eben doch wie zu einer Schicksalsmacht ... Wenn alles gut wird und Ihr Achterrat es regelmäßig erachtet, mich über seine Berg-Ski-Wanderprogramme in netter Form zu unterrichten (statt 6 Jahre lang ohne mich zu entscheiden und den Sachverstand des besten europäischen Bergbuchmachers (siehe Zeitung) recht eigensinnig zu verachten), dann müßte die echte (so unglaublich erfolgreiche!) Zusammenarbeit doch wie von selbst gehen. ICH habe nicht die Nerven, eine absolute Feindeinstellung des Verlagspersonals zum Erfolgsautor desselben Verlages auch nur noch Wochen hinzunehmen. – Herr Ablassmayer hat seine Kapriolen beendet und auf meine dringliche Mahnung mit den Buchgemeinschaften das Gespräch aufgenommen, das er zuerst verweigert hat. Damit ist auch diese Szene vorbei, ich habe mich bei ihm bedankt und er wird wohl wieder zum alten besseren Klima kommen.

So gesehen, lieber Herr Doktor Egger, sehe ich mich doch in der Lage, Ihre freundliche Weihnachtsgabe entgegenzunehmen, Ihnen mit meiner Frau herzlich zu danken und Ihnen zu versprechen, dass ich a. Ihrer Riesen-Pause-Produktion zuliebe, b. dem geplanten Ausbau der Pause-Reihen abschließe, und c. unser aller innerer Ruhe zuliebe abschließe mit allem Hader.

Ihr dankbarer und ergeben grüßender
Autor
Walter Pause

am 12.Dezember 1975   An BLV Direktion München

Sehr geehrter Herr Doktor Egger!

Sie waren so liebenswürdig, meiner Frau und mir - trotz eines gewagten Hürdenlaufes in unseren Beziehungen des Jahres 1975 - wieder eine spezielle Weihnachtsfreude zu machen: à la Dallmayr! Das hat uns überrascht, aber noch mehr gefreut.

Dennoch protestiere ich: denn meine Frau sagt, gescheit und ausgewogen wie sie ist, es wäre erstens ein nicht mehr passender Luxus, unseren Weihnachtstisch, so gern wir ihn voll sehen, abermals mit teuren Dallmay'schen Pretiosen zu schmücken. Sie ist mehr für das einfache Leben, in die derlei Leckerbissen nicht mehr passen....Aber: dieselbe Frau sorgt sich seit vielen Monaten(mit mir) um eine Ausgabe, die uns um unseres Hauses willen auferlegt war. Ich habe nämlich auf Bitten meiner Frau für unser seit 14 Jahren bewohntes Haus eine neue Bodenbelagflur bei Böhmler bestellt, denn der alte Belag war schäbig und ausgetreten. Dazu haben wir aus dem gleichen Material einen teppichartigen Belag unter Andrea's Flügel gekauft,

96 Tradition und Moderne, Tiefschnee und Piste

In den 50er und 60er Jahren nimmt der Skisport eine atemberaubende Entwicklung: touristische Interessen verwandeln das winterliche Vergnügen einer Randgruppe in einen schicken Sport für die Massen. Dank neuer Bahnen und Lifte lockt das von Aufstiegsplagen ungetrübte Abfahrtsvergnügen. Walter Pause, der das Skilaufen (!) 30 Jahre vorher, also in der Epoche des „weißen Rauschs" erlebt und erlernt hatte, erkennt aber auch manche Schattenseiten der Entwicklung.

Was wird aus unseren Pisten?

Wer letztes Weihnachten im Tal von Partenkirchen Ski laufen wollte, wurde grausam enttäuscht. Es war nicht viel, doch genügend Schnee vorhanden, dazu schneite es jeden dritten Tag einige zehn Zentimeter hinzu. Nichtsdestoweniger fuhr man auf Eis und Zement. Ich habe mich mit Frau und Kindern acht Tage lang im Werdenfelser Tal herumgetrieben, an die Pisten gefesselt durch das Hinführen und Abholen der in Skikursen lernenden kleineren Kinder, und war entsetzt. Niemand kann den deutschen Skiorten Vorwürfe machen, dass sie nur 700 und 800 m hoch liegen. Aber solange man einen Skilift nach dem anderen erbaut, solange man das große Geschäft macht mit den in Massen ankommenden Skiläufern, solange muß man das Nötigste tun, um die zwangsläufig entstehenden Pisten in Ordnung zu halten. Natürlich kamen alle Könner über die Strecke, aber wie! In welchem Stil! Schlimm war es für Halbkönner, die wurden zur Verzweiflung getrieben, manche schnallten ab, vielen verging die Lust ganz und gar. Auch wenn es an Schnee mangelt, kann man etwas für die Pisten tun: man kann erstens die Pisten treten oder mit Pistenrollen abfahren, man kann zweitens Varianten mit eintreten und markieren, man kann drittens bestimmte Pistenpartien sperren und für Umleitungen sorgen.

Es gibt freilich wenig Personal, aber weitaus mehr fehlt es am Willen der maßgeblichen Leute, und am meisten bei den Liftbesitzern. Die schwimmen in der Konjunkturwelle und glauben, kaltschnäuzig sein zu dürfen. Ich kenne eine Menge Pisten, die als Zementpisten bereits verschrieen sind. Diese weiterhin bewußt in Verruf zu bringen, ist die einzige Selbsthilfemöglichkeit beispielsweise der Münchner Skiläufer. Zu dieser Selbsthilfe müssen Münchens 100 000 Skiläufer greifen, solange Lift- und Bahnbesitzer plus Fremdenverkehrsdirektoren nur die Vorteile der Skischwemme genießen, ohne den Nachteilen zu begegnen. In der Schweiz wäre dieser ‚Selbstschutz' nicht nötig!

Ski- und Bergkalender, Februar 1962

212

Die Ärzte warnen!

In Garmisch tagten kürzlich die alpenländischen Skidoktoren. Da vernahm
ich unter anderem: Das rasche Hochschleppen am Lift ist für den ewegungs-
armen und meist noch völlig untrainierten Wochenend-Skifahrer eine große
Gefahr. Schnelle Höhenveränderung bringt, auch beim Gesunden, unweigerlich Rhythmus- und Leistungsveränderungen, nicht nur der Herztätigkeit,
sondern im ganzen Zusammenspiel der Körperfunktionen. Die „Explosiv-
leistung" die dem Körper unmittelbar nach dem Hochschleppen bei der
Abfahrt zugemutet wird, kann nur für den Trainierten ohne Schaden bleiben.
Die neuen Skidoktoren erklärten schließlich haargenau dasselbe, was die
alten Skipioniere schon immer gepredigt haben: Systematischer Tourenski-
lauf abseits der Piste ist gesund, kräftigt Organismus und Seele, wogegen
der exaltierte ‚Rausch' des Abfahrens-Auffahrens-Abfahrens in vielfachem
Wechsel oft an einem Tag für den nicht in guter Kondition befindlichen
Skiläufer glatter Blödsinn ist.

An anderer Stelle war von dem drangvoll überfüllten alpinen „Skiparkett"
die Rede. Massenbetrieb, Rücksichtslosigkeit und Überschätzung des eigenen
Könnens auf den Pisten werden es nötig machen, dass alle Alpenländer sich
zu Richtlinien für eine „Verkehrsregelung" auf den großen Skiabfahrten
entschließen. Ein Innsbrucker Arzt rechnete seinen Kollegen die stetig
anwachsenden Quoten der Unfallziffern vor, die zunehmenden Fälle von
Doppelbrüchen der in die Stiefel zementierten Unterschenkel oder von
Abrissen der Achillessehne bei plötzlicher Hemmung in hohem Tempo.
Unser Resümee: Die Sicherheitsbindung ist eine fabelhafte Sache aber sie
müßte mit einem Sicherheitsgewissen geliefert werden."

Ski- und Bergkalender, März 1962

**Skiballett von Tina, Andrea und Micki Pause im Firn
von Flaine in den Französischen Alpen.**

97 Jubelfest auf der Schmotzenwiese

Beim Fest zum 70. Geburtstag ist die Zahl der Gäste fast „unüberschaubar". Niemand will fehlen, und der Freundeskreis der „Kinder" senkt den Altersdurchschnitt. Die Stimmung ist festlich-heiter – und Walter Pause genießt den Tag aus vollem Herzen. Dieselben Freunde, die ihn beim 50. Geburtstag, als sich der große berufliche Erfolg noch nicht absehen ließ, mit launigen Versen beglückten, singen auch diesmal das hohe Lied auf den Jubilar.

Geburtstagsfest auf der Schmotzenwiese

Heil Dir, Siebzig Jahre Alter ...
Zu allererst die frohe Kunde:
Dein Name kam in aller Munde,
umstrahlt von hellem Glorienglanz
sind Dichterstirn und Lorbeerkranz.
Du bist schon ganz schön „in" geworden
trägst Bayerns Ritterkreuz als Orden,
Millionen gaben Dir die Ehre
weil Deine Sprache, Deine hehre
sie innigst rundherum beglücke
und ihnen Herz und Sinn erquickte.
JA, DAS PAUSE-BUCH IM ARME / WÄRMT UNS HERZEN UND GEDARME
Vieltausend, die fast nur gesessen
die ihre Wanderlust vergessen –
sie kletterten extrem und stiegen
an Wänden hoch wie Stubenfliegen,
bergauf, bergab sah man sie gehen
bisweilen blieben sie auch stehn
- im Pausebuche eifrig suchend
erlöst aufatmend oder fluchend –
weil sie das Ziel, das du geschildert,
verlockend, meist luftlichtbebildert,
erreichten – oder nicht gefunden,
nachdem sie sich 6 Stund geschunden,
sich talergroße Blasen liefen –
und vor verschloßnen Hütten schliefen ...
Was soll's – die Seele jauchzt und singet,
wenn Schweiß aus allen Poren dringet,
in Strömen rinnend, fließend weil er,
wenn wir bergan gehen steil und steiler,
den Knieschwamm heilt, der so massiv war,
Verdauung fördert, die passiv war,
den inn'ren Schweinehund bemogelt,

214

1977 | Elvis Presley stirbt (16. August) – Der "Deutsche Herbst": GSG 9 stürmt entführten Lufthansa-Jet in Mogadischu, RAF-Geisel Hanns-Martin Schleyer wird ermordet, die inhaftierten RAF-Terroristen Baader, Raspe und Ensslin begehen Selbstmord (18. Oktober)

Der strahlende Jubilar nimmt die Glückwünsche der Laudatoren entgegen.

Ausgelassen und heiter – die Jugend feiert mit.

auf dass es wieder gärt und rogelt.
Kurzum, wie arm wär' dieses Leben
hätt'es den Pause nicht gegeben.

ALPINISTEN, DUFTE G'WACHSEN / SCHROFENTROTTEL – KLETTERMAXEN

Wer aber glaubt, er wollt sich sonnen
im Glanz des Ruhm's, er schwämm in Wonnen –
der irrt: er gab noch keine Ruh,
es kam der Pauseplan dazu,
der Umweltschutz, das Isartal
nebst der Kalendermacherqual,
er schrieb mit Gift vieltausend Bogen
und kämpfte, dass die Fetzen flogen,
ja Bürgermeister und Minister,
sie zeterten verstört: da ist er –
der Ickinger Gemeinderat,
der uns so grob am Wickel hat.

DÖS IS GUAT; DÖS IS GUAT, / ER SCHREIBT ALLES IN DER WUAT!

Hat er sich da nicht übernommen,
ist ihm das alles wohlbekommen?
Sein Äuss'res hat's gut überstanden
seitdem die Bogners ihn gewanden,
er trägt die Hosen sichtlich enger
dafür die Haare etwas länger,
kurzum – ein schicker evergreen.
Jedoch sein Nervenschockkostüm
Ist, weil man ihn so drängt und hatzt,
wohl hint' und vurnen aufgeplatzt.
Freilich: Vieles klärt und gibt sich,
wird der Mensch erst einmal siebzich.
Es mehren sich die grauen Zellen,
es ebben ab der Liebe Wellen,
und nach langem Sturmgetose
wird endlich Ruh' auch in der Hose.

ABER LEIDER, ABER LEIDER / RUMORT'S OFT NOCH IM STILLEN WEITER!

Ganz sorglos aber nur genießt, wer unkündbar besoldet ist,
und meist mit fünfundsechzig schon
kommt in den Nießnutz der Pension.
Wie aber steht's bei unserem Dichter??
Kann nun auch er der Ruhe pflegen?
Genießt auch er des Alters Segen?
Sitzt er als mächt'ger Bergbuchriese
behaglich auf der Schmotzenwiese?
Und blinzelt ins Gebirg hinüber?
Oh, leider weit gefehlt, mein Lieber.
Der Körper freilich ruht sich aus –
doch schon steht Ärger ihm ins Haus.

216

DENN MIT ROSEN VOLLER DORNEN / NAHEN SICH DIE SCHICKSALSNORNEN

Zeilenschinder, Epigonen
wissen: abschreib'n tut sich lohnen
Und tun ohn' sich zu genieren,
die Pausebücher umfrisieren:
andre Bilder, andre Titel –
der Zweck, er heiligt hier die Mittel,
die Feder flutscht hier wie im Traum
der gute Leser merkt es kaum, –
nur Pause selbst, der liest genauer
und ist dann wochenlang stocksauer,
weil man ihn melkt ohn Rast und Ruh
als hochergieb'ge Leistungskuh.
Scheußlich wie die Kerls sich wutzeln
Und an Pause's Zitzen zuzeln.

DA KANNST WOANA ODER LACHA / ODER A PROZESSERL MACHA

Zuviel – von Furien gehetzt
verläßt er diese Szene jetzt.
Allein, alleine will er bleiben
um endlich den Roman zu schreiben
welcher schon so lang er lebt
seiner Seele vorgeschwebt.
Wohl gereicht ihm dies zur Ehr'
doch wehe – was kömmt da daher?
Versteht, dass ich's ganz leise sage: ein Herr vom BLV-Verlage
... Leider, leider, ja so schien es,
weil er schon wieder was Alpines
das zu des Dichters Ärgernuß –
schon diesen Herbst erscheinen muß ...
und anstatt Roman zu schreiben
muß er's wieder fröhlich treiben,
um zwischen Blitz und Donnerwettern
die hundert letzten abzuklettern.
Was ihn dabei als Trotz ergötzte:
Er weiß – dies Bergbuch ist das letzte!!!

HALLELUJA, HALLELUJA / I GLAUB' ENDLICH AUFHÖRN WUI A

Gottlob – das Werk ist abgeschlossen
Einhunderteinmal wird geschossen
er legt die Feder weg – indessen
mein Gott – wie konnt er das vergessen –
sein letztes Buch, sein letzter Wille:
„Die hundert Wege in die Stille" – ? ...
Du hast's – zum Glücke – nicht geschrieben
drum ist's auch dorten still geblieben ...
DAHIN wirst du einst lächelnd wandern –
die Pausewege? – geh'n die andern.

HEIL DIR, SIEBZIG JAHRE ALTER
BERG– UND WANDERBUCHGESTALTER
SAG' DOCH DEN VERLEGER–GECKEN
SIE KÖNNEN DICH – MIT EINEM STECKEN ...
... IN DAS GAMSGEBIRG BEGLEITEN!

Würdevolle Entgegennahme der Lobrede seines alten Freundes und Seilpartners Rolf Würdig.

Rosemarie – still an Walters Seite.

Die Freunde Hans Osel und Friedl List dem pünktlichen „Siebziger" am 23. Juli 1977

98 Ich wünsche Ihnen alles Gute!

Der Bergbuchautor kommuniziert mit seinen Lesern. In seinem Bergkalender für
das Jahr 1978 recycelt er nicht nur Texte, die echte Pause-Fans bereits kennen (und lieben),
er gibt sich mit Glossen und Kommentaren auch als munterer Zeitgenosse zu erkennen.
Wobei Munterkeit nicht zuletzt als (Selbst-)Ironie verstanden werden darf.

"
Der bequeme Fernsehsessel zwischen lieber Frau
links und bösem Cognac rechts ist die Guillotine
aller dummen Männer!
"

Oh, dieser Pause ...

Eine kleine Münchner Familie – Vater, Mutter und zwei Kinder – sucht sich
aus dem Band II von Pause's Reihe „WER VIEL GEHT, FÄHRT GUT"
eine gut 5-stündige Wanderung im welligen Alpenvorland aus und hält auch
tapfer durch – hochbefriedigt vom starken Sauerstoffstrom aus den dichten
Fichtenwäldern um Dietramszell herum. Und doch „sauer", sehr sauer auf
den „Pause", weil sie sich dreimal verlaufen haben. Verlaufen im Wald, weil
der Pausetext in den grünen Wanderbüchern halt nicht jede Wanderung
querfeldein, oft weglos, auf seinen 42 Zeilen Schritt für Schritt beschreiben
kann … Deshalb heißt es ja auch im Vorwort, daß jeder Wanderer fähig sein
müsse, auch „der Nase nach" zu laufen und seinen Weg zu finden …
Kurz und gut, die nette Familie hatte sich mehrfach verlaufen, vielleicht die
Augen zu viel am Boden (wegen der Schwammerl), vielleicht zu viel an den
tiefblauen Kulissen der nahen Vorberge um die „Benewand" herum, vielleicht
ganz simpel hochgestimmt geträumt – jedenfalls wurden sie plötzlich sehr
sauer auf „den Pause" weil sie im letzten Teil der Wanderung zweimal im
Kreis gegangen waren … „Sind wir denn so blöd?" – „Oder hat der Pause
da einen Schmarren geschrieben?"

Sie fanden natürlich heim, zurück zum Autoparkplatz, aber weil sie doch
große Um- und Irrwege hinter sich hatten, wollten sie von Pause's Lock-
melodie – „Wer viel geht, fährt gut" – nichts mehr wissen, gar nichts mehr
wissen … Sie fuhren also in keiner guten Stimmung heim, kamen in ihre
Wohnung, stellten die Rucksackerl in die Ecke und drehten den Fernseher auf …

Aber was kam da, grell und groß in Riesenbuchstaben?
Es kam das im Fernsehen so beliebte Wort –
PAUSE

Dees a no! Schrie wütend der Hausvater und drehte den Kasten zu.

Wahre Begebenheit, 2. Hälfte 20. Jahrhundert
Bergkalender 1978 218

Der Kalendermacher wünscht für 1978

jedem Leser die Rate Gesundheit, die er durch sein
Verhältnis zu Mutter Natur verdient –

allen Leserinnen die diktatorische Kraft, ihren Schicksalsmann
regelmäßig dem Gesundbrunnen alpiner Wanderschaft auszusetzen –

allen Dorffürsten und Bürgermeistern der Alpen,
daß sie dem Teufel der Zersiedlung widerstehen –

seinen Bildfotografen, daß sie den Maßstab für das
„Bildhafte" im Foto immer höher schrauben –

seinen eigenen Kindern, daß sie bayerische Vorberge
für ebenso hoch halten wie Matterhorn und Matchapuchare –

seinen eigenen Nerven, daß sie aus einer Epoche flatternder Hetze
die freundliche Würde von Reife und Besinnung erben –

dem bayerischen Umweltminister, daß er auf seinem steilen Sprossenweg
nach oben nicht die Naturschützer vergißt, die ihn auf
die erste Sprosse gehievt haben!

99 Das letzte alpine Pause-Buch

Vom „Schweren" über den „Extremen" zum „Leichten": Für Walter Pause war dies kein Lebensmotto, doch seine Kletterbücher erschienen in genau dieser Reihenfolge. Das von den Wiener Mitarbeitern Hubert Peterka und Willi End vorbereitete Buch kann Walter Pause aus gesundheitlichen Gründen nur noch mit Hilfe des Sohnes Micki fertigstellen. Es präsentiert die hundert schönsten Sanduhren, Bierhenkelgriffe und Quergänge zwischen Grenoble und Wien. Die Besteigung der Benediktenwand bereitet dem Autor besonderen Spaß.

Tour 39 Benediktenwand

Zwei „Münchner" Berge kennt fast jeder Einheimische und jeder „Zuagroaste": einmal den Nockherberg, dessen Besteigung zur Starkbierzeit keiner großen Leistung bedarf, was man vom Abstieg nicht immer behaupten kann; und dann die „Benewand", wie die Benediktenwand liebevoll abgekürzt wird. Wer an einem Föhntag vom Münchner Fernsehturm nach Süden auf die Alpenkette blickt, der erkennt trotz Zillertaler Alpen, Stubaier Alpen und Wettersteinmassiv doch schnell die Benediktenwand, jenen langgestreckten, dunklen Bergzug zwischen den Einschnitten des Isartales und des Kesselberges überm Kochelsee. Die „Benewand" ist von der Form und auch von ihrer Höhe her kein aufregender Berg: Nicht einmal 2000 Meter erreicht der Gipfel! Dennoch hat sie Vorzüge, die an manchen Tagen zu einem regelrechten Massenansturm auf den Gipfel führen: Sie ist schnell zu erreichen (Autobahn), bietet vom Brauneck her eine gemütliche Höhenwanderung mit Seilbahnunterstützung und Ganghofer'schen Ausblicken auf Jachenau und Isarwinkel – und ihre Nordwand ist heute mit einem spinnwebendichten Anstiegsnetz überzogen, das alle Schwierigkeitsgrade besitzt. Der geeignetste Anstieg im „leichten Fels" ist der Maximiliansweg, manchmal auch spaßhaft „Maximilianstraße" genannt. Er vollzieht sich stets auf den übereinanderliegenden Grasstufen des Wandbaues, der rechts oben eine Steilschlucht besitzt, welche die Grasbänder streng abgrenzt und den Begeher in Schach hält. Schon bald nach dem Einstieg in die Wand – genau im Gipfellot gelegen – betreten wir das untere Ende dieser Schlucht und steigen an ihrem linken Rand über Schrofen an (Steigspuren); dabei halten wir uns steil aufwärts (nicht nach links!), um in weiter Serpentine einen Felsturm zu erreichen, der in der Schlucht steht. Kurz darauf überklettern wir eine Stufe, die den oberen Wandteil durchzieht. Bei einer Höhle nach rechts, noch einmal in der Schlucht höher zum sogenannten Kamin, der allerdings nur 4 Meter hoch ist. Zwar die Schlüsselstelle, aber mehr als ein IIer ist's auch nicht, was jedoch den Spaß nicht mindert. Mit einigen Schritten über das rechte Begrenzungsgelände haben wir die Wand unter uns und marschieren links aufwärts haltend über den letzten Grasbuckel zum Gipfel mit seinem neuen Unterstandshüttchen. Man suche sich hier in aller Ruhe ein stilles Platzerl, strecke alle

220

1979 | US-Fernsehserie „Holocaust" (22. Januar) – Ajatollah Khomeini wird Führer der islamischen Revolution im Iran (1. Februar) – „Maggie" Thatcher wird Regierungschefin in England (3. Mai) – Saddam Hussein übernimmt Führung im Irak (16. Juli) – NATO-Doppelbeschluss (12. Dezember)

Viere von sich und blinzle mit einem Auge auf die Wandererkarawanen, die den Gipfel besetzt halten. Hat man dann herausgefunden, welcher Abstieg der stillste sein wird, dann laufe man sich dort ein bisserl aus. – Noch ein Hinweis: Ungeübte und Kinder gehören unbedingt ans Seil, und bei Nässe lasse man die Tour unter allen Umständen bleiben. – Den Namen dieses ältesten Nordwandanstieges an der Benediktenwand finden wir übrigens an der Ellmauer Halt im Wilden Kaiser wieder. Auch dort wurden die großen Anstiegsbänder früher „Maximilianstraße" genannt.

Im leichten Fels, 1979

Die Skizze lässt die schrofige Flanke der Benediktenwand und den steilen Anstieg erahnen. Trotzdem ist es die leichteste der NW-Führen.

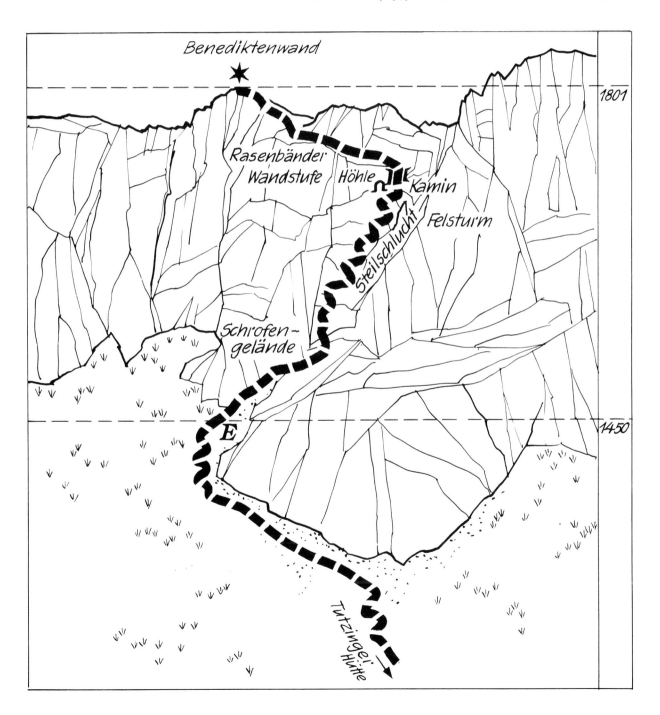

100 ... und dem schönsten Orden der Welt

Am 30. Mai 1973 erhält Walter Pause aus den Händen des bayerischen Ministerpräsidenten
Alfons Goppel im Antiquarium der Münchner Residenz den Bayerischen Verdienstorden.
Diese Auszeichnung verleiht der Freistaat Bayern als „Zeichen ehrender und dankbarer
Anerkennung für hervorragende Verdienste um den Freistaat Bayern und das bayerische
Volk". Erläuternde Begründungen sind zu jener Zeit nicht mehr üblich.
Seine Freunde freuen sich mit ihm. Walter Pause nimmt den Orden mit Stolz entgegen –
und mit glücklichen Augen.

Auf einem Foto des Festakts vermerkt er: „Walter Pause aus Klein-Krattling empfängt
am 30. Mai 1973 – völlig unverhofft – in der Münchner Residenz den Bayerischen
Verdienstorden. Grad schön war's!"

Die Verleihung des Bayerischen Verdienstordens
ist immer ein höchst feierlicher Akt.
Und für Walter Pause ein Grund zum Strahlen!

Das Pause-Prinzip

Wer war Walter Pause? Was war Walter Pause? Bergsteigern und Bergwanderern verschrieb er sauber portionierte und durchnummerierte Glücksrezepte für das nächste Wochenende. Sein Erfolg hatte aber nicht nur Methode, sondern ein klares Prinzip: Schreibe so gut, dass keiner schimpft, wenn das Wetter schlecht ist.

Die 1930er-Jahre war die große Zeit der Bergvagabunden. Sie erhoben Bergsteigen zur Lebensform.

Das Pause-Prinzip

Was aber, wenn es regnet? Als Schönwetterziel braucht man die Berge ja nicht erst anzupreisen; mit gutem Grund präsentieren alpine Fremdenverkehrsämter und Buchverlage ihr wahres Kapital stets vor makellosem Himmelsblau, in dem allenfalls aus Dekorationsgründen ein paar Wattewölkchen treiben. Unterschlagen wird dabei, was sich aus so einer Wolke entwickeln kann: Von einer Minute auf die andere weicht das seelenbeglückende Bergidyll einem kalten Grau – wenn nicht Ärgerem. Was echtes Sauwetter ist, wie rasch durchweichte Kleider und jäh fallenden Temperaturen aus einem sonst durchaus lebenstauglichen und lebenslustigen Menschen ein Bündel Elend machen und welche Höllenängste einem ein nahes Gewitter einzujagen versteht: Nirgends lässt sich das so heftig erfahren wie in den Bergen.

Was Bergsteigen unter solchen Umständen bedeutet: Welcher Fremdenverkehrsdirektor oder Tourentipp-Verfasser oder sonstige Alpenschönredner sagt uns denn das? Wer beschreibt, wie sich dann nette Waldsteige in ekelhafte Schlammbäche und liebliche Almwiesen in heimtückische Rutschbahnen verwandeln, wer verliert nur ein Wort über die auch für Bergkameraden fatale Auswirkung von meteorologischen auf gruppendynamische Tiefs?

Wie das aussehen könnte? Vielleicht so: „Da stand im Westen eine ganz unleugbar finstere Riesenmauer von Wolken. Wie das fertige Todesurteil dieses Sonntags blähte sie sich in finsterer Schwärze auf ... Alles ertrank um uns, aus Wind wurde Sturm und aus Regen Hagel. Da kam der Gipfelgrat. Wir sahen ihn nicht, spürten nur, daß wir aus dem Windschatten der letzten, steilen Rinne plötzlich gegen den Sturm prallten, der uns umzuwerfen drohte. Es wehte nassen Schnee waagrecht gegen uns, das Wetter tobte und lärmte... Eine Gegensteigung erschöpfte die frierende Freundin so sehr, daß sie den folgenden Abstieg nicht mehr als Erleichterung empfand. Jedes Trostwort prallte an einer vor Enttäuschung erstarrten Miene ab.“ Die Anführungszeichen verraten es: Einer immerhin hat sie doch einmal aufgeschrieben, die andere Wahrheit über das Bergsteigen. Nur, richtig

224

Walter Pause und Andrea bei einer Rast auf der klassischen
Wanderung vom Herzogstand zum Heimgarten.

Elegant, lässig und auftrebend – aber wohin?

Lust auf die Berge macht einem das nicht, oder? Denkste. Akkurat jenen Sauwetter-Text hat der Autor Walter Pause an den Anfang eines Buchs mit dem geradezu provokant schlichten Titel „Schöne Bergwelt" gestellt. Und prompt ereilte das Buch jenes Schicksal, das es mit ungefähr zwei Dutzend davor und danach geschriebenen Pause-Büchern teilen sollte: Es wurde zum Bestseller.

Vor dem Zweiten Weltkrieg war Bergsteigen vor allem etwas für Extreme, Engländer und andere Exoten; das breitere Publikum, das sich seit den zwanziger Jahren in manchen alpinen Sommerfrischen und „Alpenkurorten" einfand, verließ nur zögernd die gebahnten Tal-Promenaden. Erst mit dem anbrechenden Wirtschaftswunder begann die Zeit des alpinen Massentourismus – und es begann die große Zeit des Walter Pause.

Dabei hat Pause jenen Massentourismus keineswegs propagiert. Im Gegenteil, er hat nimmermüde gegen ihn angeschrieben – und hat ihn doch, darin liegen seine Tragik und sein Erfolgsgeheimnis, eben dadurch wie kein Zweiter gefördert. Spätestens seit den späten 50er Jahren kam, wer immer im Alpenraum unterwegs war, an Walter Pause und seinen jeweils zu Hunderter-Packs gebündelten Tourenbeschreibungen nicht mehr vorbei. 1958 erschien die erste Lieferung, unter dem damals offenbar noch für unverfänglich gehaltenen Titel „Berg Heil".

„100 schöne Bergwanderungen" versprach der Untertitel, woraus in späteren Auflagen (auf 27 brachte es allein dieser Band) dann „Die 100 schönsten Bergwanderungen" wurden – nicht wirklich gegen den Willen des Autors, wohl aber entgegen dessen Neigung zu jener Art von Understatement, der sich nur der wirklich Selbstbewusste leisten kann: „Feststellen, welches die ‚schönsten' Bergwanderungen in den Alpen sind, wäre ja keineswegs Sache des Verstandes. Eben dies aber macht es mir leichter, meine Auswahl zu rechtfertigen. Ich denke und wähle mit dem Herzen. In Herzensdingen gibt es keine Rivalitäten, und wer liebt, hat immer recht."
Für den Verkaufserfolg waren freilich solche Grundsatzerwägungen weniger wichtig als die sinnenbetörenden und zugleich höchst handfesten Versprechungen, die der Autor seinem Publikum machte: „Die hundert Touren diese Buches führen in alle Regionen des Bergglückes, durch alle Schauer, zu allen Wonnen. Sie sind dennoch alle leicht, niemand muß klettern. Und jeder kann diese hundert Bergtouren durchführen, der an Leib und Seele gesund ist."

Man sage nicht: Derart den Mund vollnehmen – das kann doch jeder. Tausende, Zehntausende Versuche, unternommen in hölzern superlativistischen Fremdenverkehrsbroschüren, in stimmungsschwangeren Fernsehfeatures, in Bergsteiger-Autobiographien und, vor allem, in der enorm angeschwollenen alpinen Ratgeber-Literatur, beweisen das Gegenteil: Es ist nahezu unmöglich, das Hohe Lied der Berge und des Bergsteigens anzustimmen, ohne ein unbefangenes Publikum damit entweder zum Gähnen oder zum Kichern zu bringen.

Um herauszufinden, wieso gerade Pause fertigbrachte, woran so viele andere scheitern, sollte man der scheinbar naiven (in Wahrheit aber nur sehr gut gespielten) Selbstdarstellung, ja Selbstentblößung des Autors als hemmungslos romantische Seele allerdings nicht auf den Leim gehen. So leicht Liebe und Leidenschaft einem den Mund übergehen lassen: Was dabei herauskommt, ist mit Liebe und Leidenschaft allein ganz gewiss nicht in Form zu bringen. Um also Walter Pause tatsächlich die Ehre zu erweisen, die ihm gebührt, müssen wir nun kurz die Berge Berge sein lassen und uns statt dessen dem Fachgebiet „Sprache und Literatur" zuwenden. Nach den dort geltenden Regeln, und nur nach ihnen, entscheidet sich nämlich, ob einer schreiben kann und ob wir ihn lesen mögen.

Wobei es hier nicht um Kunst geht, sondern ausschließlich ums Handwerk. Überhaupt ist Literatur als Kunst ja eher etwas für anämische Schöngeister. Die Bücher, die wir wirklich lesen und wirklich lieben, lesen und lieben wir, weil ihre Autoren das Handwerk des Schreibens beherrschen, von Manzoni bis Thomas Mann, von Dickens bis Doderer, von Adalbert Stifter bis Dorothy Sayers.

In diese Reihen gehört und in die stellen wir nun ohne Umschweife den Schriftsteller Walter Pause. Er konnte, was einen großen Autoren ausmacht: zehntausendmal gesehenen und eben darum kaum noch wahrgenommenen Dingen jene Sprache verleihen, die sie wieder ganz nah heranrücken lässt an unsere Sinne, unsere Seelen und, nicht zuletzt, an unsere Köpfe. Eichendorff hat das Handwerksprinzip beschrieben, auf das es ankommt in der Literatur, und keineswegs nur in der romantischen: „Schläft ein Lied in allen Dingen, die das träumen fort und fort, und die Welt hebt an zu singen, triffst du nur das Zauberwort."

Immer ein guter Platz für Gespräche: Am drei Meter langen Esstisch in Irschenhausen.

Von wegen also einfach den Mund vollnehmen – Walter Pause hat sein Publikum tatsächlich mit gut getroffenen Zauberworten in den Bann geschlagen. Dass ihm dies angesichts eines ohnehin schon unter Verzauberungsverdacht stehenden Gegenstands wie der „schönen Bergwelt" gelang, schmälert seine literarischen Verdienste keineswegs, es steigert sie sogar. Nichts ist ja schwerer auf seinen sprachlichen Begriff zu bringen als das uns schon außersprachlich, durch sein bloßes So-Sein Anrührende und Aufrührende: der Sonnenuntergang, das Meer – oder eben das Gipfelglück.
Womit wir endlich zurück sind in den Bergen. Und weil alles bisher Gesagte nach Originalbelegen geradezu schreit, nun eine kleine Demonstration: zweimal in Auszügen die Beschreibung des Aufstiegs auf den bayerischen Schildenstein.
Zuerst eine Standardversion (aus Heinrich Baureggers „Die schönsten Wanderungen in den bayrischen Hausbergen"): „Im Bachbett bis Talschluss. Auf zum Teil gesichertem Steig durch die Wolfsschlucht hinauf zum Blaubergstattel. Dort rechts, bis man nach etwa 20 Minuten den Gipfelaufbau erreicht. Auf gutem Pfad ansteigend zum Gipfel."

Und nun dieselbe Tour im Pause-Ton (aus dessen Dauer-Bestseller „Münchner Hausberge"): „Hier im Talschluss windet sich ein grüner schmaler Sporn steil hinauf in die Wand und trägt, nicht zu fassen, einen winzigen Weg, ein Steiglein mit viel Zickzack und Felstreppchen und Drahtseilen. Links schwarze Schlucht, rechts schwarze Schlucht, es geht in großer Spannung empor, dann wird der Sporn breiter, Ahorne beschatten uns, und Buchenstämme stehen silbergrau über winzigen Lichtungen mit Frauenschuh und Türkenbund – wie gut, daß die Tegernseer Gäste, ‚die Fremden' genannt, nicht bis hierher kommen ... Dann windet sich der schmale Steig nach links hinauf und mündet im sanften Waldpark der Scharte zwischen Schildenstein und Predigtstuhl. Nun rechts an einigen Lacken mit Molchen vorbei hinaufspaziert auf 1611 m Höhe. Es ist so schön hier, man könnte den klassischen Konflikt Bayern-Preußen im Nu aus der Welt schaffen, müßte sich gerührt in die Arme fallen – aber kein Preuß weit und breit. Ewig schad!"

Schön dieser kurze Text macht auch den anderen und entscheidenden Aspekt des Pause-Prinzips deutlich: Die (im Grund ja sehr berechtigte) Frage, ob sich so hochgemute Verheißungen überhaupt in der Realität einlösen lassen, wird hier nahezu gegenstandslos. Walter Pauses Versprechen sind derart gut formuliert, daß sie ihre Erfüllung bereits in sich tragen. Anders gesagt: Was man vorher bei Pause gelesen hat, erlebt man anschließend schon deshalb, weil man's gelesen hat. Alles Erleben ist ja, wenn's um mehr gehen soll als animalische Grunderfahrungen („heiß", „kalt", „nass", „trocken") genau genommen Nacherleben – weswegen übrigens viele große Philosophen lehrten, die Dinge an sich hätten keine für uns wahrnehmbare Existenz ohne die Namen, die wir ihnen geben.

Ob einer die Welt der Berge nur als Chaos von Stein- und Erdhaufen betrachtet, als Arena der Abenteuer oder als irdische Vorstufe des Paradieses: Das hängt in erster Linie von der Feineinstellung seiner Augen, seiner Sinne und seines Verstandes ab. Und dass wir damit – Feineinstellung der Sinne, der Augen, des Verstandes – bei einer höchst praktikablen Definition des Begriffs „Kultur" angekommen sind, ist überhaupt kein Zufall.

Walter Pause hat nach seinen ersten Tourenvorschlägen, meist in Jahresabständen, nicht nur zunehmend schwerer publiziert („Im leichten Fels", „Im schweren Fels"), sondern auch das Patentrezept Hundertpack auch in anderen Varianten erprobt: „Von Hütte zu Hütte", „Wandern bergab", „Abseits der Piste" – um nur die prominentesten Pause-Titel zu nennen. Doch nichts wäre verkehrter, als ihn deshalb für eine Art monomanischen Bergfex zu halten, etwa in der Art eines Reinhold Messners, dem Pause übrigens just den Hang zur Monomanie (vergeblich) auszureden versuchte: „Lieber Reinhold Messner, klar, knapp und mit – bitte! – größerem Gebrauch des doch ungeheuren deutschen Wortschatzes müssen Sie schreiben. Was Sie alles gemacht haben, kommt bei Ihnen in so starrer, verkrampfter und mit unglaubwürdiger Form, daß ich Sie innigst bitte: Lassen Sie das alles weg!"

So blickt ein Erfolgsautor in die Kamera.

Auch dieser Brief beweist: Der 1907 geborene Walter Pause (vor einigen Tagen
wäre er 100 geworden) war vor allem ein Mann der schönen Künste, mit
genau jenem Hang zum Hallodrihaften, der den echten Kulturmenschen vom
Bildungs-Spießer unterscheidet. Sehr viel mehr Zeit als in den Bergen verbrachte er als Heranwachsender in der Münchner Oper, durch den Zweiten
Weltkrieg mogelte er sich, glücklich in Frankreich stationiert, als schöngeistiger
Hofnarr seiner Vorgesetzten durch. Erst danach, 1948, begann Pauses wirkli-
che Autorenkarriere, wobei, bezeichnend für ihn, dem ersten Bergbuch
(„Mit glücklichen Augen") sogleich ein dokumentarischer Roman über die
blind und taub geborene Amerikanerin Helen Keller folgte.

Als der erste der 100-Touren-Bände erschien, war der ewig junge Walter
Pause schon jenseits der fünfzig. „Ich muss", auch das steht in jenem Brief
an Messner, „den Rest meines Lebens für Besseres retten als für alpine
Literatur."

Rainer Stephan, Süddeutsche Zeitung
Nr. 172, 28./29. Juli 2007

Mit Markus bei einer Fototour im Karwendel.

Nach einer Vereinsmeisterschaft des Ickinger Wintersportvereins stellte sich die Skifamilie im Jahr 1968 dem Freund und Fotografen Jürgen Winkler (v.l.n.r.): Max, Michael („Micki"), Agnes, Andrea, Martina, Rosemarie, Walter und Markus.

Profil auf Schritt und Tritt

Richtige Bergschuhe gibt es nicht viel länger als das erste Walter-Pause-Buch. Damals, 1948, trat der junge Alfons Meindl in den Schusterbetrieb seines Vaters ein. Er machte die Marke Meindl zu einem Synonym für den modernen Bergschuh.

Der Bergsteigerschuster. Alfons Meindl (1929 – 2006) war mit seinen Entwicklungen des Bergschuhs wegweisend. Genusswanderern verpasste er genauso die passenden Stiefel wie anspruchsvollen Gipfelstürmern.

Klingt komisch, ist aber so. Das sagt Peter Lustig in der beliebten Kindersendung „Löwenzahn" sehr oft, wenn er seinen kleinen Zuschauern erklärt, was kaum zu glauben ist.

Klingt komisch, ist aber so: Als Walter Pause seine ersten Touren unternahm, gab es noch gar keine Bergschuhe. Oder nichts, was man heute so nennen würde. Natürlich stiegen die Menschen damals schon zum Spaß auf die Gipfel, und natürlich trugen sie an den Füßen feste Schuhe. Doch deren Zweck war es nicht, ihren Trägern Spaß zu machen, sondern ihnen bei der Arbeit im Wald und auf den Almen oder bei der Jagd in unwegsamem Gelände sicheren Halt zu geben. Aus mehreren Lagen Leder bestanden die Sohlen, zusammengehalten von Eisenklammern und -nägeln, die für Rutschfestigkeit auf steilen Wiesen, auf Schnee und Eis sorgten.

Kaum vorstellbar, dass einige der größten Leistungen der Alpingeschichte mit solchem „Genagelten" vollbracht worden sind ...

1935 entwickelte der italienische Alpinist Vitale Bramani die erste Gummi-Profilsohle. Er erkannte sogleich ihre Überlegenheit gegenüber der genagelten Ledersohle, vor allem auf Fels, und ließ sich seine Erfindung als „Vibram"-Sohle patentieren.

1948 trat im oberbayerischen Kirchanschöring nahe Laufen an der Salzach ein anderer Pionier auf den Plan trat. Als Walter Pauses erstes Buch „Mit glücklichen Augen" erschien, stieg der 19-jährige Alfons Meindl in den traditionsreichen Schusterbetrieb seines Vaters Lukas ein. Alfons repräsentierte die zehnte Schuhmacher-Generation der Meindls. Er war voller Leidenschaft für das Gebirge, für Fels und Eis. Und er wollte endlich anständige Bergschuhe haben! Weil es die noch nicht gab, musste er sie selber machen.

Zehn Bedienstete arbeiteten damals in der Meindlschen Werkstatt, in Kirchanschöring gab es noch keine asphaltierten Straßen, und die Schuhe, die man dort herstellte – klassische Haferlschuhe zumeist –, taugten zwar für die Arbeit in der Land- und Forstwirtschaft, nicht aber für die hohen Berge. Natürlich hatte Alfons längst von der Erfindung in Italien gehört. Mit gutem Instinkt setzte er auf die Gummisohle, deren Profilstollen die Gestalt der alten eisernen Beschläge imitierten. Der junge Alpinschuster kombinierte die neue Vulkanisierungstechnik mit der äußerst widerstandsfähigen zwie- oder gar trigenähten Machart. Der moderne Bergschuh war in Bayern angekommen.

1949 konnte man beide, den Schuh und seinen Macher, bereits auf der Messe in München sehen. Vertreter besuchten den Fachhandel. Die Nachfrage nach der Marke Meindl, die nicht nur gute Schuhe, sondern auch edle Bekleidung herstellte, war groß. Und sie wurde größer. Auf der grünen Wiese in Kirchanschöring entstanden neue, größere Produktionsstätten.

Bergsport wurde Volkssport, und der Alpinschriftsteller Walter Pause hatte erheblichen Anteil daran: Er führte seine Leser nicht nur in Eis und Urgestein, sondern auch von Hütte zu Hütte, er schickte sie in den leichten, den schweren und sogar in den extremen Fels, ins steile Eis, aber auch auf Wanderwegen durch den Bayerwald. Alfons Meindl konstruierte Schuhe für leichte und für schwere Touren. In einer „Bergsteigerfibel" erklärte er den Käufern die Leistungskategorien. Werbung mit Gebrauchswert, auch das war neu – anno 1976. Die Produktpalette reichte vom Extrembergstiefel mit herausnehmbarem Filzinnenschuh, den Hubert Hillmaier 1978 auf dem Mount Everest trug, bis zum Wanderschuh aus einem neuartigen Materialmix. Immer wenn neue Technologien auf den Markt kamen, hatte Alfons Meindl ein waches Auge darauf; die Vibram-Sohle war erst der Anfang gewesen. Die Gore-Tex-Membran verarbeitete man in Kirchanschöring als einer der ersten Schuhhersteller überhaupt. Eine ganz neue Generation von leichten Bergwanderschuhen entstand. Anstatt Schäfte wie bisher einzig aus Leder zu fertigen, setzte man auch neue, robuste Textilmaterialien ein. Denn um auf almgrünen Voralpenbergen zu wandern, braucht es keine steigeisenfesten Zwiegenähten! Auch der beste Schuhmacher macht mal Fehler. Die ersten Modelle mit der wasserdichten, dampfdurchlässigen Gore-Tex-Membran waren 1977 nicht wirklich „atmungsaktiv". Aber Alfons Meindl war fest von der Qualität des neuen Futterstoffes überzeugt, der gerade bei den gefragten Leichtmodellen mit ihrer größeren Zahl von Nähten die so wichtige Wasserfestigkeit garantieren konnte. Mit hydrophobiertem Leder, neuen Polsterschäumen und Konstruktionen sowie mehr Erfahrung in der Verarbeitung der Membran, die jetzt nicht mehr flächig, sondern nur noch punktuell verklebt wurde, war das Problem in weniger als zehn Jahren gelöst.

Anno 2000 demonstrierte die „Air Revolution"-Linie, wie viel Luft in einem Gore-Tex-Bergschuh zirkulieren konnte; 2003 steckte in manchen Meindl-Modellen das „Memory Foam System MFS Vakuum", ein Polsterschaum, der sich die Form des Fußes „merkt" und so die Passform nochmals verbessert. Das alles war nicht nur innovativ, es funktionierte auch, wie Auszeichnungen, Kauftipps und Testsiege im In- und Ausland zeigten.

Als Alfons Meindl im September 2006 starb, sahen seine Bergschuhe so aus, wie er sie immer haben wollte: raffiniert geschnitten, hoch funktionell, voller modernster Technik und doch Produkte echten Handwerks. Der Bergsteigerschuhmacher war in einem halben Jahrhundert zum Global Player geworden. Über 200 Mitarbeiter stellen heute in Kirchanschöring Meindl-Schuhe her, und mehr als die Hälfte davon wird in alle Welt ausgeliefert.

Der Bergschuh – ein Hightech-Werkstück. Man kann sich denken, wie der augenzwinkernde Traditionalist und große Selbstironiker Walter Pause den schweren, zwiegenähten „Perfekt" von 1982 gelobt hätte. Man mag spekulieren, was er zu den „Light-Walkern", „Street-Trekkern" und „Multi-Terrain-Hikern" gesagt hätte, die Meindl zehn Jahre später auf den Markt brachte. Man darf sicher sein, er hätte sie alle vergnügt getragen. „Früher hat sich der Fuß dem Schuh angepasst, heute ist es anders herum", sagt Lukas junior, zusammen mit Bruder Lars die elfte Meindl-Generation und nun in der Pflicht, den Füßen zu geben, was die zum Berggehen brauchen.

Walter Pause hätte die zeitgenössische Werbeprosa gefallen: „oben offene, herausnehmbare Pump-Polsterlasche aus 3D-Mesh mit dauerhaft dämpfendem, retikuliertem, gelochtem Schaummaterial ..." Bravo! Komfort und Bequemlichkeit, das wusste er instinktiv, stehen dem idealen Bergerlebnis nicht entgegen, im Gegenteil: Bergsteigen soll nicht hart wie Kruppstahl machen, sondern glücklich wie – Pause.

Informationen: www.meindl.de

Auf der grünen Wiese. Als Lukas Meindl 1918 in neunter Generation den Schusterbetrieb seines Vaters übernahm, setzte er eine über 240 Jahre alte Familientradition fort.

Echtes Handwerk! Alfons Meindl präsentiert 1949 auf der Messe in München die Zukunft des Bergschuhs.

Tornister, Bierzelte und Kindertragen

2007 jährt sich Walter Pauses Geburtstag zum 100. Mal. 2008 feiert die weltweit älteste Rucksackmarke Deuter ihr 110. Firmenjubiläum. Es ist also gut vorstellbar, dass der Jüngere hin und wieder einen der Älteren schulterte.

Je näher am Körper, desto besser lassen sich Rucksäcke mit breit aufliegenden Gurten tragen. Beim Modell Tauern wartete noch viel Entwicklungsarbeit auf die Rucksäcke von Deuter.

Es hätte einen gewissen Charme, heutzutage mit einem Deuter-Rucksack, Modell „Tauern", auf die Zugspitze zu wandern, an die Felsen der Fränkischen Schweiz zu gehen oder sich im Mont-Blanc-Gebiet herumzutreiben. Sicher wäre man irgendwie cool. Zumindest brächte man den Retro-Trend, der sämtliche Bereiche kulturellen Lebens seit einiger Zeit erfasst, endlich auch mal ins Gebirge. Der „Tauern" hätte es verdient. Schließlich war er einer der ersten brauchbaren Rucksäcke überhaupt – weshalb auch die Teilnehmer der spektakulären Nanga-Parbat-Expeditionen in den 1930er-Jahren nicht auf ihn verzichten wollten.

Zu jener Zeit war das Unternehmen aus Augsburg-Oberhausen bereits im besten Alter. 1898 hatte Hans Deuter seine Firma gegründet und mit einem Großauftrag sogleich für langfristige Marktdominanz gesorgt: Um die Jahrhundertwende befriedigt Deuter den Gesamtbedarf der königlich-bayrischen Post an Briefbeuteln und -säcken. Wenig später folgt auch das Militär: Deuter fertigt Tornister, Rucksäcke, Brotbeutel, Leibriemen, Lager- und Stallzelte ... bis man sich nach dem Ersten Weltkrieg wieder Erfreulicherem zuwenden kann. 1919 stehen Deuter-Zelthallen, sprich Bierzelte, zum ersten Mal auf dem Münchner Oktoberfest.

Trotz dieser lukrativen Aufträge stellt sich bald heraus, dass das Kerngeschäft des Rucksackherstellers zukünftig im Bergsportbereich liegen wird. Aus gutem Grund: Selbst Spitzenbergsteiger wie Anderl Heckmair, dem vom 22. bis 24. Juli 1938 – zusammen mit Ludwig Vörg, Fritz Kasparek und Heinrich Harrer – die Erstbesteigung der Eiger-Nordwand gelingt, vertrauen auf Deuter-Rucksäcke. Die Zusammenarbeit mit den Besten ihres Faches wird bald zur guten Tradition. Seit 1997 sind zum Beispiel alle deutschen Berg- und Skiführer mit Deuter-Rucksäcken ausgestattet. Und die erfolgreiche Höhenbergsteigerin Gerlinde Kaltenbrunner trug einen Rucksack aus Augsburg auf zehn der 14 Achttausender. Das Unternehmen bekommt durch diese Zusammenarbeit eine stets aktuelle und ungefilterte Rückmeldung über die Qualität seiner Produkte, die im Feld und im Labor ständig weiterentwickelt werden.

So ist Deuter – 1957 vom Familienunternehmen zur Aktiengesellschaft mutiert – auch der erste Rucksackhersteller, der Leinen und Leder 1968 durch Nylon ersetzt. Mitte der 1980er-Jahre bringt das Unternehmen ein Tragesystem auf den Markt, mit dem selbst Rückenkranke schwere Lasten tragen können. 1990 folgt – die Verantwortlichen registrieren aufmerksam den Mountainbike-Boom – der erste Radlrucksack. Und auch die Freerider, die auf Snowboards und Ski die steilsten Hänge hinabrasen, bedient Deuter vor allen Konkurrenten: mit einem in den Rucksack integrierten Protektor, der sogar die TÜV-Abnahme schafft. Wie übrigens auch die Kindertrage – an der hätte Walter Pause mit seinen sechs Sprösslingen sicher seine Freude gehabt.

234

Informationen: www.deuter.de

Viel hat sich verändert, seit diese drei Bergsteiger die
Ostwand des Monte Rosa bewunderten: die Gletscherpracht,
die Mode – und die Form der Rucksäcke.

Bildnachweise

Titel	Jenna Tuffs, Bad Tölz (Portrait WP); Archiv Pause; Stefan Moses, München
1	Fotos: Archiv Pause, Pasinger Archiv e.V.
2	Fotos: Pasinger Archiv e.V.
3	Archiv Pause
4	Archiv Pause
5	Archiv Pause
6	Archiv Peter Eggendorfer; Archiv Pause
7	Archiv Pause
8	Archiv Schicht/Foto Ernst Baumann
9	Archiv Pause
10	Archiv Pause
11	Archiv Pause
12	Archiv Pause
13	Archiv Pause
14	Kreidezeichnung Lieselotte Popp
15	Archiv Pause
16	Foto: Staatsoper München
17	Foto: movieman/Panitz
18	Foto: Andreas Pedrett, St. Moritz
19	ohne
20	Fotos: dpa-Bildarchiv
21	Foto: Heinz Müller-Brunke, Grassau
22	Archiv Pause
23	Fotos: dpa-Bildarchiv
24	Archiv Pause
25	Zeichnung: Claus Arnold
26	Archiv Pause
27	Archiv Pause
28	Archiv AKB
29	Foto: Stefan Moses, München
30	Skizze: Gabriele Neumann
31	Archiv Schöne
32	Foto: E. Freundorfer, München
33	Zeichnungen Peter Eggendorfer
34	Zeichnung: Renate Maier-Rothe
35	Foto: Heinz Müller-Brunke, Grassau
36	Zeichnung: Claus Arnold
37	Archiv Pause
38	Archiv movieman/Panitz
39	Foto: JB-Arts, Eschenlohe
40	Foto: Jürgen Winkler, Penzberg
41	Archiv Pause
42	Foto: A. Pedrett, St. Moritz
43	Skizze: Werner Eckhardt
44	Fotos: Sigrid Neubert; Franz Thorbecke; Pläne: Peter Eggendorfer
45	Skizze:Wolfgang Gerschel
46	Zeichnung: Claus Arnold
47	Foto: Hanns Schlüte, Freiburg/Br.; Skizze: Willi u. Hermine End, Baden bei Wien
48	Archiv Schicht/Foto Ernst Baumann
49	Skizze: Renate Maier-Rothe
50	Archiv Pause
51	Fotos: Willi End; Erich Vanis; Skizze: Renate Maier-Rothe
52	Foto: Jürgen Winkler; Skizze: Renate Maier-Rothe
53	Foto: Klaus Puntschuh
54	Foto: JB-Arts, Eschenlohe

Bibliographie im Überblick

Bücher

„Mit glücklichen Augen. Aus den Aufzeichnungen eines romantischen
Bergsteigers", Münchner Verlag (Bruckmann Verlag), München, 1948

„Die Schule der Gefahr. Im Erlebnis des Bergsteigers",
Bruckmann-Verlag, München, 1952

„Schöne Bergwelt. Berge, Täler, Seen", Bruckmann-Verlag, München, 1954

„Das Leben triumphiert. Ein biographischer Roman über Helen Keller",
Kindler, München, 1955

„Bergsteiger-Seemännchen", Südwest-Verlag, München, 1956

„Berg Heil. 100 schöne Bergtouren in den Alpen",
BLV (Bayerischer Landwirtschaftsverlag), München, 1958

„Heim nach Maß" (mit Peter Eggendorfer), Wittek-Verlag, München, 1958

„Ski Heil. 100 schöne Skiabfahrten in den Alpen", BLV, München 1958

„Mit Gasolin durch Deutschland", Deutsche Gasolin-Nitag AG, 1958

„Skispuren – Glücksspuren. Eine heitere Skischule", BLV, München, 1959

„Segen der Berge", Stähle&Friedel-Verlag, Stuttgart, 1959

„Im schweren Fels. 100 Genusskletterei en in den Alpen", BLV, München, 1960

„Wandern bergab. 100 Bergwanderungen abwärts", BLV, München, 1960

„Abseits der Piste. 100 stille Skitouren in den Alpen", BLV, München, 1961

„Von Hütte zu Hütte. 100 alpine Höhenwege und Übergänge",
BLV, München, 1962

„Kolumbus auf Rädern. Mit dem Auto auf Entdeckungsreisen",
Stähle&Friedel, Stuttgart, 1963 (stark erweiterte und veränderte
Neuauflage von „Mit Gasolin durch Deutschland"

„Im steilen Eis" (mit Erich Vanis), BLV, München, 1964

„Klassische Alpengipfel. In Eis und Urgestein", BLV, 1964

„Der Tod als Seilgefährte. Eine Schule der alpinen Gefahren",
Bruckmann, München, 1964

„Münchner Hausberge", BLV, München, 1965

„Wer viel geht, fährt gut, Band I: Zwischen München und Salzburg"
(mit Klaus Kratzsch), Schnell&Steiner, München, 1966

„Die Alpen mit Adleraugen" (mit Franz Thorbecke), Heering-Verlag,
Seebruck, 1966

„Im Kalkfels der Alpen. 100 klassische Gipfeltouren in den Kalkalpen",
BLV, München, 1966

„Wer viel geht, fährt gut, Band II: Zwischen München und Innsbruck"
(mit Klaus Kratzsch), Schnell & Steiner, München, 1968

„Die großen Skistationen der Alpen. Schweiz", BLV, München, 1968

„Die großen Skistationen der Alpen. Österreich/Bayern", BLV, München, 1968

„Wer viel geht, fährt gut, Band III: Zwischen München und Donau"
(mit Klaus Kratzsch), Schnell&Steiner, München, 1968

„Zürcher Hausberge. Die schönsten Bergwanderungen zwischen
Bodensee und Gotthard" (mit Hanns Schlüter), Hallwag-Verlag, Bern, 1968

„Spaziergänge im Schnee. Anregungen von Individualisten für den
Urlaub des Arztes", Hoechst AG, 1968

„Wandern im Bayerwald" (mit Werner Heiss), Schnell&Steiner, München, 1969

„Alpenflüsse – Kajakflüsse" (mit Robert Steidle), BLV, München, 1969

„Münchner Skiberge", BLV, München, 1970

„Skilanglauf – Skiwandern. Technik, Training, Loipen"
  (mit Franz Wöllzenmüller), BLV, München, 1970

„Im extremen Fels" (mit Jürgen Winkler), BLV, München, 1970

„Bergfoto heute" (mit Hanns Hubmann), Bruckmann, München, 1971

„Wer viel geht, fährt gut, Band IV: Zwischen München und Allgäu"
  (mit Klaus Kratzsch), Schnell & Steiner, München, 1971

„Wer viel geht, fährt gut, Band V: Zwischen Stuttgart und Donau",
  (mit Kurt Gramer), Schnell&Steiner, München, 1972

„Im leichten Fels", BLV, München, 1978

Mitwirkung als Text-Autor bei Bildbänden

„Die Alpen in Schnee und Eis", Heinz Müller-Brunke (Fotos),
  Kraft-Verlag, Augsburg, 1958

„Bergheimat Karwendel und Wetterstein",
  Wenzel Fischer (Fotos), Stähle&Friedel, Stuttgart, 1967

Außerdem Zeitschriftenveröffentlichungen

im Bergsteiger (ab 1937), Deutsche Zeitung,
Das Reich und Simplicissimus (Paris, während des 2. Weltkriegs),
Frankfurter Zeitung, Bergsteiger-Almanach (1947),
Revue Herausgeber des Ski- und Bergkalenders, Bruckmann-Verlag,
später Stähle+Friedel-Verlag, Stuttgart (1952–1980)

Der Autor stellt sich bei einer Signierstunde im Sporthaus Schuster seinen Lesern.